以案释法

公民权益保护法律指南以案释法丛书

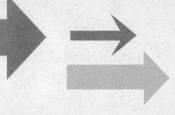

公民
权利义务法律指南

中国社会科学院法学研究所法治宣传教育与公法研究中心◎组织编写

（修订版）

总 顾 问：张苏军
总 主 编：莫纪宏
本册主编：陈百顺 赵 波

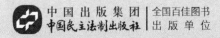

中国出版集团 | 全国百佳图书
中国民主法制出版社 | 出版单位

图书在版编目（CIP）数据

公民权利义务法律指南 / 中国社会科学院法学研究所法治宣传教育与公法研究中心组织编写. -- 北京：中国民主法制出版社，2016.11

（公民权益保护法律指南以案释法丛书）

ISBN 978-7-5162-1339-1

Ⅰ.①公…　Ⅱ.①中…　Ⅲ.①公民权－中国－指南　Ⅳ.①D921-62

中国版本图书馆CIP数据核字（2016）第276077号

所有权利保留。

未经许可，不得以任何方式使用。

责任编辑 / 陈　娟
装帧设计 / 郑文娟　张照雷

书　　名 / 公民权利义务法律指南
本 册 主 编 / 陈百顺　赵　波

出版·发行 / 中国民主法制出版社
社　　址 / 北京市丰台区右安门外玉林里7号（100069）
电　　话 / 010-62155988
传　　真 / 010-62151293
经　　销 / 新华书店
开　　本 / 16开　710mm×1000mm
印　　张 / 17.75
字　　数 / 245千字
版　　本 / 2018年1月第2版　　2018年1月第1次印刷
印　　刷 / 北京精乐翔印刷有限公司

书　　号 / ISBN 978-7-5162-1339-1
定　　价 / 48.00元

丛书编委会名单

总　序

搞好法治宣传教育
营造良好法治氛围

全面推进依法治国，是夺取新时代中国特色社会主义伟大胜利，努力建设法治中国的必然要求和重要保障，事关党执政兴国、人民幸福安康、国家长治久安。

我们党长期重视依法治国，特别是党的十八大以来，以习近平同志为核心的党中央对全面依法治国作出了重要部署，对法治宣传教育提出了新的更高要求，明确了法治宣传教育的基本定位、重大任务和重要措施。党的十九大明确提出，"加大全民普法力度，建设社会主义法治文化，树立宪法法律至上、法律面前人人平等的法治理念"。习近平同志多次强调，领导干部要做尊法学法守法用法的模范。法治宣传教育要创新形式、注重实效，为我们做好工作提供了根本遵循。

当前，我国正处于全面建成小康社会的决胜阶段，依法治国在党和国家工作全局中的地位更加突出，严格执法、公正司法的要求越来越高，维护社会公平正义的责任越来越大。按照全面依法治国新要求，深入开展法治宣传教育，充分发挥法治宣传教育在全面依法治国中的基础作用，推动全社会树立法治意识，为"十三五"时期经济社会发展营造良好法治环境，为实现"两个一百年"奋斗目标和中华民族伟大复兴的中国梦作出新贡献，责任重大、意义重大。

为深入贯彻党的十八大和十八届历次全会、十九大和十九届一中全会精神和习近平新时代中国特色社会主义思想，深入扎实地做好"七五"普法工作，中国社会科学院法学研究所联合中国民主法制出版社，经过反复研究、精心准备，特组织国内从事法律教学、研究和实务的专家学者，在新一轮的五年普法规划实施期间，郑重推出"全面推进依法治国精品书库（六大系列）"，即《全国"七五"普法系列教材（以案释法版，24种）》《青少年法治教育系列教材（法治实践版，30种）》《新时期法治宣传教育工作理论与实务丛书（30种）》《"谁执法谁普法"系列丛书（以案释法版，80种）》《"七五"普法书架——以案释法系列丛书（60种）》和《"谁执法谁普法"系列宣传册（漫画故事版，100种）》。

其中编辑出版"以案释法"丛书是贯彻落实十八届四中全会决定关于建立法官、检察官、行政执法人员和律师以案释法制度的重要抓手，是深化法治宣传教育的有效途径，更是推动全社会树立法治意识的有力举措，对于落实国家机关"谁执法谁普法"普法责任制，促进法治社会建设具有重要意义。

为了深入扎实地做好"以案释法"工作，我们组织编写了这套《"七五"普法书架——以案释法系列丛书（60种）》。该丛书内容包括公民权益法律保护和违法犯罪预防、民事纠纷处理、大众创业法律风险防范、阳光执法、法治创建等有关典型案例剖析。全书宣讲知识要点、以案释法，紧紧围绕普法宣传的重点、法律规定的要点、群众关注的焦点、社会关注的热点、司法实践的难点，结合普法学习、法律运用和司法实践进行全面阐释，深入浅出，通俗易懂，具有较强的实用性和操作性，对于提高广大人民群众法律素质，增强依法维权能力，维护社会和谐稳定具有积极意义。

衷心希望丛书的出版，能够教育引导社会公众自觉尊法学法守法用法，为形成办事依法、遇事找法、解决问题用法、化解矛盾靠法新常态，为全面推进依法治国营造良好的法治环境。

本书编委会
2018年1月

目录 CONTENTS

第一编 公民的基本权利和义务

第二编 侵犯公民权益的犯罪

第一编
公民的基本权利和义务

第一章　公民的基本权利

一、公民的权利和义务

【知识要点】

1. 公民的含义是什么?

公民是个法律概念。一个人取得了某一国家的国籍,就是这个国家的公民,他就可以享有该国宪法和法律规定的权利和必须履行宪法和法律规定的义务。如果他侨居在国外,他也受所属国家外交机构的保护。

在历史上,最早的具有制度性的民主政治,出现在古希腊的雅典和古罗马的城邦时期。在这个奴隶制时期,在民主政治的雏形的基础上,出现了"公民"的称呼,也叫"市民"。古罗马曾经颁布过市民法,也就是公民法,用以调整罗马市民之间的关系。欧洲封建制时期,奴隶制的民主共和形式消失了,公民的概念也就不再使用。西方资产阶级革命胜利以后,公民的概念被重新提出,各国宪法普遍地使用了公民的概念。

从性质上来看,公民具有自然属性和法律属性两个方面。公民的自然属性反映出公民首先是基于自然生理规律出生和存在的生命体。公民的法律属性是指公民作为一个法律概念,以一个国家的成员的身份,参与社会活动、享受权利和承担义务,应由国家法律加以规定。

"公民"的概念和"人民"的概念是有区别的。人民是一个政治概念,指以劳动群众为主体的社会基本成员,是相对敌人而言。人民在不同历史时期有不同内容。现阶段,我国的人民是指全体社会主义劳动者,拥护社会主

义的爱国者和拥护祖国统一的爱国者。而公民是与外国人相对应的法律概念，是指取得某国国籍，并根据该国法律规定享有权利和承担义务的人。人民所表达的是群体的概念，是集合概念。人民作为一个集合概念，则无以指向任何一个人。公民一般表示个体的概念，是非集合概念，是具体的概念，可以落实到某个人的身上。

2. 如何理解公民在法律面前一律平等？

在西方国家的历史上，很早就产生了关于平等的观念。例如，亚里士多德曾提出，法律应具有平等的品质；在西欧封建社会，基督教认为一切人都具有原罪上的平等，人人都是上帝的选民。

在我国古代，也曾出现过一些关于法律平等的观念和理论，例如，"法"字本身就包含有"平之如水"的含义；先秦法家的代表人物韩非子提出"法不阿贵""绳不绕曲""刑过不避大臣，赏善不遗匹夫"，等等。但更多的却是处处可见的不平等现象。"刑不上大夫"就是其中最突出的一点，而作为封建社会最高统治者的君主就更是凌驾于法律之上。

"法律面前人人平等"这一原则，是由清末民初的进步思想家从西方传入中国的。这一原则在中国第一次被规定在宪法中，是 1912 年 3 月 11 日公布的《临时约法》。中国共产党领导下的革命根据地政权也一直肯定这一原则。1934 年 1 月通过的《中华苏维埃共和国宪法大纲》第一次将这一原则规定下来："在苏维埃政权领域内，工人、农民、红色战士及一切劳苦民众和他们的家属……在苏维埃法律面前一律平等。"

1954 年，法律平等的原则被庄严地写进新中国成立的第一部宪法："中华人民共和国公民在法律上一律平等。"但 20 世纪 50 年代后期，人们给这一原则戴了两顶帽子：一是认为这是资本主义的法制原则，我们不能用；二是认为这一原则没有阶级性，是主张"革命与反革命讲平等"。这一原则在一个相当长的时间里成了批判的对象，因而 1975 年宪法和 1978 年宪法均取消了这一原则。直到 1982 年，法律平等原则才重新写入宪法。

公民在法律面前一律平等，是保证社会主义民主和法制实施的一条基本原则，是公民实现其各项权利的基础，也是公民平等参与社会生活的前提和条件。首先，所有公民都平等地享有宪法和法律规定的权利。法律面前平等

意味着公民通过法律获得同等的待遇，平等地享有权利、履行义务，不允许因其性别、身份、职业等因素不同而享有特权。其次，所有公民都平等地履行宪法和法律规定的义务。再次，国家司法机关和行政机关在适用法律时，对所有公民的合法权益都平等地予以保护，对所有公民违法和犯罪的行为，都平等地追究法律责任。最后，任何公民个人或者组织都不得享有超越宪法和法律的特权。党的十八大报告着重强调，任何组织或者个人都不得有超越宪法和法律的特权，绝不允许以言代法、以权压法、徇私枉法。

3. 什么是人权？

人权，顾名思义，就是人的权利。人权具有两个显著特征：

（1）它的主体必须是全体人类。正如联合国《世界人权宣言》所指出的那样：一切人，不分种族、肤色、性别、语言、宗教、政见、国籍、社会出身、财产状况、出生或其他身份等区别，都有资格享有人权。从理论上讲，只要是人，都应该享有人权，人人如此。

（2）它的内容必须体现人的自由和平等。自由和平等一直是人类孜孜追求的目标。从人权的角度讲，自由就是让人成为自己的主人。平等就是使人享有相同的地位、权利和尊严。在国际人权法和各国宪法中，人权的规定都是指向自由和平等的，都是对人的存在和价值的普遍肯定。

简单地讲，人权是指人依其自然本性和社会本质享有或应当享有的基本权利。人权之所以是人权，因为它代表了人类尊严，体现了正义、公平、人道、善等美好的人类精神和价值。离开了人权，人类就无法有尊严地生活。在这个意义上，人权是人类安全和幸福的保障，是人类文明和进步的象征。

当今的世界，人们对人权有不同的理解，在人权问题上存在着尖锐的争论。用马克思主义分析人权，我们可以从以下几个方面来理解这一复杂的概念：

（1）人权是一种道德权利，反映了人权的道德根据、理想和目标。它表明人权是先于国家法律的，是人本身具有的权利。不管国家法律是否承认，人权都是存在的。这一道德权利是评判法律、社会制度和现实是否合理的道德标准。

（2）人权是一种法律权利，即受到国家宪法和法律承认的人权。人权不转化为法定权利，就不具有国家意志的属性和权威，就无法同专制、特权、残暴等非人道的东西相对抗，人权就难以实现。作为法律权利，人权的原则和内容受到法律的认可和保护，体现为国家的政治、经济、文化、法律等一系列制度。在这个意义上说，人权是一定的社会制度。它表明：一方面，人权是国家和社会制度的价值，一定的社会制度本身就体现了一定社会人权的性质和程度；另一方面，人权要求国家制度的保障，国家负有尊重和保护人权的义务。

（3）人权是一种现实权利，即人实际享有与行使的权利。人权只有转化为现实权利，才对人有实际的意义。再完美的人权法律，如果不能转化为现实人权，就是没有价值的。所以，人权状况在很大程度上取决于法律权利转化为现实权利的程度。这是人权发展中，最困难也是最为重要的一个环节。

（4）人权是普遍性与特殊性的统一。人权必须是普遍的，这是人权的内在要求。每一个人，无论生活在哪里，无论在什么社会制度和历史文化背景下，都应该平等地享有人权。但是，人权是由一定的社会生产方式决定的，并受到社会政治、文化等因素的制约，因此，人权不是抽象的，而是具体的和历史发展的。由于历史文化、经济发展水平和社会制度的不同，各国在实现人权普遍性原则时，采取的政策、措施、方法、道路等必然有所不同。照搬别国人权模式，或把自己的人权模式当成是唯一的模式让世界接受，都是行不通的。

（5）人权是公民政治权利与经济社会文化权利的统一。公民权利和政治权利是实现多方面人权的政治保障，经济、社会和文化权利是享有公民权利和政治权利的物质基础。这两大类权利是不可分割和相互依存的关系。

（6）人权是权利与义务的统一。权利与义务不可分，但在两者的关系中，权利是基本的，权利是义务存在的根据和意义，设定义务是为了保障人权，而不是相反。

（7）人权是个人权利与集体权利的统一。个人人权的主体是个人，内容主要是指人身人格权利、政治权利、经济、社会和文化权利。集体权利主要是指社会群体、民族和国家等集体应享有的各种权利。个人人权是集体人权

的基础，集体人权是个人人权的保障。

（8）人权是权利与权力的统一。现代国家权力来自人民的授予。人权是公共权力的来源和目的。主权在民是人权的内在要求，政府的制度安排必然体现这一民主原则。没有制约的权力必然产生腐败和罪恶，侵犯人权。人权要求制约权力，实行法治。

（9）人权在本质上是属于一国内部管辖的事务。自从联合国成立以后，人权具有了国际保护的一面，各国如何对待其公民要受到国际人权法义务的限制；但是，一个国家的人权问题主要是靠主权国家自己采取政治、经济、法律、行政、教育等手段来解决。在人权问题上，既要反对以人权的国内性抵制人权的国际保护，对于大规模侵犯人权的严重事件，国际社会都应当进行干涉和制止；又要反对以人权的国际保护为借口否定主权原则，干涉别国内政。

（10）人权是社会主义题中应有之义。马克思主义认为，要达到真正普遍的人权，只有通过社会主义制度这一途径。促进人权是社会主义的本质要求，是社会主义的最高价值和追求目标，也是社会主义比资本主义先进和优越的一个重要尺度。

4. 国家如何尊重和保障人权？

尊重和保障人权，主要体现在如下方面：

（1）国家的独立和统一为人民的生命和安全提供了保障。从1840年到1949年的100多年里，中国遭受过大小数百次侵略战争，人民生命财产惨遭涂炭，人格尊严备受凌辱。仅在日本帝国主义侵华战争中，就有3000多万中国人被杀害。外国侵略者在中国的土地上享有不受中国法律管辖的治外法权，中国人在自己的土地上遭受西方列强的剥削和压迫。中华人民共和国的成立，改变了中华民族被帝国主义列强任意屠杀侮辱的状态，威胁中国人民生命和安全的帝国主义侵略成为历史。

（2）改革落后的生产关系，解放生产力，为人民的生存和发展提供制度保障。新中国成立之初，医治战争创伤，恢复国民经济，解决人民温饱，成为摆在党和政府面前的头等大事。通过对农业、手工业和资本主义工商业的社会主义改造，消灭了剥削制度，人民成为生产资料的主人和社会财富的享

有者，大大解放了社会生产力。特别是改革开放以来，国家以经济建设为中心，领导全国人民团结奋斗，使我国经济迅速发展，社会全面进步，人民生活质量不断提高，彻底告别了贫穷落后的历史。

（3）实现了人民当家作主，人民享有广泛的政治权利。宪法规定："中华人民共和国的一切权力属于人民。""人民行使国家权力的机关是全国人民代表大会和地方各级人民代表大会。""人民依照法律规定，通过各种途径和形式，管理国家事务，管理经济和文化事业，管理社会事务。"人民当家作主，是中国人民最根本的人权。宪法规定：中华人民共和国年满 18 周岁的公民，不分民族、种族、性别、职业、家庭出身、宗教信仰、教育程度、财产状况、居住期限，都有选举权和被选举权。我国公民享有集会、游行、示威、结社和宗教信仰自由等权利。

（4）促进司法和行政中的人权保障。根据宪法和法律，我国公民在法律面前一律平等。在拘留逮捕、搜查取证、起诉审判和监狱管理等制度上，坚持保护当事人合法权利的原则，通过公安、检察和法院的分工负责、互相配合、互相制约，在惩罚犯罪的同时，切实保护人权。依法行政是我国各级行政机关的工作准则，宪法和法律赋予行政机关管理权，同时又为其设定法律界限，要求行政机关在依法履行职责的同时要保障公民的合法权利不受侵犯。我国的行政立法就是沿着这样一条主线而发展的。

（5）保障少数民族的合法权益。中国是一个统一的多民族国家。新中国成立以前，民族歧视和民族压迫长期存在，这种状况严重影响了少数民族的生存和发展。新中国成立之后，民族平等成为一条重要的宪法原则。宪法规定："中华人民共和国各民族一律平等。国家保障各少数民族的合法的权利和利益，维护和发展各民族的平等、团结、互助关系。禁止对任何民族的歧视和压迫，禁止破坏民族团结和制造民族分裂的行为。"国家在少数民族聚居的地区实行民族区域自治。少数民族参与行使国家最高权力的权利受到特殊的保障。国家还大力支持少数民族的经济发展，在资金、技术、人才等方面给予扶助。

（6）建立和完善社会保障制度，不断提高社会保障能力和水平。中国是一个发展中国家，人口众多，各地经济社会发展很不平衡，社会保障的压力

很大。多年来，国家努力建立与社会经济发展水平相适应的社会保障制度，对社会成员在年老、疾病、伤残、失业、遭受灾害和生活困难等情况时给予物质帮助，并通过专门立法保护妇女、儿童、老年人、残疾人的权利。中国人民的预期寿命已经达到了发达国家的水平。

在人权保障问题上，我们也曾有过失误和教训。例如，在 20 世纪持续了 10 年之久的"文化大革命"中，国家法制遭到严重破坏，公民权利遭到严重侵犯。"文化大革命"结束以后，人们痛定思痛，通过发扬民主和加强法制来保障人权成为全国人民的共识。1982 年宪法把"公民的基本权利和义务"专列一章，写在"总纲"之后，体现了国家对公民权利的重视。我国宪法对人权的保护具有以下特点：一是人权主体非常广泛，宪法不仅保护我国公民的基本权利，也保护外国人的权利；不仅保护个人的权利，也保护群体的权利。二是权利内容非常广泛，宪法所确认的人权，包括受法律平等保护的权利，也包括当家作主的权利，还包括财产权和继承权等社会经济文化权利。

5. 国家尊重和保障人权入宪有何历史意义？

多年来，我们国家根据宪法制定了一批保护公民基本权利的法律，签署了一批保护公民权利的国际公约。现在，"尊重和保障人权"被庄严地载入宪法，必将进一步推动我国人权事业的进步。

（1）"尊重和保障人权"作为一项宪法原则，将对我国的立法起到重要的指导作用。人权是在具体的法律关系中体现出来的。尊重和保障人权，意味着社会关系的调整要更加注重权力和权利的平衡、权力与责任的平衡、权利和义务的平衡。通过立法，合理配置个人与社会、个人与个人的权利义务关系，实现社会的和谐有序发展。具体到我国的立法实践，就是要坚持以人为本、立法为民的原则，忠实于人民的利益，对人民负责。在立法程序上，首先要认真听取人民群众的意见和建议，满足人民群众合理、合法的要求，广集民意，博纳民智，力争做到立法决策的民主化、科学化，并以立法的民主性保证立法决策的科学性。法律的内容要体现为民、便民、利民、富民的准则。立法为民，重点在于依法配置权力，一方面要确保行政权力可以依法得到有效行使，另一方面要对行政权力进行规范、制约和监督，促使行政机

关依照法定的权限和程序正确地行使权力，确保自然人、法人和其他组织的合法权益不受非法的侵害。

（2）"尊重和保障人权"作为宪法原则，将指导国家机关及其工作人员的工作。我国宪法规定，国家的一切权力属于人民；人民依照法律规定，通过各种途径和形式，管理国家事务，管理经济和文化事业，管理社会事务。人民的宪法权力要通过每一个具体的人的宪法权利来实现。"尊重和保障人权"要求国家机关及其工作人员摆正自己的位置，履行公仆职责，任何政治决策和管理措施，都要考虑人民的利益。人权意识也有利于发扬民主，抑制官僚主义。管理者不得滥用手中的权力，更不得颠倒主仆关系。

（3）"尊重和保障人权"作为宪法原则，将指导人与社会的协调发展。改革实践证明，片面强调经济增长，忽视社会全面发展和人文关怀，必然导致经济与社会发展失衡。经济发展应该是以人为本的发展。尊重和保障人权，还要求我们统筹城乡经济社会发展，创造条件，逐步改变城乡二元结构。我国社会农民人口众多，农民的权利保障仍然是我们需要认真解决的一个问题。党的十八大报告提出建成惠及十几亿人的全面的小康社会，其含义首先就是要改善农村和农民的生存发展状况，特别是贫困地区农民的生活发展状况，走共同富裕和繁荣之路。

（4）"尊重和保障人权"作为宪法原则，将指导人与环境和资源的协调发展。人与自然的关系、人权与自然的关系，是困扰现代社会的一个突出问题。对自然的过度索取，造成全球生态环境恶化，人权甚至人类本身都受到威胁。自然被破坏，尊重和保护人权就没有物质条件。只有尊重自然规律，使人与自然协调发展，才能使人享有人权。

国家尊重和保障人权入宪，体现了我国宪法的基本精神。继续推动人权事业的发展，努力实现社会主义制度所要求的人权目标，是国家和人民的一项长期的历史任务。

6. 什么是公民权利？

公民权利是指作为一个国家的公民所享有的公民资格和与公民资格相关的一系列政治、经济和文化权利。公民权利是因为公民身份而取得的。在一

个国家居住的外国人和无国籍人不能享有公民权利，但可以受到居住国法律一定程度的保护。

公民权利的种类涉及公民的政治权利、经济权利、文化权利和社会权利等诸多方面，这些权利都由公民国籍所在国的政府为本国公民所承诺的特殊的责任，如在政治权利方面，只有具有本国国籍的人才能获得选举权和被选举权、只有本国公民才能担任公职等；在经济权方面，只有本国公民才能享有某些特殊性质的经济权利，如开采矿藏权、生产军工产品权等；在文化权利方面，如公民接受义务教育的权利、享受医疗卫生服务的权利等；在社会权利方面，如休息权、最低物质生活保障权等。一般来说，一个国家宪法和法律中所规定的政治权利必须由具有本国国籍的公民享有，而其他权利，特别是经济权利，外国人或无国籍人也可以在遵守居住国法律规定的前提下享有。

7. 我国公民权利有什么特点？

公民的基本权利和义务的性质是由国家性质和社会制度决定的，它具有鲜明的阶级性，中国公民的基本权利和义务与资本主义国家公民的基本权利和义务有本质的区别，其特点是：

（1）广泛性。我国公民权利的广泛性，首先，表现在权利的主体的广泛性，为绝大多数的公民享有，如中国有选举权和被选举权的人数在总人口中比重日益扩大，被剥夺选举权和被选举权的人占极少数；其次，表现在权利内容的广泛性，我国公民权利的广泛性同资本主义国家公民权利的狭隘性相比较，充分体现了我国人民当家作主的地位。

（2）真实性。中国公民权利的真实性，首先，表现它的可行性。根据我国实际，凡是规定的权利，都可以办到，凡是不具备条件的就不写进宪法或法律，体现了原则和实践的统一；其次，在对公民基本权利的实现，宪法作了法律上和物质上的保证措施规定。如宪法关于公民基本权利的规定，除授权性规范外，还有禁止性的规范，而且又有刑法加以具体化。

（3）平等性或公平性。我国宪法规定："中华人民共和国公民在法律面前一律平等。"这就是说任何公民的权利和合法利益一律受到国家法律的保护；任何公民都平等地履行宪法和法律规定的义务；任何公民在适用法律上

一律平等；任何公民违法和犯罪都要受到法律的制裁，不允许享有超越法律之外的任何特权。

（4）权利和义务的一致性。我国宪法还规定："任何公民享有宪法和法律规定的权利，同时必须履行宪法和法律规定的义务。"在我国，国家的、集体的利益同公民的个人利益在根本上是一致的，这种权利与义务的一致性是由中国人民民主专政的国家性质和社会主义经济制度决定的，而一切剥削阶级国家公民权利和义务是脱节的、分离的。中国公民权利和义务的一致性，正是人民当家作主的表现。

8. 什么是公民义务？

公民义务是指权利主体应当作出或者不作出一定行为的约束，如享有一定权利的公民或法人依法应负的责任。公民义务是法律关系的构成要素之一，要依靠国家的强制力（法律的或行政的）来保证履行。任何一项权利必有相应的义务，在法律上以明示（如义务性规范、禁止性规范），或者默示（如授权性规范）的形式予以规定。

公民义务具有以下特征：

（1）法定性。法律义务产生与存在的前提是法律的规定，即法律义务的设定权在于国家权力。

（2）强制性。法律义务是法律上必须作出或不作出一定行为，当事人不能放弃和改变，不履行法律规定的义务要承担相应的法律责任。

（3）约束性。不仅表现为义务人对自己行为的抑制，而且是义务人实现其权利与自由的手段。

公民的基本义务即宪法义务，是指由宪法规定的，为实现公共利益，公民必须为或不为某种行为的必要性。它是公民对他人、社会和国家的首要法律义务，是国家和社会创制公民普通法律义务的应当性宪法依据。公民的基本义务和基本权利一起共同反映并决定着公民在国家中的政治和法律地位，构成普通法律规定的公民权利和义务的基础。

9. 公民的权利和义务是什么关系？

公民的权利是指公民在宪法和法律规定的范围内，可以作某种行为，以及要求国家或者其他公民或者组织作某种行为或者不作某种行为的资

格。公民的义务是指依据宪法和法律的规定，公民必须作某种行为或者不作某种行为的责任。宪法规定，公民享有宪法和法律规定的权利，同时必须履行宪法和法律规定的义务。这有利于正确认识和处理权利和义务之间的关系。任何公民都不能只享受权利而不承担义务，也不能只承担义务而不享受权利，更进一步说，这有利于反对只享受权利而不承担义务的特权，反对只承担义务而不享受权利的歧视，从而实现公民在法律面前的人人平等。但是这并不是指在任何具体的情形下公民都必须享受权利和同时承担义务。

在宪法和法律的具体规定中，公民的权利和义务关系具有一定的复杂性，主要体现在以下几个方面：

（1）在公民与他人的法律关系中，公民享受了某种权利，就必须承担起不得损害他人的义务，因为任何人权利和自由的行使必须以不损害他人的权利和自由为限。

（2）在公民与国家和社会的法律关系中，公民有时只享受权利而国家需要承担义务。比如，公民在年老、疾病或者丧失劳动能力的情况下，有从国家和社会获得物质帮助的权利，却不需要因获得这种物质帮助而对国家和社会承担义务。在公民与国家的法律关系中，公民有时既要享受权利又要对国家承担义务。比如，公民对于国家机关及其工作人员的违法失职行为，有提出申诉、控告和检举的权利，但同时又有不得捏造或者歪曲事实进行诬告陷害的义务。

（3）在一些特殊情况下，公民的某些权利和义务本身是不可分割的。如劳动既是公民的权利，又是公民的义务；受教育也既是公民的权利，又是公民的义务。

典型案例

　　吕秋霞的父母系三亚市凤凰镇桶井村民委员会坡村村民，吕秋霞于1973年9月6日在坡村小组出生。农村实行土地承包责任制以后，吕秋霞与坡村小组其他村民同样取得承包地，并一直在该村生产劳动，后与一河南籍男子同居，并于1999年生育女儿刘某某，2006年生育儿子刘

某，但其户口并不迁出坡村小组，刘某某、刘某的户籍也自幼跟随母亲吕秋霞落户及生活在坡村小组。2006年鲁能公司征地时，吕秋霞、刘某某、刘某与其他村民同样获得了土地补偿金和奖励金。2010年5月，前期被鲁能公司征收土地的各项补偿款划拨到位，坡村小组开会决定每人分配5000元集体经济所得收益费。自2010年5月3日起，坡村小组陆续将村集体经济所得收益费分配给各村民，但未分配给吕秋霞、刘某某、刘某。吕秋霞、刘某某、刘某获悉此事后，要求坡村小组支付该村集体经济所得收益费，但该小组置之不理。后吕某诉至法院，在一审中坡村小组亦未能提供证据证明吕秋霞享有国家福利保障或在其他村集体经济组织享有收益分配权。

【以案释法】

根据《中华人民共和国宪法》第三十三条规定，中华人民共和国公民在法律面前一律平等。国家尊重和保障人权。任何公民享有宪法和法律规定的权利，同时必须履行宪法和法律规定的义务。坡村小组因土地被征用而得到的补偿款，属集体收益。对集体收益，同一集体经济组织成员应享有同等的权利。吕秋霞出生于坡村小组，出嫁前一直生产、生活在该小组，并取得农村土地家庭承包经营权。吕秋霞出嫁后，户口尚未迁出坡村小组，且一直在该小组生活。即便其随夫生活而不能履行坡村小组集体经济组织的相关义务，亦是生活需要，属客观原因而非自身原因所致。况且，坡村小组亦未能提供证据证明吕秋霞享有国家福利保障或在其他村集体经济组织享有收益分配权。因此，吕秋霞应为坡村小组集体经济组织成员，享有涉案争议款的分配权。刘某某、刘某随母亲吕秋霞落户坡村小组，属原始取得该小组成员资格，应享有涉案争议款的分配权。坡村小组作出不给付吕秋霞、刘某某、刘某分配涉案争议款的决议，违反相关法律规定，损害了吕秋霞、刘某某、刘某的合法利益，应为无效决议。

二、公民的政治权利和自由

【知识要点】

1. 什么是政治权利？

政治权利又称参政权或政治参加的权利、民主权利，是人们参与政治活动的一切权利和自由的总称。它是公民的经济要求在政治上的集中反映，是公民权利的重要组成部分，也是公民其他权利的基础。在现代社会，公民的政治权利是由宪法、法律确认的，并受到宪法、法律的保护；同时它又受国家的经济、政治、文化、教育科学技术等因素的制约和影响。

公民享有政治权利的广度及其实现程度如何，往往是衡量一个国家民主化程度的标志。在中华人民共和国，通过宪法、法律保障，公民不但可以通过各级人民代表大会行使自己的民主权利，依法享有选举权和被选举权、政治自由、监督权。政治自由包括享有言论、集会、结社及游行示威等权利，监督权包括批评权、建议权、检举权、申诉权和控告权等。而且还可以通过社会提供的诸如公职平等竞争、择优录取制度、社会协商制度等多种形式，直接参与管理国家事务、管理经济和文化事务，监督一切国家机关和国家机关工作人员。

政治权利的内容主要包括四个方面：选举与被选举权；公民言论、出版、集会、结社、游行、示威自由的权利；担任国家机关职务的权利；担任国有公司、企业、事业单位和人民团体领导的权利。

公民的政治权利是宪法所赋予的，非经人民法院司法判决不能以任何形式剥夺。政治权利不能继承、转让。除由人民法院判决减刑或撤销附加刑，被判处剥夺政治权利的人不能申请免除，也不能申请用其他刑罚替代。

2. 为什么说公民有平等的选举权和被选举权？

宪法第二条第一款规定："中华人民共和国的一切权力属于人民。"人民行使权力的途径有两条：（1）通过全国人民代表大会和地方各级人民代表大会行使当家作主的权力；（2）人民依照法律规定，通过各种途径和形式，管理国家事务，管理经济和文化事业，管理社会事务。通过全国人民代表大会

15

和地方各级人民代表大会行使权力的方式，是间接民主，即公民必须先选举产生自己的代表组成各级权力机关，再由各级权力机关代表公民去行使当家作主的权力，而公民的选举权和被选举权就是实现这种间接民主的必经程序。

从广义上说，所谓选举权是指公民按照自己的意愿，依照法律规定的程序，选举产生各级权力机关的组成人员和选举产生依法应当通过选举方式产生的其他国家公职人员的权利。所谓被选举权是指公民有依照法律规定被选举成为各级人大代表和依法应当通过选举方式产生的其他国家公职人员的权利。

公民的选举权和被选举权涉及的范围包括三个方面：直接选举产生或者被选举成为县乡两级人大代表的权利；间接选举产生或者被选举成为设区的市、自治州、省、自治区、直辖市的人大代表和全国人大代表的权利；通过人民代表大会选举或者被选举成为国家公职人员的权利。

公民的选举权和被选举权具有广泛性，凡年满18周岁的公民，不分民族、种族、性别、职业、家庭出身、宗教信仰、教育程度、财产状况、居住期限，都有选举权和被选举权。公民的选举权和被选举权具有平等性，每一个公民在一次选举中，只有一次投票权，其投票的效力是平等的。尤其是在2010年3月14日，十一届全国人大三次会议通过了关于修改选举法的决定，实行城乡按相同人口比例选举人大代表，进一步保障了公民平等的选举权和被选举权。

公民行使选举权和被选举权，须具备以下两个基本条件：

（1）年龄条件。依据宪法的规定，我国公民行使选举权和被选举权的年龄条件有两个：一个是普通公民行使选举权与被选举权需要年满18周岁。另一个是一些特殊的职务要有特殊的年龄限制。比如，宪法第七十九条第二款规定："有选举权和被选举权的年满四十五周岁的中华人民共和国公民可以被选为中华人民共和国主席、副主席。"

（2）政治权利方面的条件。选举权和被选举权是公民重要的政治权利。根据宪法的规定，依照法律被剥夺政治权利的人，不得享有选举权和被选举权。依照法律被剥夺政治权利的人，是指人民法院依据我国刑法的规定，对

某一犯罪行为判处剥夺政治权利刑罚的人，主要包括危害国家安全的犯罪分子，严重破坏社会秩序的犯罪分子和其他被剥夺政治权利的犯罪分子。

3. 什么是剥夺政治权利？

我国宪法规定，公民的选举权和被选举权有普遍性，但是依照法律被剥夺政治权利的人除外。因此，我国公民选举权的唯一限制就是被依法剥夺政治权利。剥夺政治权利，是指剥夺犯罪人参加国家管理和政治活动权利的刑罚方法。剥夺政治权利是一种资格刑，它以剥夺犯罪人的一定资格为内容。

我国刑法中的剥夺政治权利，是以剥夺政治权利这种资格为内容的，具有明显的政治性。剥夺政治权利包括剥夺以下四项权利：

（1）担任国家机关职务的权利。国家机关包括国家各级权力机关、行政机关、司法机关以及军事机关。担任国家机关职务，是指在上述国家机关中担任领导、管理以及其他工作职务。也就是说被剥夺政治权利的人，不能担任国家机关工作人员中的任何职务。

（2）担任国有公司、企业、事业单位和人民团体领导职务的权利。被剥夺政治权利的人可以在国有公司、企业、事业单位和人民团体中继续工作，但是不能担任领导职务。

（3）选举权和被选举权。选举权是指选举法规定的，公民可以参加选举活动，按照本人的自由意志投票选举人民代表等职务的权利，即参加投票选举的权利；被选举权是指根据选举法的规定，公民可以被提名为人大代表等职务的候选人，当选为人大代表等职务的权利。选举权和被选举权是公民的一项基本政治权利，是公民参与国家管理的必要前提和有效途径，被剥夺政治权利的犯罪分子当然不能享有此项权利。

（4）言论、出版、集会、结社、游行、示威自由的权利。所谓言论自由，是公民以言语表达意思的自由；出版自由，是指以文字、音像、绘画等形式出版作品，向社会表达思想的自由；结社自由，是指公民为一定宗旨组成某种社会组织的自由；集会自由和游行、示威自由，都是公民表达自己见解和意愿的自由，只是表达的方式不同。这六项自由，是我国宪法规定的公民的基本政治自由，是人民发表意见、参加政治活动和国家管理的自由权

利，被依法剥夺政治权利的人不能行使这些自由。

对犯罪分子判处剥夺政治权利的时候，应当根据犯罪的性质、危害程度以及情节轻重，决定剥夺政治权利的期限，尤其是附加剥夺政治权利的刑期，应与所判处的主刑轻重相适应。剥夺政治权利既可以附加适用，也可以独立适用。法律规定附加适用剥夺政治权利的，一般是较重的犯罪，独立适用剥夺政治权利的，一般都适用于较轻的犯罪。

4. 我国选举权的普遍性原则体现在哪些方面？

选举权普遍性原则是指，享有选举权利的公民具有广泛性、普遍性，绝大多数成年公民都享有选举权与被选举权，被排除在外的人是极少数。

根据我国宪法和选举法的规定，只要符合以下三个条件就有选举权和被选举权：一是具有中华人民共和国国籍，这是确认公民身份的法律依据；二是年满18周岁，这是公民成年的标志，可以独立作出自己的判断和选择；三是未被剥夺政治权利。凡具备以上三个条件的公民，都享有选举权和被选举权，任何组织和个人都不能以任何其他理由予以剥夺。

在西方资产阶级革命后的一个相当长的时期里，选举权利曾受到各种严格限制，这些限制主要体现在财产、受教育程度、种族、性别等方面。在各种限制条件中，有关财产状况的限制规定最为突出。例如，法国1814年将"选举资格税"定为每年300法郎，而当时一个女佣的月薪为12法郎。由于这项税款在当时非常之高，在全法国3000万人口中，只有30岁以上的3万人参加选举。性别限制也是历史上限制选举权的主要表现之一。西方选举制度确立后的一个相当长时间内，妇女并不享有选举权利。例如，美国于1776年发表《独立宣言》，宣告建国，但是，直到1890年，怀俄明州首次实现妇女普选权。美国于1920年才普遍给予妇女投票权。种族限制是另一限制选举权的表现。例如美国在建国初期，各州曾普遍规定只有拥有一定财产或纳税的白人成年男子才享有选举权利。1870年，美国通过第十五条宪法修正案，规定不得因种族、肤色或曾为奴隶而拒绝或剥夺公民的选举权。然而，由于黑人中的大多数都处于贫困和缺乏教育的状况，因而有些州通过规定选民必须缴纳数量较大的人头税，或者必须通过规定的文化测验，才能参加投票，使相当多的黑人选民失去了投票的权

利。1970 年，美国通过民权法废除了文化测验，至此，美国才实行全民享有选举权。与之相比，中华人民共和国成立后，从 1953 年第一部选举法至今，对于选民资格的规定基本都是一致的，一直坚持选举权利的普遍性原则，公民只要依法具有中华人民共和国国籍，到选举日为止年满 18 周岁，享有政治权利，都有选举权和被选举权。

5. 我国选举权的平等性原则如何体现？

选举权平等性原则，是指在选举中地位平等，享有同等的选举权，具体而言，每一个公民在一次选举中只有一个投票权，一人一票；每一张选票的价值相等、效力相同，每一张选票在候选人当中的作用相同。与选举权的平等原则相对立的，是不平等选举制，也称为复数选举制，这是一种以身份或财产为标准的选举制，选民的权利和地位不平等，在一次选举中不仅每个人投票的数量不相同，而且所投票的价值也有区别。如英国 1918 年制定的《国民参政法》曾规定两类复数投票权：拥有固定资产的选举人除在其所居住选区投票外，还可在其产业所在地或营业场所的选区投票。根据这个条件，如果某个选民在若干个选区都拥有独立的住宅、土地、企业和其他不动产，那么这个选民在一次选举中就可以分别在若干个选区各投一票。另外，该法还规定了大学选区，即各个大学可以单独成为一个选区，凡是在该大学取得过某种学位、担任过某种职务或者取得过其他某种资格的选民，在一次选举中除可以在各自居住选区投票外，还可以在各自的大学选区投票。从 20 世纪初开始，特别是第二次世界大战后，世界上越来越多的国家都逐步在法律上实现选举权的平等原则。

在我国，选举权的平等性原则主要体现在两个方面，一是每一选民在选举人大代表时，只能有一个投票权，既不能在同一选区中投出两张或者两张以上的选票，也不能同时参加两个或两个以上选区的投票选举。二是所有有效选票都具有相等的法律效力，每一选票不能因为身份、地位、民族、种族、性别、年龄的不同而在法律效力上有差别，既不允许任何选民有特权，也不允许对任何选民有任何限制和歧视。

选举法还对违反选举权平等原则的行为从法律上作了禁止性规定，即同一公民，不能同时担任两个以上无隶属关系的行政区域的人民代表大会

代表。当然，按照法律的规定公民在迁入新的地区时，可以参加当地的选举，这与公民在一次选举中只有一个投票权不矛盾，但如果公民在先前选区当选为人大代表的，其代表资格应当在迁出该行政区域后自行终止。选举权平等原则除了形式上的一人一票外，更深一层是要求代表名额的分配平等，我国2010年选举法的修改改变了按人口数分配代表名额时分城乡的做法，实行城乡按相同人口比例选举人大代表，是我国选举权平等的历史性进步。

6. 什么是直接选举与间接选举相结合？

直接选举是指将代表名额分配到选区，由选区选民直接投票选举产生代表。间接选举是指将代表名额分配到选举单位，由选举单位召开选举会议选举产生。行使选举权利的主体是广大选民。相对于间接选举而言，由选民直接选举民主程度更高，有利于选民了解和监督代表，也有利于代表更加注重对选民负责。由于我国地域辽阔、人口众多，各地经济社会发展很不平衡，因此，我国实行直接选举与间接选举相结合的原则，即县、乡两级人大代表实行直接选举，由选民直接选举产生；设区的市、自治州、省级和全国人大代表实行间接选举，由下一级人民代表大会选举产生。我国直接选举的范围从1953年的乡镇和不设区的市、市辖区，扩大到1979年的包括县、自治县在内的整个县级，形成了县级以下实行直接选举，设区的市、自治州以上实行间接选举。

7. 什么是差额选举原则？

差额选举是与等额选举相对应而言的，指的是候选人人数多于应选名额的一种选举制度。差额选举是选举的应有之义，是民主选举的必然要求。差额选举能够使得选民有更多的选择余地，有利于选民自由表达其意愿，从好中优选，从而选出人民群众满意的、高素质的人大代表。差额选举原则，把适度的竞争机制引入选举活动，也是对代表履职的激励。按照我国选举法的规定，全国和地方各级人民代表大会代表实行差额选举，代表候选人的人数应多于应选代表的名额；由选民直接选举人民代表大会代表的，代表候选人的人数应多于应选代表名额三分之一至一倍；由县级以上的地方各级人大选举上一级人大代表的，代表候选人的人数应多于应选代表名额的五分之一至

二分之一。

8. 什么是无记名投票原则？

无记名投票也称秘密投票，是指选民在选票上不署姓名，对候选人按照规定的符号自由地表示赞成、反对或者另选他人，并将选票投入密封票箱的一种投票方法。为了实现无记名投票原则，通常会设立秘密写票处，以便于投票人写票。无记名投票的用意在于保守秘密，保证选民能够消除顾虑，自由地表达其意志。我国选举法规定，全国和地方各级人民代表大会代表的选举，一律采用无记名投票的方法；选举时应当设有秘密写票处；选民如果是文盲或者因残疾不能写选票的，可以委托他信任的人代写。

9. 直接选举如何划分选区？

直接选举是将本行政区域内的选民划分为若干选区，根据各选区的人口数，将代表名额分配到各选区，由选民直接投票选举产生代表。因此，开展直接选举，必须划分选区，并对各选区的合格选民进行登记。选区是以一定数量的人口为基础，按照某一标准划分的区域。选区是选民参加选举活动和当选代表联系选民的基本单位。

在国外，选区通常是按居住地域划分的。我国直接选举中选区的划分方式，经历了几次调整改革。1953 年选举法规定，选区按居住状况划分。1979 年修改为按生产单位、事业单位、工作单位和居住状况划分，突出按单位划分选区。1986 年又修改为可以按居住状况划分，也可以按生产单位、事业单位和工作单位划分，突出了按居住状况划分选区。这一规定一直维持到现在。从目前实际做法来看，城镇以按单位划分选区为主，不好按单位划分的，如属于退休居民、所属单位规模较小等，再按居住状况划分。农村则以按居住地区划分选区为主，村是按选区划分的基本标准。无论是按居住状况划分，还是按单位划分，两者各有优势。

无论按哪种方式划分选区，都要考虑以下四点因素：

（1）要便于县乡同步换届选举工作的进行。县乡同步换届选举，就是要在县市范围内，同时选出县乡人大代表。要实现这一目标，需要统筹划分选区，尽量使县人大代表选区套若干乡人大代表选区，这样可以共享选民登记信息，降低选举成本，方便选举的组织工作。

（2）要便于选民了解代表候选人，便于选民参加选举活动。选民对所居住生活的地区、所工作单位的人和事、情况与问题比较熟悉了解，也比较关心和关注，容易形成表达诉求。合理划分选区，有利于选民在自己工作或生活地区了解候选人，调动其参选积极性。

（3）便于代表联系选民、接受选民监督。选区是选民与代表联系的联结点，代表的活动不可能脱离居住地区、工作单位，选区划分要考虑代表当选后联系选民、反映选民意见和建议的需要。

（4）要保持选区的相对稳定性。选区划定之后，没有特别的原因，一般不要调整，使其成为一个相当稳定的利益表达单位和代表活动区域。当然，实行城乡按相同人口比例选举人大代表，必然要对城乡选区进行重新划分。但调整以后，应当尽量做到稳定。

关于选区的大小，1983 年《全国人民代表大会常务委员会关于县级以下人民代表大会代表直接选举的若干规定》明确规定："选区的大小，按照每一选区选一至三名代表划分。"1995 年修改选举法时，将这一内容写进选举法。选区的大小按每一选区 1 至 3 名代表划分，既控制了选区的规模，有利于选民了解代表候选人的情况和参加选举活动，也便于增强当选代表的责任感；又保持了一定的灵活性，可以适应选区划分中的多种不同情况，根据选区的人口数确定应选代表人数，不必把一个较大的单位或村落拆分为两个选区。

一个行政区域内的各选区，每一代表所代表的人口数都应当大体相等。这是贯彻体现人人平等的内在要求。人口"大体相等"，比较的对象是人口数，而不是选民数。人口数是在本选区内居住的所有人口，选民数是在本选区内居住或者工作，年满 18 周岁，享有政治权利，经过登记确认的中国公民，两者的范围不同。以人口数而不是选民数为标准，是因为代表名额是按人口数确定并分配的，为了检验这种分配是否符合法律要求，仍然要用同一概念进行比较。同时，这里要求的是大体相等，而不是绝对相等，允许有一定的差异和浮动幅度。

10. 我国宪法有关表达自由是如何规定的？

表达自由即人们通过一定方式将内心意志表现于外部的自由，是由言论自由演变发展而来的概念，是公民的基本权利之一，包括言论、出版、集

会、结社、游行、示威等自由。

表达自由的主要特点是：

（1）在同一环境中，对同一事件，每个人都有平等的发言权，如果在发言中有特权存在，就意味着没有言论自由。

（2）公民发表的言论内容，只要不超出法律范围，就不受任何非法干涉。

我国 2004 年宪法修正案在宪法第三十三条增加了"国家尊重和保障人权"的规定，表达自由作为国际人权文献所确认的保障人权重要内容之一，对我国的人权保障和民主法制建设具有重要意义。现行宪法第三十五条规定："中华人民共和国公民有言论、出版、集会、结社、游行、示威的自由。"第四十七条规定："中华人民共和国公民有进行科学研究、文学艺术创作和其他文化活动的自由。国家对于从事教育、科学、技术、文学、艺术和其他文化事业的公民的有益于人民的创造性工作，给以鼓励和帮助。"从宪法角度来看，这些自由都属于表达自由。

11. 公民的言论自由是否存在限制？

言论自由不是绝对的，不同的国家对言论自由都有一定的限制。在我国，公民的言论自由也要受到法律的必要约束，从刑法和民法通则的有关规定来看，这种约束主要是：不得利用言论自由煽动和颠覆政府，危害公共安全和社会秩序；不得利用言论自由对他人进行侮辱和诽谤；不得利用言论自由侵犯他人的隐私权；不得利用言论自由宣扬淫秽，教唆犯罪方法；不得利用言论自由干预正常的司法活动；不得利用言论自由泄露国家机密等。此外，被依法剥夺政治权利的人，也不能享有表达自由权利。

在互联网技术高度发达的今天，人们可以在虚拟的网络世界里自由地发表观点，人们在互联网上发表的言论由于介质的不同，与传统意义上的"言论"有所不同，其影响力更为广泛，表达自由权利的不当行使，尤其在网络上制造、传播谣言的行为，轻则侵害其他公民的合法权益，重则影响国家的政治稳定，因此，进一步明晰公民行使表达自由权利的界限在今天便显得尤为重要。我们每个人都生活在一定的社会关系中，我们无法从周围的社会环境脱离开来，我们的自由是相对的，法律赋予我们权利的同时，也使我们承

担起相应的义务，权利和义务是统一的，因此，我们与他人、与社会、与国家等才能在相互作用和相互影响中健康和谐地生存与发展。为了保护处于千丝万缕的社会关系中每一个人应有的权利，在当今世界，包括我国政府在内的各国政府都制定和颁布了相关的法律，建立了比较完善的公民权利法律保护体系，而和网络密切相关的公民表达自由是其中的重要组成部分。任何事物都没有绝对的，同国家公权力不能滥用一样，言论自由的行使也是有边界的。

网络上散布谣言，是需要承担法律责任的：

（1）民事责任。如果散布谣言侵犯了公民个人的名誉权或者侵犯了法人的商誉的，依据我国民法通则的规定，要承担停止侵害、恢复名誉、消除影响、赔礼道歉及赔偿损失的责任。

（2）行政责任。如果散布谣言，谎报险情、疫情、警情或者以其他方法故意扰乱公共秩序的，或者公然侮辱他人或者捏造事实诽谤他人的，尚不构成犯罪的，要依据治安管理处罚法等规定给予拘留、罚款等行政处罚。

（3）刑事责任。如果散布谣言，构成犯罪的要依据刑法的规定追究刑事责任。

12. 公民应如何正确行使出版自由？

出版自由是指公民享有宪法赋予的通过各种出版物表达各种思想见解以及其他意思的自由。出版自由的内容包括两个以下部分：

（1）公民通过在出版物上发表作品或者出版机构出版著作，直接表达思想。根据著作权法的规定，公民以出版方式表现出的著作形式主要包括：文字作品；口述作品；音乐、戏剧、曲艺、舞蹈、杂技作品；美术、建筑作品；电影和以类似摄制电影的方法创作的作品；工程设计图、产品设计图、地图、示意图等图形作品和模型作品；计算机软件；法律、行政法规规定的其他作品。所有这些形式的出版物都受到著作权法的保护。

当然，出版自由的权利也必须受到法律法规的限制。根据国务院《出版管理条例》的规定，任何出版物不得含有下列内容：①反对宪法确定的基本原则的；②危害国家统一、主权和领土完整的；③泄露国家秘密、危害国家安全或者损害国家荣誉和利益的；④煽动民族仇恨、民族歧视，破坏民族团

结，或者侵害民族风俗、习惯的；⑤宣扬邪教、迷信的；⑥扰乱社会秩序、破坏社会稳定的；⑦宣扬淫秽、赌博、暴力或者教唆犯罪的；⑧侮辱或者诽谤他人，侵害他人合法权益的；⑨危害社会公德或者民族优秀文化传统的；⑩有法律、行政法规和国家规定禁止的其他内容的。

（2）公民有成立出版机构出版、制作或者编印出版物的自由。这一意义上的出版自由是前一意义出版自由的延伸，是实现前一意义出版自由的方式。根据《出版管理条例》的规定，在我国设立出版单位，应当具备下列条件：①有出版单位的名称、章程；②有符合国务院出版行政主管部门认定的主办单位及其主管机关；③有确定的业务范围；④有30万元以上的注册资本和固定的工作场所；⑤有适应业务范围需要的组织机构和符合国家规定的资格条件的编辑出版专业人员；⑥法律、行政法规规定的其他条件。

审批设立出版单位，除依照上述所列条件外，还应当符合国家关于出版单位总量、结构、布局的规划。

13. 公民应如何正确行使结社自由？

结社自由是指公民为了某一共同目的，依照法律规定的程序结成某种社会团体，进行社会团体活动的自由。结社自由是民主社会促进人与人之间的沟通与交流所必需的，也是公民发表意见，行使当家作主权利的重要途径。

结社可以分为以营利为目的的结社和以非营利为目的的结社。以营利为目的的结社如公司、商会等，由民商方面的法律予以调整。不以营利为目的的结社分为政治结社和非政治结社。政治结社主要是组织政党和其他各类政治团体；非政治结社包括各种学术团体、慈善团体、宗教团体等。

为了保证公民的结社自由，维护社会团体的合法权益，加强对社会团体的登记管理，国务院制定了专门的行政法规《社会团体登记管理条例》。根据这个条例的规定，社会团体是指中国公民自愿组成，为实现会员共同意愿，按照其章程开展活动的非营利性社会组织。社会团体应当具备法人条件。成立社会团体，应当经其业务主管单位审查同意并进行登记，社会团体接受登记机关和业务主管单位的双重监督管理。实践中，社会团体的登记单位是人民政府的民政部门。但是，有三类社会团体的登记成立不在此限：

（1）参加中国人民政治协商会议的人民团体；（2）由国务院机构编制管理机关核定，并经国务院批准免于登记的团体；（3）机关、团体、企业事业单位内部经本单位批准成立，在本单位内部活动的团体。

14. 公民应如何正确行使集会、游行、示威自由？

集会自由是指公民为了某一目的，依照法律规定的程序，集合在露天场所发表意见、表达意愿的自由。集会自由与结社自由的主要区别是，前者是不特定的多数人在一定的场所聚集并短时间地讨论问题的自由，而后者是相对确定的多数人为了共同的意愿和目的而结成团体较长时间地进行活动的自由。游行自由是指公民依照法律规定的程序有权在公共道路、露天公共场所列队行进、表达共同意愿的自由。示威自由是指公民依照法律规定的程序在露天公共场所或者公共道路上以集会、游行、静坐等方式，表达要求、抗议或者支持声援等共同意愿的自由。集会、游行、示威是公民以和平手段表达自己意愿的比较激烈的方式，是民主社会中十分重要的权利和自由。日常生活中的文娱、体育活动，正常的宗教活动，传统的民间习俗活动，不是宪法意义上所说的集会、游行、示威活动。

目前，我国已制定了集会游行示威法，对公民集会、游行、示威的申请和许可的含义，集会、游行、示威的申请许可程序、举行程序以及法律责任都作出规定。根据这部法律的规定，公民行使集会、游行、示威的权利，各级人民政府应当依法予以保障。同时，公民在行使集会、游行、示威的权利时，必须遵守宪法和法律，不得反对宪法所确定的基本原则，不得损害国家的、社会的、集体的利益和其他公民合法的自由和权利。这部法律还规定，集会、游行、示威应当和平地进行，不得携带武器、管制刀具和爆炸物，不得使用暴力或者煽动使用暴力。

典型案例

2011 年，张小明年满十六周岁，在当地公安机关首次办理了身份证。2011 年 10 月，和平街道居委会在社区宣传栏内贴出换届选举告示，张小明看到后突发奇想："我可不可以参加选举？"

回家后，张小明将想法告诉了父亲。父亲说："你年龄这么小，哪有选举权和被选举权。"张小明不服："政治课本上不是说不分民族、种族、性别、职业、家庭出身等，都有选举权和被选举权吗？"

"但前提是必须年满十八周岁，你现在只有十六周岁，不具备完全民事行为能力，自然也没有选举权和被选举权。"

"两年后呢？两年后我可以参加选举吗？"张小明问。父亲说："当然可以，到时候你就具备选举资格了；不过，要让他们投票给你，你得努力哦！"

【以案释法】

凡具有中华人民共和国国籍的人都是中华人民共和国公民。中华人民共和国公民在法律面前一律平等。中华人民共和国年满十八周岁的公民，不分民族、种族、性别、职业、家庭出身、宗教信仰、教育程度、财产状况、居住期限，都有选举权和被选举权；但是，依照法律被剥夺政治权利的人除外。

此案例中，张小明未年满十八周岁，不具备选举权和被选举权。

三、公民的人身自由权利

【知识要点】

1. 少数民族宗教信仰自由如何得到保障？

我国是一个统一的多民族国家，我国政府执行各民族平等、团结、互助的民族政策，尊重和保护少数民族宗教信仰自由的权利和风俗习惯。民族区域自治法规定："民族自治地方的自治机关保障各民族公民有宗教信仰自由。"政府在致力于促进少数民族地区经济、文化、教育等各项事业的进步，提高包括信教群众在内的广大少数民族群众物质文化生活水平的同时，特别注意尊重少数民族的宗教信仰，保护少数民族文化遗产。对各

民族包括宗教文化在内的文化遗产和民间艺术进行普查、收集、整理、研究和出版。国家投入大量资金用于维修少数民族地区具有重要历史、文化价值的寺庙和宗教设施。

如活佛转世是藏语系佛教特有的传承方式，得到了国家的承认和尊重。1992 年，国务院宗教事务局批准了第十七世噶玛巴活佛的继任。1995 年，中国严格按照宗教仪轨和历史定制，经过"金瓶掣签"报国务院批准，完成了十世班禅转世灵童寻访、认定以及第十一世班禅的册立和坐床。这些举措充分反映了藏族群众宗教信仰自由权利受到尊重和保护，得到了西藏广大信教群众的拥护和支持。

鉴于历史上的藏语系佛教大活佛在西藏社会生活中的特殊地位，明代、清代逐步将活佛转世纳入了中央政府管理和国家典章法制范围内。1792 年，清朝政府颁布法令，对呼图克图以上大活佛实行"金瓶掣签"，之后形成历史定制，并固定为藏语系佛教的宗教仪轨。经"金瓶掣签"认定的活佛转世灵童须报请中央政府批准后方能正式继位。少数情况特殊者也须报请中央政府批准后方可免予掣签。"金瓶掣签"既坚持了中央政府的最高权威，维护了国家主权，又在宗教上体现了释迦牟尼的"法断"。从 1792 年起，在藏语系佛教大活佛转世系统中，有 70 多位转世灵童是经过"金瓶掣签"认定后报中央政府批准的。因此，大活佛转世经由中央政府批准，是藏语系佛教宗教仪轨和历史定制，是维护藏语系佛教正常秩序的关键。

中国政府尊重和保护穆斯林群众的宗教信仰自由和风俗习惯。对穆斯林的朝觐，政府有关部门提供了各种服务，受到穆斯林的称赞。中国政府也十分尊重信奉伊斯兰教的少数民族的饮食习惯和丧葬仪式，制定生产清真食品的法规，开辟穆斯林公墓。司法机关依法审理有关出版物严重伤害穆斯林宗教感情的案件，维护了穆斯林的合法权益。

政府坚决反对利用宗教狂热来分裂人民、分裂国家、破坏各民族之间团结的民族分裂主义，坚决反对利用宗教进行的非法活动和恐怖主义活动，坚决维护国家统一和少数民族地区的社会稳定，保护少数民族信教群众正常的宗教活动。政府尊重国际社会在宗教信仰领域公认的原则，认为这些原则必

须与各国具体情况相结合，并通过各国的国内法律来实施。中国政府反对在宗教领域搞对抗，反对利用宗教干涉别国内政。

2. 我国宪法如何保护公民的人身自由？

人身自由是公民的一项十分重要的权利和自由，是公民行使其他一切权利和自由的前提和基础。人身自由有狭义和广义之分。狭义的人身自由仅指人的身体自由。广义的人身自由除了身体自由之外，还包括人格尊严不受侵犯、住宅不受侵犯、迁徙自由、通信自由和通信秘密受法律保护等。

宪法规定的人身自由是狭义的人身自由，又称身体自由，是指公民的人身不受非法的逮捕、拘禁、搜查以及不得非法剥夺和限制公民的人身自由。我国宪法对公民人身自由的保护包括三个方面：

（1）对公民实施逮捕必须经过法定的机关和程序。任何公民，非经人民检察院批准或者决定或者人民法院决定，并由公安机关执行，不受逮捕。根据宪法和法律的规定，有权批准、决定限制或剥夺公民人身自由的机关是人民法院、人民检察院、公安机关、国家安全机关。

（2）对公民人身自由的剥夺和限制必须依法进行。即对公民人身自由的剥夺和限制必须依照法定的条件和程序进行，禁止非法拘禁和以其他方法非法剥夺或者限制公民的人身自由。

（3）对公民身体的搜查，也必须经过法定的机关和程序。禁止非法搜查公民的身体。宪法对人身自由权的规定，也是有限度的。为了社会利益和他人权利，国家机关在必要时可以采取一定措施限制或剥夺公民的人身权利，但国家机关必须依照法定程序进行。若是违反了法定程序对公民实行限制其人身自由的行为，是一种违法犯罪的行为。

3. 我国宪法为什么要保护公民的人身自由？

国际上，早在 1215 年英国的《自由大宪章》规定："任何自由人，如未经其同级贵族之依法裁判，或经国法判决，皆不得被逮捕、监禁、没收财产、剥夺法律保护权、流放或加以任何其他损害。" 1789 年法国《人权宣言》第七条明确规定："除非有法律所规定的情况下并按照法律所指示的手续，不得控告，逮捕或拘留任何人。"美国宪法修正案第四条规定："人民的人身、住宅、文件和财产不受无理搜查和扣押的权利，不得侵犯。"

国际法也对人身权的保护作了详细的规定，《世界人权宣言》及《公民权利和政治权利国际公约》对公民人身权的保护作出了明确、具体的规定，是对各国保护公民人身自由权的最低要求，为各国保护公民人身自由权提供了一定的法律依据。

《公民权利和政治权利国际公约》规定：（1）人人享有人身自由和安全。任何人不得加以任意逮捕或拘禁。除非依照法律所确定的根据和程序，任何人不得被剥夺自由。（2）任何被逮捕的人，在被逮捕时应被告知逮捕他的理由，并应被迅速告知对他提出的任何指控。（3）任何因刑事指控被逮捕或拘禁的人，应被迅速带见审判官或其他经法律授权行使司法权力的官员，并有权在合理的时间内受审判或被释放。（4）任何因逮捕或拘禁被剥夺自由的人，有资格向法庭提起诉讼，以便法庭能不拖延地决定拘禁他是否合法以及如果拘禁不合法时命令予以释放。（5）任何遭受非法逮捕或拘禁的受害者，有得到赔偿的权利。

当代，国际间交往愈加频繁，国际社会对我国的人身自由权保障更加关注，对其要求也越来越高。我国已加入多个国际人身自由权公约，如《世界人权宣言》和1998年10月签署的《公民权利和政治权利公约》。其中《经济、社会及文化权利国际公约》已于2001年2月28日经第九届全国人大常委会第十二次会议审议批准，该公约于批准书交存联合国秘书长之日起3个月正式对我国发生法律效力。这无疑是我国在人身自由权领域采取的一项重大举措，充分体现了我国参与人身自由权领域国际合作的一贯立场。加入国际人身自由权公约，并体现在宪法规定上，有利于加快我国与国际接轨，促进我国人身自由权保障制度的完善，并对我国与国际上他国对话创造有利条件，也可以为我国保护人身自由权提供法律基础。

4. 我国宪法如何保护公民的人格尊严？

对于公民的人格尊严受保护问题，1982年以前的几部宪法没有作出规定。1982年宪法作出了保护公民人格尊严的规定。所谓人格尊严不受侵犯也就是指公民的人格权不受侵犯。人格权是法律上作为权利和义务主体的人的资格，也是做人的起码资格，包括公民的生命权、健康权、身体权、姓名权、肖像权、名誉权、荣誉权、隐私权等。所谓"尊严"是指人的自尊心不

受伤害、个人价值不被贬低的权利。人格尊严不受侵犯，是做人的一个基本条件，也是社会文明进步的一个基本标志。

侮辱、诽谤和诬告陷害都是侵犯公民人格尊严的行为，为宪法和法律所禁止。除了民法通则对这些侵权行为规定了有关民事责任外，我国刑法还分别规定了侮辱罪、诽谤罪和诬告陷害罪，规定了实施这些侵权行为所应当承担的刑事法律责任。

所谓"侮辱"是指使用暴力或者其他方法，公然贬低他人人格、损害他人名誉的行为。这种行为通常包括两种情况：用暴力等强制方法对他人进行侮辱；用言词或者书面方式当众或者公开对他人进行侮辱。"公然"是指在公开场合或者在其他使众多人知道的情况下对他人进行侮辱。

所谓"诽谤"是指故意捏造并散布虚假事实，无中生有，损害他人人格尊严的行为。

所谓"诬告陷害"是指为对某一公民达到陷害目的，通过捏造虚假事实，以口头的、书面的、署名的或者匿名的等方式，向有关机关或者单位作虚假告发的行为。

5. 我国宪法为什么要规定公民的住宅不受侵犯？

现行宪法在保留前几部宪法规定"公民的住宅不受侵犯"的基础上，进一步明确规定，禁止非法搜查或者非法侵入公民的住宅。

住宅是指公民生活和居住的固定场所，也是公民个人财产的主要存放场所，是公民赖以生存的主要条件。住宅实际是公民人身自由的延伸，同时，与公民的财产权、休息权、隐私权以及人格尊严具有密切联系。禁止非法搜查或者非法侵入公民的住宅，是各国保障人权的基本做法。

为保证公民的住宅权不受侵犯，我国宪法禁止非法搜查或者非法侵入公民的住宅。这包括以下含义：

（1）对公民住宅的搜查和侵入必须依据法律规定的条件和程序，任何行政法规或者地方性法规都不得对搜查或者侵入公民住宅的条件和程序作出规定。

（2）禁止非法搜查公民的住宅，主要是对公共权力而言的。对公民的住宅进行搜查是一项重要的刑事侦查方法。刑事诉讼法规定了对公民的住宅进

行搜查的条件，即"为了搜集犯罪证据、查获犯罪人，侦查人员可以对犯罪嫌疑人以及可能隐藏罪犯或者犯罪证据的人的身体、物品、住处和其他有关的地方进行搜查"。刑事诉讼法还分别规定了对公民的住宅进行搜查的程序，即进行搜查，必须向被搜查人出示搜查证；在搜查的时候，应当有被搜查人或者他的家属，邻居或者其他见证人在场；搜查的情况应当写成笔录，由侦查人员和被搜查人或者他的家属，邻居或者其他见证人签名、盖章。不符合刑事诉讼法规定的上述条件和程序，任何人、任何机关和组织都不得对公民的住宅进行搜查。

（3）禁止非法侵入他人住宅。所谓非法侵入他人住宅，是指非司法机关工作人员未依据法律规定就擅自进入他人住宅，或者未经主人同意而侵入他人住宅的行为。我国刑法将非法侵入他人住宅的行为作为犯罪予以规定，并规定了相应的刑事处罚。

典型案例

2011年7月，蔡小青与同村青年林俊恋爱，并私订终身。但是，蔡小青的父亲蔡平嫌林俊家贫，不赞成两人来往。

2011年8月，蔡小青约林俊在河边见面。蔡平尾随而至，对林俊一番嘲弄："你有什么条件娶我女儿？"林俊苦苦哀求，蔡平不听，命令家人将蔡小青强制带离。林俊在后面追赶，被蔡平一脚踢倒在地。

回到家后，为使两人断绝关系，蔡平将女儿锁在房间里，不让外出。两天以后，蔡小青报警。警察严肃批评了蔡平的做法："禁止非法限制公民的人身自由，你这么做是严重的违法行为。"

蔡平不服："我管教女儿，还不可以吗？"警察说："既然是你女儿，就应该爱护她，为什么要干涉其婚姻自由？还实施非法拘禁行为？现在都什么年代了，你还满脑子的封建思想？"

【以案释法】

人身自由权是基本的人权。中华人民共和国公民的人身自由不受侵犯。

禁止非法拘禁和以其他方法非法剥夺或者限制公民的人身自由，禁止非法搜查公民的身体。非经人民检察院批准、决定或者人民法院决定，并由公安机关执行，任何公民不受逮捕。

本则故事中，蔡平暴力干涉子女婚姻自由，并实施非法拘禁行为，违反了宪法的规定。

四、公民的社会生活权利

【知识要点】

1. 我国有哪些宗教？

我国是一个有多种宗教的国家，主要有佛教、道教、伊斯兰教、天主教和基督教（新教）。还有东正教、一些少数民族特有的宗教和地区性的民间信仰等。

佛教于公元 1 世纪前后由印度传入中国，经过长期发展演变，形成汉语系佛教、藏语系佛教（俗称喇嘛教）和巴利语系佛教。现共有寺庙 9500 余座，僧人约 17 万人。汉语系佛教分布比较广，因没有严格的入教仪式，信教人数历来难以统计；现有僧尼 4 万余人，寺庙 5000 余座。藏语系佛教主要在藏、蒙古、土、裕固、纳西、普米、门巴等民族中流传，民族总人口约 700 万；现有喇嘛、尼姑 12 万人，寺庙 3000 余座。巴利语系佛教在傣、布朗、德昂、佤、阿昌等民族中流传，民族总人口约 150 万人；现有僧尼 8000 余人，寺庙 1000 余座。全国性组织为"中国佛教协会"，成立于 1953 年。办有会刊《法音》。开办佛学院 14 所。

道教是发源于中国的宗教，形成于公元 2 世纪，分为全真道和正一道两大教派，在群众中有一定的影响。信教人数难以统计，现有住观道士、道姑 6000 余人，开放的宫观 600 余座。全国性组织为"中国道教协会"，成立于 1957 年。办有会刊《中国道教》。开办道教学院一所，一些地方组织办有培训班。

伊斯兰教于公元 7 世纪传入中国，为回、维吾尔、哈萨克、乌孜别克、柯尔克孜、塔吉克、塔塔尔、东乡、保安、撒拉等民族中的大多数群众所信仰。总人口约 1700 万；有伊玛目 4 万余人，清真寺 2.6 万余座。全国性组织为"中国伊斯兰教协会"，成立于 1953 年。办有会刊《中国穆斯林》。开办伊斯兰教经学院 9 所。

天主教在公元 13 世纪曾一度传入中国，后中断。16 世纪末随西方列强的殖民扩张再度传入。18 世纪，因外国传教士和罗马教廷不准中国天主教徒按本国习俗敬孔、祭祖，发生了延续百年之久的"礼仪之争"，天主教在华传播缓慢。中华人民共和国成立前，中国天主教被 10 余个西方国家的几十个教会所控制，中国神职人员处于无权地位。中华人民共和国成立后，一些外国势力继续利用天主教干涉中国内政，中国天主教人士发起反帝爱国运动，开始走上独立自主、自办教会的道路。现在，中国天主教徒近 400 万，有神职人员 2700 人，教堂 4000 余座。全国性组织有两个：中国天主教爱国会，成立于 1957 年；中国天主教主教团，成立于 1980 年。办有会刊《中国天主教》。开办有神哲学院 11 所，修女院数十个。

基督教（新教）于公元 19 世纪初传入中国。鸦片战争后，西方国家传教士凭借不平等条约取得在中国的传教特权。至 1949 年，中国基督教有教徒 70 万人，教派约有 70 个。中华人民共和国成立后，中国基督教人士发起"三自"（自治、自养、自传）爱国运动，清除教会内的帝国主义影响。为加强教会内部的团结，各教派在互相尊重，求同存异，照顾特点的原则下实行了联合礼拜。现在，中国基督教徒约 650 万人，有教牧传道人员 18000 余人，教堂 8000 余座，简易活动场所（聚会点）2 万余处。全国性宗教组织有两个：中国基督教"三自"爱国运动委员会，成立于 1954 年；中国基督教协会，成立于 1980 年。办有会刊《天风》。开办神学院 13 所。

2. 公民的宗教信仰自由怎样受到法律保护？

我国公民的宗教信仰自由权利受到宪法和法律的保护。在《中华人民共和国宪法》中，宗教信仰自由是公民的一项基本权利。宪法第三十六条规定："中华人民共和国公民有宗教信仰自由。""任何国家机关、社会团体和个人不得强制公民信仰宗教或者不信仰宗教，不得歧视信仰宗教的公民和不

信仰宗教的公民。""国家保护正常的宗教活动。任何人不得利用宗教进行破坏社会秩序、损害公民身体健康、妨碍国家教育制度的活动。""宗教团体和宗教事务不受外国势力的支配。"据此,公民的宗教信仰自由主要包括以下几个方面:每个公民都有按照自己的意愿信仰宗教的自由,也有不信仰宗教的自由;有信仰这种宗教的自由,也有信仰那种宗教的自由;在同一宗教里,有信仰这个教派的自由,也有信仰那个教派的自由;有过去信教现在不信教的自由,也有过去不信教现在信教的自由;有按宗教信仰参加宗教仪式的自由,也有不参加宗教仪式的自由。

除了宪法的规定之外,民族区域自治法、民法通则、教育法、劳动法、义务教育法、选举法、村民委员会组织法、广告法等法律还规定:公民不分宗教信仰都享有选举权和被选举权;宗教团体的合法财产受法律保护;教育与宗教相分离,公民不分宗教信仰依法享有平等的受教育机会;各民族人民都要互相尊重语言文字、风俗习惯和宗教信仰;公民在就业上不因宗教信仰不同而受歧视;广告、商标不得含有对民族、宗教歧视性内容。

国务院还颁布了《宗教活动场所管理条例》,以维护宗教活动场所的合法权益。条例规定:宗教活动场所由该场所的管理组织自主管理,其合法权益和该场所内正常的宗教活动受法律保护,任何组织和个人不得侵犯和干预。侵犯宗教活动场所的合法权益将承担法律责任。在宗教活动场所进行宗教活动也必须遵守法律、法规。

中国对公民宗教信仰自由权利的法律保障,与有关国际文书和公约在这方面的主要内容是基本一致的。《联合国宪章》《世界人权宣言》《经济、社会及文化权利国际公约》《公民权利和政治权利国际公约》、联合国《消除基于宗教或信仰原因的一切形式的不容忍和歧视宣言》以及《维也纳宣言和行动纲领》中关于宗教或信仰自由是一项基本人权,公民有宗教或信仰的选择自由,不得以宗教或信仰原因为出对任何人加以歧视,有宗教礼拜和信仰集会及设立和保持一些场所之自由,有编写、发行宗教或信仰刊物的自由,有按宗教或信仰戒律过宗教节日及举行宗教仪式的自由,促进和保护民族、种族、宗教和语言上属于少数的人的权利等,这些内容在中国的法律、法规中都有明确规定,并得到实施。

3. 什么样的宗教活动受国家保护？

宗教活动是有信仰、有组织、有秩序的活动。正常的宗教活动是指宗教群众在宗教职业人员的组织下，在宪法、法律、法规和政策范围内，按照宗教教义所进行的活动，包括宗教教职人员履行正常的教务职责，信教群众在宗教活动场所或在自己家里按照本教的教义、教规和礼仪习惯进行的拜佛、诵经、烧香、礼拜、祈祷、讲经、讲道、弥撒、受洗、受戒、封斋、终傅、追思活动及过宗教节日等。正常的宗教活动，还包括教徒出于宗教感情，给寺观教堂的正当捐赠。捐赠一般应坚持自愿少量的原则，不允许任何摊派勒捐。另外，吸收新教徒也是在政策允许范围内的正常宗教活动。必须是按照各宗教的传统习惯，经过一定的宗教组织准许，在有一定宗教职称的宗教人员主持下，经过一定的宗教仪式进行。但是，强迫任何人特别是少年儿童入教、出家和到寺庙学经是不允许的。

正常的宗教活动受到国家保护。但是，任何人不得利用宗教进行破坏社会秩序、损害公民身体健康、妨碍国家教育制度的活动。1982年宪法增加这一规定，主要是因为社会上有一些人利用宗教进行封建迷信活动，损害公民健康，损害正常的教育制度，甚至实施违法犯罪活动。

20世纪80年代以来，我国部分地区出现了一些邪教组织，打着宗教旗号进行违法犯罪活动。邪教组织的为首分子或歪曲宗教教义，制造邪说，蒙骗群众，抗拒国家法律、法令的实施，煽动推翻政府；或利用迷信，装神弄鬼，致人死伤；或聚众淫乱，诈骗钱财，严重危害人民正常的生活和生产秩序。广大人民群众和宗教界人士对此深恶痛绝。中国司法机关对这类严重危害社会和公众利益的违法犯罪分子依法惩处，正是为了维护公众利益和法律尊严，为了更好保护公民宗教信仰自由权利和正常的宗教活动。中国司法机关依法惩治犯罪，与宗教信仰无关，中国没有人因为信仰宗教被惩处。当今世界，任何法治国家都不会容忍这类打着宗教旗号进行违法犯罪活动。

4. 宗教信仰自由怎样受到司法行政保障和监督？

在司法保障方面，中国对侵犯公民宗教信仰自由权利的行为有明确的惩处规定。如刑法第二百五十一条规定："国家机关工作人员非法剥夺公民的

宗教信仰自由和侵犯少数民族风俗习惯，情节严重的，处二年以下有期徒刑或者拘役。"近年来，中国司法部门依法审理了若干起违反国家有关法律、严重伤害教徒宗教感情的案件，对责任者予以惩处。

在行政保障方面，中国各级政府设立了宗教事务部门，对有关宗教的法律、法规的贯彻实施进行行政管理和监督，具体落实和执行宗教信仰自由政策。政府宗教事务部门不干涉宗教团体和宗教活动场所的内部事务。

与世界上一些国家一样，中国的宗教团体和宗教活动场所需依法向政府履行登记手续。宗教活动场所申请登记应具备基本的条件：有固定的处所和名称；有经常参加宗教活动的信教公民；有信教公民组成的管理组织；有主持宗教活动的宗教教职人员或符合各宗教规定的人员；有管理规章；有合法的经济收入。对不完全具备设立条件或在管理上存在一些突出问题的宗教活动场所政府部门予以暂缓登记或临时登记。对那些不具备登记条件的，如非法占用土地，违反城乡规划法规，私自建立宗教设施的；假冒宗教教职人员擅自设立的；打着宗教的招牌，进行"驱魔赶鬼"等迷信活动的处所等，政府部门则不准予登记。宗教活动场所一经依法登记，便获取合法地位，其合法权益受到保护；遇有侵犯其权益的行为，宗教活动场所管理组织有权向政府有关行政机关申诉，直至向人民法院起诉，寻求行政和法律保护。对基督教教徒按照宗教习惯，在自己家里举行以亲友为主参加的祷告、读经等宗教活动，不要求登记。

作为人民行使权力的机关的各级人民代表大会，以及在国家政治生活、社会生活中有重要作用的政治协商会议，对宗教信仰自由政策和法律规定的贯彻执行情况实施监督。在各级人民代表大会、政治协商会议中，有近1.7万名宗教界人士担任人大代表、政协委员。他们代表宗教界在人大、政协会议上参与国家大事和社会重要问题的讨论，并就政府涉及宗教的工作提出建议、批评和意见或议案、提案。

5. 宪法为什么要规定宗教团体和宗教事务不受外国势力的支配？

中国的宗教事业由中国各宗教团体、教职人员和信教群众来办，中国的宗教事务和宗教团体不受外国势力支配。中国政府依照宪法和法律支持中国各宗教独立自主自办的事业。

中国宗教实行独立自主自办的方针，是中国人民在反抗殖民主义、帝国主义侵略和奴役的斗争中，由中国宗教信徒自主作出的历史性选择。1840 年鸦片战争后，中国逐步沦为半殖民地半封建社会。在这个过程中，西方的基督教和天主教被殖民主义、帝国主义利用，充当了侵略中国的工具，一些西方传教士扮演了不光彩的角色，如参与贩卖鸦片和策划 1840 年英国侵略中国的鸦片战争，参与 1900 年八国联军的侵华战争，参与策划、起草对华不平等条约，享有不受中国法律管辖的"治外法权"，以"教案"为借口强化西方列强在中国的统治，阻挠和反对中国的反法西斯斗争和人民革命，敌视新中国，策划破坏活动等。

新中国成立后，特别是改革开放后，实行对外开放政策，是社会主义现代化建设的客观需要。开展宗教方面的对外交往，增进了国际文化交流和民间友好往来。同时，外国敌对势力也加紧利用宗教对中国进行渗透活动，试图重新控制中国宗教，以达到其政治目的。他们利用来华旅游，搞经济、文化、科技、教育交流合作的机会，直接插手中国宗教事务，培植地下势力，分裂爱国宗教组织，破坏民族团结，在一些地方造成了不安定。中国宗教都是中国宗教徒自办的宗教事业，坚持独立自主自办教会的原则，实行自治、自养、自传，不允许外国势力支配中国宗教的状况重新在中国出现。我国的宗教事业不与外国宗教发生组织上的隶属、经济上的依赖和其他形式的依附关系，不允许外国的传教士到中国传教，也不允许外国的宗教势力或者其他政治势力，对我国的宗教团体和宗教事务进行干预和支配。1982 年宪法增加这一规定，主要目的是防止一些外国的宗教团体插手中国的宗教活动，干涉国内的宗教事务。

坚持独立自主的方针，并不排斥在平等友好的基础上与各国宗教团体和宗教人士进行友好往来。外国宗教团体和宗教人士只要遵守中国宪法和法律，尊重中国宗教独立自主的原则，均可与中国的宗教团体和宗教界人士进行友好交往。来华外国人如要求参观访问中国开放的寺、观、教堂，到开放的宗教活动场所过宗教生活，按宗教习惯对寺、观、教堂给予不附带条件的布施、乜帖、奉献、献仪等，中国各爱国宗教组织和广大教徒都抱着欢迎的态度，并为之提供方便。但外国宗教徒在中国宗教活动场所，

要服从中国宗教组织和教职人员的安排，遵守宗教活动场所的规定。不得散发宗教书刊和宣传品，进行传教布道、发展教徒、建立宗教组织和宗教机构。中国经济、科技、文化、教育、体育、旅游等方面的对外交流和合作，涉及外国宗教组织及其所属机构签订的合作交流项目，不得附带宗教方面的任何条件。

国务院还颁布了《中华人民共和国境内外国人宗教活动管理规定》，尊重在中国境内的外国人的宗教信仰自由，保护外国人在宗教方面同中国宗教界进行的友好往来和文化学术交流活动。外国人可以在中国境内的宗教活动场所参加宗教活动，可以应省级以上宗教团体的邀请讲经、讲道，可以在县级以上人民政府认可的场所举行外国人参加的宗教活动，可以邀请中国宗教教职人员为其举行洗礼、婚礼、葬礼和道场法会等宗教仪式，可以携带自用的宗教印刷品、宗教音像制品和其他宗教用品进入中国国境。外国人在中国境内进行宗教活动，应当遵守中国的法律、法规。

6. 我国政府如何支持独立自主自办宗教事业？

1949 年中华人民共和国成立，结束了半殖民地半封建社会的历史，从而为中国天主教和基督教实现独立自主自办提供了历史条件。1950 年 7 月，吴耀宗等 40 位各教派负责人，发表《中国基督教在新中国建设中努力的途径》的"三自宣言"，表明了中国基督徒拥护新中国，摆脱帝国主义势力控制，实现中国教会自治、自养、自传。1950 年 9 月，1527 位基督教负责人签名拥护"三自宣言"。尔后的三四年间，在这个文件上签名的基督徒达 40 多万人，占当时全国基督徒的三分之二。自此，中国基督教走上了"三自"道路。

1950 年 11 月，四川广元县 500 多名天主教徒发表了"天主教自立革新运动宣言"，主张割断与帝国主义者各方面的关系，建立自治、自传、自养的新教会。这一宣言得到全国天主教神长教友的响应。尽管梵蒂冈一再采取敌视新中国的政治行动，中国天主教仍在 1957 年、1958 年先后将选出的一名代理主教和两名主教报梵蒂冈。然而，梵蒂冈竟以"超级绝罚"相威胁，极大地伤害了中国天主教徒的感情，中国天主教从此坚定地走上了自选自圣主教、独立自主自办教会的道路。在信仰上，中国天主教与世界各地的天主教是一致的；在教会管理上，一切内部事务均由中国天主教教会自主决定。

几十年来，中国基督教、天主教坚持独立自主自办方针，得到了广大信教群众的认同和支持，也使教会和宗教活动有了健康发展。

我国的宗教坚持独立自主自办，同时在平等友好的基础上积极与世界各国宗教组织进行交往和联系。对同中国友好，尊重中国主权，尊重中国宗教独立自主自办事业的外国宗教组织和个人，中国的大门始终是敞开的。中国基督教和天主教与世界上许多国家教会建立了友好往来关系。1991 年 2 月，中国基督教协会正式加入"世界基督教教会联合会"。中国天主教还先后派代表出席了"第五届'宗教与和平'国际会议"和"世界天主教青年大会"等一些国际宗教会议。近年来，中国教会向国外选派了相当数量的留学生，并聘请外国教师和学者到国内的神学院校讲学。中国佛教、道教和伊斯兰教的国际友好交往也日益扩大。

中国政府一贯坚持独立自主的和平外交政策，愿意改善同梵蒂冈的关系。但必须符合两个基本条件：第一，梵蒂冈必须断绝同台湾的所谓"外交关系"，承认中华人民共和国政府是中国唯一合法政府，台湾是中国领土不可分割的一部分；第二，梵蒂冈不得以宗教事务为名干涉中国的内部事务。中国和梵蒂冈的关系首先是国家关系，只有在国家关系改善后才能谈宗教问题。无论中国和梵蒂冈的关系是否改善，中国政府都将一如既往地支持中国天主教高举爱国主义旗帜，坚持独立自主自办教会方针和自选圣主教。

7. 为什么说受教育既是公民权利又是公民义务？

受教育的权利，是指公民有从国家获得接受教育的机会以及接受教育的物质帮助的权利。受教育权是人与生俱来的权利，也是实现其他人权的基础。涉及教育的问题不仅有专门的法律法规予以规定，同时也散见于各种非专门的法律法规之中。所以，我们虽然可以主要地将教育以及受教育权的问题界定于义务教育、高等教育、科普教育、职业教育乃至国防教育、民办教育等已有法律规定的领域，但必须承认，受教育权是个相当有包容性的概念，其范围可以不断拓展和延伸。

受教育既是公民的一项权利，又是公民的一项义务，是权利和义务的结合。受教育为什么是公民的一项义务呢？一方面，从公民来说，人与动物的根本区别就在于，人是社会的人，必须谋求个人和社会的发展，而要谋求个

人与社会的发展，受教育是一条基础性的不可缺少的途径，是人作为社会的一员所必须具备的条件。另一方面，对于国家来说，公民是组成国家的具体要素，国家的最重要职能就是谋求个人的幸福和发展，提高民族精神，增进社会道德，推动科技发展，实现国家的繁荣富强；要达到这些目标，就必须不断提高作为组成国家要素的公民素质；而要提高公民的素质，使其接受教育又成为必由之路。因此，国家就自然会将接受教育作为公民的一项义务予以要求。为此，不少国家和地区的宪法和法律都将受教育作为公民的一项义务予以规定。公民受教育的义务不是无条件的。如果不分情况地要求公民有受教育的义务，就可能导致教育秩序和公民权利与义务的混乱。所以，对公民受教育的义务必须作出年龄阶段的限制。从各国通行的做法来看，受教育的义务基本是被界定于初等教育阶段的。我国的教育法和义务教育法对公民的义务教育是界定于九年制义务教育，即学龄儿童、少年，必须完成九年制的义务教育。

此外，我国宪法还对国家关心青少年的成长问题作出规定。青少年和儿童是祖国的未来，幼儿教育、小学教育、中学教育和大学教育是青少年儿童成长的关键阶段。在每一个阶段，国家都确立对他们的培养方针和目标，使得青年、少年、儿童在品德、智力、体质等方面的全面发展。

8. 国家如何保障公民进行科学文化活动的自由？

宪法规定，公民有进行科学研究、文艺创造和文化活动的自由。

科学文化活动是经济发展和社会进步的动力。我国是社会主义国家，科学文化活动是社会主义精神文明的重要内容，是推动社会主义物质文明建设的强大动力。为促进科学文化的繁荣和发展，广大公民应当享有广泛的科学文化活动的自由和权利。国家对公民的科学文化活动自由也应当给予支持和帮助。

根据我国宪法的规定，公民享有的科学文化活动的自由和权利有以下方面：

（1）公民有进行科学研究的自由。这里的科学研究包括自然科学，也包括社会科学。公民享有科学研究自由，是指公民有权通过各种方式从事各种科研工作，并可以在科学研究中自由地探讨问题，发表意见，对各种科学问题和各种学派可以持有不同的见解。

（2）公民有从事文学艺术创作的自由。文学包括小说、诗歌、散文、戏剧等。艺术包括音乐、舞蹈、美术、摄影、书法、雕刻、电影、电视等。文化艺术活动自由是指公民有权按照自己的兴趣和意愿从事上述各项文化艺术活动，有权按照自己的特点形成和发展自己的文化艺术风格。

（3）公民有权从事其他文化活动包括教育和各种体育活动、健康的娱乐活动等。国家通过各种方式促进科学文化事业的发展。对于从事教育、科学、技术、文学、艺术和其他文化事业的公民的有益于人民的创造性工作，给予鼓励和帮助。国家通过制定政策和法律，鼓励和帮助公民从事科学文化活动。目前，我国已确立了科教兴国的政策，在教育、科学、文化等方面制定了一系列促进和保护科学文化事业发展的法律、法规。

9. 我国宪法如何保护妇女与男子的平等权？

根据宪法的规定，妇女与男子的平等权包括以下几个方面：

（1）妇女在政治方面享有与男子平等的权利。即妇女在参与国家政治生活方面与男子平等，平等地享有选举权与被选举权，平等地参与国家管理，平等地担任国家和社会职务，平等地享有荣誉称号。

（2）妇女在经济方面享有与男子平等的权利。即妇女与男子一样，享有参加劳动的权利，按劳取酬的权利，休息的权利以及享受社会保障的权利。

（3）妇女在文化方面享有与男子平等的权利。即妇女与男子一样，享有受教育的权利，享有从事科学研究、文学艺术创作和其他文化活动的自由。妇女权益保障法第十六条第一款规定："学校和有关部门应当执行国家有关规定，保障妇女在入学、升学、毕业分配、授予学位、派出留学等方面享有与男子平等的权利。"

（4）妇女在社会和家庭生活方面享有与男子平等的权利。即妇女和男子一样可以参加各种社会活动，在婚姻关系、家庭关系、继承关系等方面都与男子享有平等的权利。

根据宪法的规定，国家对妇女权益的保护方针有三个方面：

（1）国家保护妇女的权利和利益。即妇女依法享有的各项权利和利益，都受到宪法和法律的保护，任何个人和组织都不得侵犯。目前，我国的刑法、婚姻法、选举法等法律对妇女的权利和权益都有专门保护，国家还制定

了妇女权益保障法和母婴保障法等专门保护妇女权利和利益的法律。

（2）国家实行男女同工同酬。即如果妇女与男子从事同一种工作，技术水平、熟练程度与男子相同，就应当获得与男子相同的报酬。

（3）国家培养和选拔妇女干部。即国家在挑选干部人选时要注意妇女干部的配备，大胆使用和提拔经过实践证明有能力、群众信得过的、德才兼备的妇女干部，提高妇女在国家和社会生活中的地位。对于国家培养和选拔妇女干部，妇女权益保障法第十二条规定："国家积极培养和选拔女干部。""国家机关、社会团体、企业事业单位培养、选拔和任用干部，必须坚持男女平等的原则，并有适当数量的妇女担任领导成员。""国家重视培养和选拔少数民族女干部。"第十三条第二款规定："各级妇女联合会及其团体会员，可以向国家机关、社会团体、企业事业单位推荐女干部。"

10. 华侨、归侨和侨眷的哪些权利和利益受国家保护？

保护华侨的正当的权利和利益，保护归侨和侨眷的合法的权利和利益，是我国政府的一贯政策。"华侨"是指居住在国外、依据《中华人民共和国国籍法》享有中国国籍的中国公民。"正当的权利和利益"是指按照国际法和国际惯例，我国华侨旅居外国所应当享有的一切权利和利益。"归侨"是指回国定居的华侨。"侨眷"是指华侨、归侨在国内的亲属，包括华侨、归侨的配偶，父母，子女及其配偶，兄弟姐妹，祖父母、外祖父母，孙子女、外孙子女，以及同华侨、归侨有长期扶养关系的其他亲属。归侨和侨眷的合法的权利和利益，是指归侨和侨眷依据宪法和法律享有的各项公民权利，以及国家根据他们的实际情况和特点所规定的特殊的权利和利益。为保护归侨和侨眷的合法的权利和利益，我国已制定了专门的归侨侨眷权益保护法。

根据归侨侨眷权益保护法的规定，国家对归侨和侨眷的权益保护主要体现在：国家对回国定居的华侨给予安置。归侨、侨眷有权依法申请成立社会团体，进行适合归侨、侨眷需要的合法的社会活动。归侨、侨眷依法成立的社会团体的财产受法律保护，任何组织或者个人不得侵犯。国家对安置归侨的农场、林场等企业给予扶持，任何组织或者个人不得侵占其合法使用的土地，不得侵犯其合法权益。在安置归侨的农场、林场等企业所在的地方，可

以根据需要合理设置学校和医疗保健机构，国家在人员、设备、经费等方面给予扶助。国家依法维护归侨、侨眷职工的社会保障权益。用人单位及归侨、侨眷职工应当依法参加当地的社会保险，缴纳社会保险费用。对丧失劳动能力又无经济来源或者生活确有困难的归侨、侨眷，当地人民政府应当给予救济。国家鼓励和引导归侨、侨眷依法投资兴办产业，特别是兴办高新技术企业，其合法权益受法律保护。归侨、侨眷在国内兴办公益事业，各级人民政府应当给予支持，其合法权益受法律保护。归侨、侨眷境外亲友捐赠的物资用于国内公益事业的，依照法律、行政法规的规定减征或者免征关税和进口环节的增值税。各级人民政府应当对归侨、侨眷就业给予照顾，提供必要的指导和服务。归侨学生、归侨子女和华侨在国内的子女升学，按照国家有关规定给予照顾。归侨、侨眷申请出境，有关主管部门应当在规定期限内办理手续。归侨、侨眷确因境外直系亲属病危、死亡或者限期处理境外财产等特殊情况急需出境的，有关主管部门应当根据申请人提供的有效证明优先办理手续。归侨、侨眷可以按照国家有关规定申请出境定居，经批准出境定居的，任何组织或者个人不得损害其合法权益。离休、退休、退职的归侨、侨眷职工出境定居的，其离休金、退休金、退职金、养老金照发。国家对归侨、侨眷在境外的正当权益，根据中华人民共和国缔结或者参加的国际条约或者国际惯例，给予保护。

11. 公民行使自由和权利的底线是什么？

任何公民的权利和自由只意味着公民可以做法律许可做的事情。权利必须依据法律的规定才能实现，同样，权利也只有依据法律行使才受到国家的保护。超越法律的规定去行使权利和自由，就必然要破坏法律秩序，损害国家的、集体的和其他公民的合法权利和利益。因此，宪法规定，公民在行使权利和自由的时候，不得损害国家的、社会的、集体的利益和其他公民的合法的自由和权利。也即公民在行使宪法和法律规定的权利和自由时，不得损害国家的利益，社会公共生活的利益和集体组织的利益，也不得损害其他公民的合法的自由和权利。任何损害国家的、社会的、集体的利益以及其他公民的合法权利和自由的行为，造成一定的危害后果，就要承担相应的法律责任。

典型案例

2012 年 3 月，杨建国加入邪教组织全能教，并奉命发展成员。此后半年时间内，杨建国介绍数十人加入全能教。由于发展成员有功，杨建国被封为"护法"，在教内地位仅次于"长老"。

2013 年 1 月，全能教教徒冯绍因对教义产生怀疑，宣布退出全能教。杨建国得知后，多次带领其他教众到冯绍家闹事。

2013 年 2 月 15 日，杨建国和其他教徒对冯绍进行殴打，要求其皈信全能教。冯绍的儿子冯国立出面制止无果后，向当地公安机关报案。

当地公安机关深入调查后，趁全能教成员聚会期间，将其一网打尽。作为全能教骨干，杨建国被当地人民法院判处有期徒刑五年。

【以案释法】

中华人民共和国公民有宗教信仰自由。任何国家机关、社会团体和个人不得强制公民信仰宗教或者不信仰宗教，不得歧视信仰宗教的公民和不信仰宗教的公民。任何人不得利用宗教进行破坏社会秩序、损害公民身体健康、妨碍国家教育制度的活动。

本则漫画故事中，杨建国身为邪教组织成员，强迫他人信仰宗教，违反了宪法的规定。

五、公民的社会经济权利

【知识要点】

1. 为什么说劳动既是公民的权利又是公民的义务？

劳动的权利是指有劳动能力的公民有获得社会工作的资格。它包括三部分内容：公民有按照自己的劳动能力获得劳动的机会；公民在劳动中有获得

适当劳动条件的权利；公民享有根据劳动的数量和质量取得劳动报酬和其他劳动所得的权利。

劳动权是公民的一项基本权利，也是公民实现自身价值的最重要的途径。生产资料的社会主义公有制为劳动者和生产资料的结合提供了可能，因此，在社会主义条件下，国家和社会应当为劳动者提供和创造就业机会，努力保证每个有劳动能力的人都能获得劳动机会，享有适当的劳动条件，取得应得的劳动报酬。

国家应当积极为公民劳动权利的实现创造条件、做好服务：（1）国家通过各种途径，创造劳动就业条件，广开就业门路，扩大就业范围。（2）国家加强劳动保护，改善劳动条件，加强和改善为劳动者在劳动过程中的安全和健康而采取的各种劳动保险和安全措施。（3）国家对就业前的公民进行必要的劳动就业训练，以保障其就业时能掌握初步的劳动技能。（4）国家在发展生产的基础上，提高劳动报酬和福利待遇，最终使生产满足人民群众日益增长的物质和文化生活的需要。

在社会主义条件下，劳动已经不单纯是公民个人谋生的手段，而且也是公民为社会主义国家和集体利益做贡献的重要方式。为不断提高经济文化的发展水平，不断改善人民群众的物质文化生活水平，繁荣社会主义物质文明和精神文明，建设繁荣富强的社会主义国家，公民应当对国家和社会承担起劳动的义务。因此，劳动既是公民的权利，也是公民的光荣义务。

所谓劳动的义务，就是指有劳动能力的公民，应当以国家主人翁的态度对待劳动，忠于职守，遵守劳动纪律，完成劳动任务，将劳动视为自己的一项职责。具体地说，公民的劳动义务有以下几层含义：劳动是一切有劳动能力的公民的光荣职责；国有企业和城乡集体经济组织的劳动者应当以国家主人翁的态度对待劳动；劳动是一切有劳动能力的公民获得报酬的条件；国家提倡社会主义劳动竞赛，奖励劳动模范和先进工作者；国家提倡公民从事义务劳动。

2. 劳动者享有哪些权利？

根据我国宪法和有关法律规定，劳动者享有以下权利：

（1）平等就业的权利。是指具有劳动能力的公民，有获得职业的权利。劳动是人们生活的第一个基本条件，是创造物质财富和精神财富的源泉。劳

动就业权是有劳动能力的公民获得参加社会劳动和切实保证按劳取酬的权利。公民的劳动就业权是公民享有其他各项权利的基础。如果公民的劳动就业权不能实现，其他一切权利也就失去了基础。

（2）选择职业的权利。是指劳动者根据自己的意愿选择适合自己才能、爱好的职业。劳动者拥有自由选择职业的权利，有利于劳动者充分发挥自己的特长，促进社会生产力的发展。劳动者在劳动力市场上作为就业的主体，具有支配自身劳动力的权利，可根据自身的素质、能力、志趣和爱好，以及市场资讯，选择用人单位和工作岗位。选择职业的权利是劳动者劳动权利的体现，是社会进步的一个标志。

（3）取得劳动报酬的权利。随着劳动制度的改革，劳动报酬成为劳动者与用人单位所签订的劳动合同的必备条款。劳动者付出劳动，依照合同及国家有关法律取得报酬，是劳动者的权利。而及时定额地向劳动者支付工资，则是用人单位的义务。用人单位违反这些应尽的义务，劳动者有权依法要求有关部门追究其责任。获取劳动报酬是劳动者持续地行使劳动权不可缺少的物质保证。

（4）获得劳动安全卫生保护的权利。这是保证劳动者在劳动中生命安全和身体健康，是对享受劳动权利的主体切身利益最直接的保护。这方面包括防止工伤事故和职业病。如果企业单位劳动保护工作欠缺，其后果不仅是某些权益的丧失，而且使劳动者健康和生命直接受到伤害。

（5）休息的权利。我国宪法规定，劳动者有休息的权利，国家发展劳动者休息和休养的设施，规定职工的工作时间和休假制度。

（6）社会保险和福利的权利。疾病和年老是每一个劳动者都不可避免的，社会保险是劳动力再生产的一种客观需要。我国劳动保险包括：养老保险、医疗保险、工伤保险、失业保险、生育保险等。但目前我国的社会保险还存在一些问题，社会保险基金制度不健全，国家负担过重，社会保险的实施范围不广泛，发展不平衡，社会化程度低，影响劳动力合理流动。

（7）接受职业技能培训的权利。我国宪法规定，公民有受教育的权利和义务。所谓受教育既包括受普通教育，也包括受职业教育。公民要实现自己的劳动权，必须拥有一定的职业技能，而要获得这些职业技能，越来越依赖

于专门的职业培训。因此，劳动者若没有职业培训权利，那么劳动就业权利也就成为一句空话。

（8）提请劳动争议处理的权利。劳动争议是指劳动关系当事人，因执行劳动法或履行集体合同和劳动合同的规定引起的争议。劳动关系当事人，作为劳动关系的主体，各自存在着不同的利益，双方不可避免的会产生分歧。用人单位与劳动者发生劳动争议，劳动者可以依法申请调解、仲裁、提起诉讼。劳动争议调解委员会由用人单位、工会和职工代表组成。劳动仲裁委员会由劳动行政部门的代表、同级工会、用人单位代表组成。解决劳动争议应该贯彻合法、公正、及时处理的原则。

（9）法律规定的其他权利。法律规定的其他权利包括：依法参加和组织工会的权利，依法享有参与民主管理的权利，劳动者依法享有参加社会义务劳动的权利，从事科学研究、技术革新、发明创造的权利，依法解除劳动合同的权利，对用人单位管理人员违章指挥、强令冒险作业有拒绝执行的权利，对危害生命安全和身体健康的行为有权提出批评、举报和控告的权利，对违反劳动法的行为进行监督的权利等。

3. 我国劳动法律制度主要有哪些内容？

简单地说，劳动法律制度是规范劳动关系的法律制度。在市场经济中，劳动、资本和技术是市场的三大基本要素，因而，调整劳动关系的劳动法律也就成为市场经济中的重要法律制度。具体而言，劳动法律制度是指调整劳动关系以及与劳动关系有密切联系的其他社会关系的法律制度。劳动关系是劳动法律制度调整的核心内容。所谓劳动关系，是劳动者与用人单位在实现劳动过程中发生的社会关系。其基本内容是劳动者提供劳动，用人单位使用该劳动并支付工资。从该意义上说，它是一种合同关系，具有合同之债的财产要素。但与民法上债的关系不同的是，它还具有身份和社会公益的要素。劳动者必须亲自提供劳动而不能由他人代理；在劳动过程中，劳动者与用人单位会形成从属关系，劳动者需服从用人单位的管理，因此，劳动者在提供劳动的同时，与用人单位也建立了身份关系。由于劳动者是社会的大众，劳工问题也就成为基本的社会问题，劳动者与用人单位的劳动关系是否和谐与社会大众的生活是否安定有着密切的联系，因此，劳动关系不应当仅仅看

作是劳动者与用人单位之间的关系，还应当着眼于整个社会来看待。

此外，劳动法律制度也调整一些与劳动关系有密切联系的社会关系，这些关系是附随于劳动关系发生的。例如，劳动部门、就业服务机构在劳动力招收、职业指导、职业介绍、职业培训等方面发生的社会关系；工会组织在集体谈判、签订集体合同和维护职工权益方面发生的社会关系；社会保险机构与劳动者和用人单位在社会保险方面发生的社会关系；劳动监察机构在监督检查劳动法实施中发生的社会关系；劳动争议处理机构在处理劳动争议中发生的社会关系，等等。

由于劳动法律制度所调整的范围涉及劳动关系的方方面面，因此，其内容也十分丰富，从理论上说，主要包括以下部分：

（1）劳动关系方面的法律制度。这是调整劳动关系最基础的法律制度，主要是指劳动合同法和集体合同法。在市场经济条件下，劳动关系主要通过劳动者与用人单位订立劳动合同来建立。由于劳动者个人相对于企业而言总是处于弱势地位，在劳动合同中容易出现一些对劳动者不利的条款，这就需要通过集体合同来矫正，以提高企业的整体劳动条件和职工的工资福利待遇。集体合同一旦签订，对企业及劳动者都具有法律效力，个人与企业签订的劳动合同与集体合同条款相冲突的，以集体合同为准。

（2）劳动基准方面的法律制度。主要指国家制定的关于劳动者最基本劳动条件的法律法规，包括最低工资法、工作时间法、劳动安全与卫生法等。其目的是改善劳动条件，保障劳动者的基本生活，避免伤亡事故的发生。劳动基准属于强制性规范，用人单位必须遵守执行。

（3）劳动力市场方面的法律制度。主要是指调节劳动力市场、促进劳动就业的法律制度，包括就业促进法、职业培训法、就业服务法等。就业是民生之本，促进就业是现代国家的基本责任。国家必须采取各种宏观调控手段，创造就业机会，实现劳动者充分就业。

（4）社会保险方面的法律制度。主要对劳动者基本生存条件的保障以及生活质量的提高进行规定，具体包括养老保险法、医疗保险法、失业保险法、工伤保险法、生育保险法等。

（5）劳动权利保障与救济方面的法律制度。主要包括劳动监察法和劳动

争议处理法。由于劳动关系具有身份属性，劳动者与用人单位之间形成了管理与被管理的关系，用人单位往往会忽视甚至侵犯劳动者的劳动权利。因此，劳动监察对劳动法律制度的实施和劳动者劳动权的实现起着至关重要的作用。在劳动关系存续中，劳动争议是难以避免的，关键是要建立起有效的解决劳动争议的制度，以此作为解决纠纷、保障当事人合法权益的最后屏障。目前，我国劳动争议处理包括调解、仲裁和诉讼三种方式。

4. 我国劳动法律制度由哪些部分构成？

改革开放以来，我国劳动立法进入了一个新的发展时期，1994 年 7 月 5 日《中华人民共和国劳动法》的颁布，标志着我国已初步建立了以劳动法和其他法律为主体，行政法规、部门规章、地方性法规和地方政府规章、司法解释和国际公约等为辅助的劳动法律制度。

我国的劳动法律制度主要包括以下部分：

（1）法律。由全国人大及其常委会颁布的劳动法律有劳动法、劳动合同法、劳动争议调解仲裁法、就业促进法、社会保险法、工会法、职业病防治法、安全生产法、矿山安全法等。

（2）行政法规。由国务院颁布的劳动行政法规主要有《女职工劳动保护特别规定》《禁止使用童工规定》《失业保险条例》《工伤保险条例》《劳动保障监察条例》等。

（3）部门规章。劳动和社会保障部颁布的配套规章主要有《集体合同规定》《企业职工带薪年休假实施办法》《最低工资规定》等。

（4）地方性法规和地方政府规章。劳动法赋予了省、市、自治区制定劳动合同实施办法的权力，各地制定了大量的地方性法规和地方政府规章，如《北京市劳动合同规定》《上海市劳动合同条例》等。

（5）司法解释。最高人民法院于 2001 年发布的《关于审理劳动争议案件适用法律若干问题的解释》，对处理劳动争议也起了重要的作用。

此外，经我国批准的国际劳工公约也是我国劳动法的渊源。迄今为止，我国已批准了 24 个国际劳工组织通过的国际劳工公约，例如《1958 年消除就业和职业歧视公约》《准予就业最低年龄公约》《男女工人同工同酬公约》，等等。

以劳动法为核心的劳动法律制度的建立，使我国劳动制度的各个方面逐步走向法治化，具有重要的社会意义：

（1）它打破了以前劳动关系的行政调整模式和按照用人单位所有制性质管理劳动关系的模式，确立了市场经济下劳动关系调整的基本模式，有力地推动了经济体制改革和市场经济的发展。

（2）它明确了劳动者享有平等就业权、自主择业权、劳动报酬权、休息休假权、劳动安全卫生保护权、职业培训权、社会保险权、提请劳动争议处理的权利等，完善了劳动权利保障与救济制度，从而使劳动权这一基本人权具有了实在内容和法律保障，维护了劳动者的合法权益。

（3）它明确了劳动关系双方的权利义务，有利于减少纠纷，维护稳定、和谐的劳动关系，从而为构建和谐社会提供了重要保证。

5. 劳动者的休息权如何实现和保护？

劳动者的休息权是指为了提高劳动效率，保障劳动者的生活和健康，根据有关法律和制度的规定，劳动者所享有的休息和休养的权利。劳动者的休息权和劳动权是密切联系的，也可以说是劳动权的一个方面。休息权既可以保护劳动者的身体健康，提高劳动效率，也可以为劳动者提供一定时间参加文化和社会活动，丰富劳动者的文化生活和社会生活，提高生活质量。在我国，劳动者的休息权主要是通过国家规定的工作时间和休假制度予以实现的。工作时间是指劳动者根据国家和企事业单位的规定，从事劳动的时间。休假制度是劳动者根据国家和企事业单位的规定，所享有的暂离工作岗位，保留工资进行休息和休假的制度。根据劳动法的规定，国家实行劳动者每日工作时间不超过 8 小时、平均每周工作时间不超过 40 小时的工时制度；用人单位应当保证劳动者每周至少休息 1 日；用人单位在元旦、春节、国际劳动节、国庆节以及法律、法规规定的其他节假日，应当依法安排劳动者休假；国家实行带薪年休假制度，劳动者连续工作 1 年以上的，享受带薪年休假。除了规定劳动者的工作时间和休假制度以外，宪法还规定，国家发展劳动者休息和休养的设施。这主要是指国家根据劳动者享受休息权的需要，在生产发展和国民经济发展的基础上，不断扩大和改善用于劳动者休息和休养的物质条件。

6. 我国的退休制度包括哪些内容？

退休是指企事业组织的职工和国家机关工作人员达到一定年龄时，退出原来的生产和工作岗位，并按照规定领取一定的退休金。根据宪法的规定，我国实行的退休制度包括以下内容：（1）实行国家退休制度的对象是指企事业组织的职工和国家机关的工作人员。（2）国家和社会保障退休人员的生活。（3）有关退休制度的具体事项由国家法律予以规定。

目前，我国已经制定了社会保险法等一系列法律法规，对职工和国家工作人员的退休年龄、退休条件以及退休后的生活待遇作出规定。

关于我国的退休年龄，第五届全国人民代表大会常务委员会第二次会议批准的《国务院关于安置老弱病残干部的暂行办法》和《国务院关于工人退休、退职的暂行办法》规定：全民所有制企业、事业单位和党政机关、群众团体的工人：（1）男年满60周岁，女年满50周岁，并且连续工龄满10年的；（2）男年满55周岁、女年满45周岁，连续工龄满10年的，从事井下、高空、高温、特别繁重体力劳动或其他有害身体健康的工作；（3）男年满50周岁，女年满45周岁，连续工龄满10年，由医院证明，并经劳动鉴定委员会确认，完全丧失劳动能力的应当准予退休。

参加基本养老保险的个人，达到法定退休年龄时累计缴费满15年的，按月领取基本养老金。达到法定退休年龄时累计缴费不足15年的，可以缴费至满15年，按月领取基本养老金；也可以转入新型农村社会养老保险或者城镇居民社会养老保险，按照国务院规定享受相应的养老保险待遇。

7. 公民如何从国家和社会获得物质帮助？

宪法第四十五条第一款规定："中华人民共和国公民在年老、疾病或者丧失劳动能力的情况下，有从国家和社会获得物质帮助的权利。国家发展为公民享受这些权利所需要的社会保险、社会救济和医疗卫生事业。""年老"是指公民在国家规定的职工退休年龄以上，已没有劳动能力或者不适于继续参加劳动。"疾病"是指公民因为患有某种疾病无能力或者不适于继续参加劳动。"丧失劳动能力"是指包括年老、疾病或者其他原因而失去劳动能力。具备上述三个条件之一，公民即有权从国家和社会获得物质帮助。国家的物质帮助是指政府有关部门如民政、人力资源与社会保障等部门向上述公民提

供基本生活条件方面的物质帮助。社会的物质帮助是指集体经济组织、人民团体、群众自治组织以及社会其他方面提供的各类物质帮助。

根据宪法的规定，国家努力发展社会保障事业。国家社会保障事业发展的状况，直接关系到人民群众物质文化生活水平的整体发展，关系到社会稳定，关系到社会主义优越性的发挥。年老、疾病或者丧失劳动能力的公民，有权从国家、社会两个方面获得物质帮助，但国家在提供物质帮助方面应当起主要作用。为使公民能更好地享受到各类物质帮助，国家需要大力发展社会保障事业。具体说来，要在以下三个方面大力发展社会保障事业：（1）发展社会保险事业。社会保险是通过保险方式为公民在年老、患病、丧失劳动能力等情况下提供各种帮助措施。（2）发展社会救济事业。社会救济包括对既无人供养又丧失劳动能力的人的救济，也包括对因自然灾害或者其他不幸事故而受到灾难者的救济。（3）发展医疗卫生事业。

根据宪法的规定，保障残废军人生活、优抚军烈属，以及帮助残疾人，也是发展社会保障事业的重要组成部分。残废军人是为了保家卫国而使自己的身体致残，军烈属为了保家卫国而献出了亲人的生命，国家应当对他们的生活给予照顾和实行优抚。保障残废军人的生活，抚恤烈士家属，优待军人家属，不仅是国家的责任，也是全社会的责任。社会组织、人民团体、村民委员会、居民委员会等都应当组织人民群众帮助和照顾残废军人和军烈属的生活，使他们无后顾之忧。

此外，依据宪法的规定，国家和社会还努力保障残疾人等弱势社会群体的利益。国家和社会帮助安排盲、聋、哑和其他有残疾的公民的劳动、生活和教育。为落实宪法的这一规定，国家制定了残疾人保障法，对有关保障残疾人权益的事项作出了详细规定。

典型案例

开士康集团是一家劳动密集型企业，主要生产电子元器件。2011年下半年，受国内市场影响，开士康集团的订单量大增。

为了完成这些订单，开士康不断给员工加码。所有工人每天除了完成八小时工作外，还必须加班三个小时。虽然有加班费，但很多员工仍然难以忍受如此高强度的体力劳动。

星期天是开士康集团员工每周仅有的休息日。订单量增加后，这仅有的一天休息日也被取消。2011 年 10 月 23 日，女工小利因连续上班二十多天猝死，引发员工罢工。

2011 年 10 月 24 日，开士康集团员工打出"中华人民共和国劳动者有休息的权利"的横幅，上街游行。当地劳动部门在查明情况后，责令其严格执行国家规定的职工休息、休假制度，并处以罚款。

【以案释法】

中华人民共和国公民有劳动的权利和义务。国家通过各种途径，创造劳动就业条件，加强劳动保护，改善劳动条件，并在发展生产的基础上，提高劳动报酬和福利待遇。劳动是一切有劳动能力的公民的光荣职责。国有企业和城乡集体经济组织的劳动者都应当以国家主人翁的态度对待自己的劳动。国家提倡社会主义劳动竞赛，奖励劳动模范和先进工作者。国家提倡公民从事义务劳动。中华人民共和国劳动者有休息的权利。国家发展劳动者休息和休养的设施，规定职工的工作时间和休假制度。

本则故事中，开士康集团无视劳动者的休息权，强制要求职工加班的做法违反了宪法规定。

六、公民的其他权利

【知识要点】

1. 公民如何行使批评、申诉、控告或者检举国家机关和国家工作人员的权利？

在我国，国家的一切权力属于人民。人民可以用直接民主的方式，自己直接行使当家作主的权利，但主要还是通过间接民主的方式，选举自己的代

表组成各级国家政权机关，代表人民行使当家作主的权力。对于人民群众个人直接行使权力，就不存在自己监督自己的问题。但是，对于人民通过选举产生各级国家机关及其工作人员，代表人民行使权力，就存在一个接受人民监督的问题。在国家机关及其工作人员代表人民行使权力的过程中，人民必须通过各种途径和形式对他们实行监督，以保证各级国家机关及其工作人员不折不扣地代表人民行使权力，全心全意为人民服务。宪法规定公民有提出批评和建议，提出申诉、控告或者检举的权利，就是对国家机关及其工作人员的重要的监督权利。

公民行使这项权利的对象是国家机关和国家工作人员，国家机关是指国家的各级权力机关、行政机关、审判机关、检察机关及其所属部门；所规定的国家工作人员，是指上述国家机关的领导人员和普通工作人员。批评权是指公民对国家机关及其工作人员在工作中的缺点和错误，提出批评意见的权利。建议权是指公民为帮助国家机关及其工作人员改进工作，对国家机关及其工作人员的各项工作，提出意见和建议的权利。控告权是指公民向有关国家机关指控或者告发某些国家机关及其工作人员各种违法失职行为的权利，包括到司法机关就有关的刑事诉讼、民事诉讼和行政诉讼的案件进行告发，到党的纪律检察机关告发，到行政机关告发等。申诉权是指公民对本人及其亲属所受到的有关处罚或者处分不服，或者受到不公正的待遇，向有关国家机关陈述理由、提出要求的权利。申诉分为法律中的申诉和非法律中的申诉。法律中的申诉是指公民对已经发生法律效力的判决或者裁定不服，而向上级司法机关申诉的行为。非法律中的申诉是指公民对有关国家机关给予的处分或者处罚不服而向司法机关以外的国家机关提出的申诉。检举权是指公民对国家机关及其工作人员违法失职行为向有关国家机关予以揭发的权利。

2. 公民如何依法取得国家赔偿？

取得赔偿权是指由于国家机关和国家工作人员侵犯公民权利而受到损失的人，有依照法律规定取得赔偿的权利。民法通则规定，国家机关或者国家工作人员在执行职务过程中，侵犯公民、法人的合法权益造成损害的，应当承担民事责任。行政诉讼法规定，公民、法人或者其他组织的合法权益受到

行政机关或者行政机关工作人员作出的具体行政行为侵犯造成损害的，有权请求赔偿。国家赔偿法是我国保护公民合法权益的一部重要法律，规定了国家机关和国家工作人员违法行使职权，侵犯公民合法权益的国家赔偿责任。国家赔偿分为行政赔偿和刑事赔偿两大类，并规定了赔偿范围、赔偿标准和赔偿程序，并对"精神损害抚慰金"作了明确规定。

3. 国家赔偿的范围是什么？

行政机关及其工作人员在行使行政职权时有下列侵犯人身权情形之一的，受害人有取得行政赔偿的权利：（1）违法拘留或者违法采取限制公民人身自由的行政强制措施的；（2）非法拘禁或者以其他方法非法剥夺公民人身自由的；（3）以殴打、虐待等行为或者唆使、放纵他人以殴打、虐待等行为造成公民身体伤害或者死亡的；（4）违法使用武器、警械造成公民身体伤害或者死亡的；（5）造成公民身体伤害或者死亡的其他违法行为。

行政机关及其工作人员在行使行政职权时有下列侵犯财产权情形之一的，受害人有取得行政赔偿的权利：（1）违法实施罚款、吊销许可证和执照、责令停产停业、没收财物等行政处罚的；（2）违法对财产采取查封、扣押、冻结等行政强制措施的；（3）违法征收、征用财产的；（4）造成财产损害的其他违法行为。

但是，属于下列情形之一的，国家不承担赔偿责任：行政机关工作人员与行使职权无关的个人行为；因公民、法人和其他组织自己的行为致使损害发生的；法律规定的其他情形。

行使侦查、检察、审判、监狱管理职权的机关及其工作人员在行使职权时有下列侵犯人身权情形之一的，受害人有取得刑事赔偿的权利：（1）对没有犯罪事实或者没有事实证明有犯罪重大嫌疑的人错误拘留的；（2）对没有犯罪事实的人错误逮捕的；（3）依照审判监督程序再审改判无罪，原判刑罚已经执行的；（4）刑讯逼供或者以殴打等暴力行为或者唆使他人以殴打等暴力行为造成公民身体伤害或者死亡的；（5）违法使用武器、警械造成公民身体伤害或者死亡的。

行使侦查、检察、审判、监狱管理职权的机关及其工作人员在行使职权时有下列侵犯财产权情形之一的，受害人有取得刑事赔偿的权利：（1）违法对

财产采取查封、扣押、冻结、追缴等措施的；（2）依照审判监督程序再审改判无罪，原判罚金、没收财产已经执行的。

但是，属于下列情形之一的，国家不承担赔偿责任：因公民自己故意作虚伪供述，或者伪造其他有罪证据被羁押或者被判处刑罚的；依照刑法规定不负刑事责任的人被羁押的；依照刑事诉讼法规定不追究刑事责任的人被羁押的；行使国家侦查、检察、审判、监狱管理职权的机关的工作人员与行使职权无关的个人行为；因公民自伤、自残等故意行为致使损害发生的；法律规定的其他情形。

4. 公民如何申请行政赔偿？

赔偿请求人要求赔偿应当先向赔偿义务机关提出，也可以在申请行政复议和提起行政诉讼时一并提出。赔偿请求人可以向共同赔偿义务机关中的任何一个赔偿义务机关要求赔偿，该赔偿义务机关应当先予赔偿。赔偿请求人根据受到的不同损害，可以同时提出数项赔偿要求。

要求赔偿应当递交申请书，载明下列事项：（1）受害人的姓名、性别、年龄、工作单位和住所，法人或者其他组织的名称、住所和法定代表人或者主要负责人的姓名、职务；（2）具体的要求、事实根据和理由；（3）申请的年、月、日。

赔偿请求人书写申请书确有困难的，可以委托他人代书；也可以口头申请，由赔偿义务机关记入笔录。

赔偿义务机关应当自收到申请之日起 2 个月内依照有关规定给予赔偿；逾期不予赔偿或者赔偿请求人对赔偿数额有异议的，赔偿请求人可以自期间届满之日起 3 个月内向人民法院提起诉讼。

5. 公民如何申请刑事赔偿？

赔偿请求人要求刑事赔偿，应当先向赔偿义务机关提出。赔偿义务机关应当自收到申请之日起 2 个月内作出是否赔偿的决定。赔偿义务机关作出赔偿决定，应当充分听取赔偿请求人的意见，并可以与赔偿请求人就赔偿方式、赔偿项目和赔偿数额依照有关规定进行协商。赔偿义务机关决定赔偿的，应当制作赔偿决定书，并自作出决定之日起 10 日内送达赔偿请求人；决定不予赔偿的，应当自作出决定之日起 10 日内书面通知赔偿请求人，并

说明不予赔偿的理由；在规定期限内未作出是否赔偿的决定，赔偿请求人可以自期限届满之日起 30 日内向赔偿义务机关的上一级机关申请复议。

赔偿请求人对赔偿的方式、项目、数额有异议的，或者赔偿义务机关作出不予赔偿决定的，赔偿请求人可以自赔偿义务机关作出赔偿或者不予赔偿决定之日起 30 日内，向赔偿义务机关的上一级机关申请复议。赔偿义务机关是人民法院的，赔偿请求人可以依照有关规定向其上一级人民法院赔偿委员会申请作出赔偿决定。复议机关应当自收到申请之日起 2 个月内作出决定。赔偿请求人不服复议决定的，可以在收到复议决定之日起 30 日内向复议机关所在地的同级人民法院赔偿委员会申请作出赔偿决定；复议机关逾期不作决定的，赔偿请求人可以自期限届满之日起 30 日内向复议机关所在地的同级人民法院赔偿委员会申请作出赔偿决定。

人民法院赔偿委员会处理赔偿请求，赔偿请求人和赔偿义务机关对自己提出的主张，应当提供证据。被羁押人在羁押期间死亡或者丧失行为能力的，赔偿义务机关的行为与被羁押人的死亡或者丧失行为能力是否存在因果关系，赔偿义务机关应当提供证据。

人民法院赔偿委员会处理赔偿请求，采取书面审查的办法。必要时，可以向有关单位和人员调查情况、收集证据。赔偿请求人与赔偿义务机关对损害事实及因果关系有争议的，赔偿委员会可以听取赔偿请求人和赔偿义务机关的陈述和申辩，并可以进行质证。人民法院赔偿委员会应当自收到赔偿申请之日起 3 个月内作出决定；属于疑难、复杂、重大案件的，经本院院长批准，可以延长 3 个月。

中级以上的人民法院设立赔偿委员会，由人民法院 3 名以上审判员组成，组成人员的人数应当为单数。赔偿委员会作赔偿决定，实行少数服从多数的原则。赔偿委员会作出的赔偿决定，是发生法律效力的决定，必须执行。

赔偿请求人或者赔偿义务机关对赔偿委员会作出的决定，认为确有错误的，可以向上一级人民法院赔偿委员会提出申诉。赔偿委员会作出的赔偿决定生效后，如发现赔偿决定违反有关规定的，经本院院长决定或者上级人民法院指令，赔偿委员会应当在 2 个月内重新审查并依法作出决定，

上一级人民法院赔偿委员会也可以直接审查并作出决定。最高人民检察院对各级人民法院赔偿委员会作出的决定，上级人民检察院对下级人民法院赔偿委员会作出的决定，发现违反有关规定的，应当向同级人民法院赔偿委员会提出意见，同级人民法院赔偿委员会应当在 2 个月内重新审查并依法作出决定。

6. 国家赔偿的方式和标准是什么？

国家赔偿以支付赔偿金为主要方式。能够返还财产或者恢复原状的，予以返还财产或者恢复原状。

（1）侵犯公民人身自由的，每日赔偿金按照国家上年度职工日平均工资计算。

（2）侵犯公民生命健康权的，赔偿金按照下列规定计算：①造成身体伤害的，应当支付医疗费、护理费，以及赔偿因误工减少的收入。减少的收入每日的赔偿金按照国家上年度职工日平均工资计算，最高额为国家上年度职工年平均工资的 5 倍；②造成部分或者全部丧失劳动能力的，应当支付医疗费、护理费、残疾生活辅助具费、康复费等因残疾而增加的必要支出和继续治疗所必需的费用，以及残疾赔偿金。残疾赔偿金根据丧失劳动能力的程度，按照国家规定的伤残等级确定，最高不超过国家上年度职工年平均工资的 20 倍。造成全部丧失劳动能力的，对其扶养的无劳动能力的人，还应当支付生活费；③造成死亡的，应当支付死亡赔偿金、丧葬费，总额为国家上年度职工年平均工资的 20 倍。对死者生前扶养的无劳动能力的人，还应当支付生活费。

（3）侵犯公民、法人和其他组织的财产权造成损害的，按照下列规定处理：①处罚款、罚金、追缴、没收财产或者违法征收、征用财产的，返还财产。②查封、扣押、冻结财产的，解除对财产的查封、扣押、冻结，造成财产损坏的，能够恢复原状的恢复原状，不能恢复原状的，按照损害程度给付相应的赔偿金；造成财产灭失的，应当返还的财产灭失的，给付相应的赔偿金。③应当返还的财产损坏的，能够恢复原状的恢复原状，不能恢复原状的，按照损害程度给付相应的赔偿金。④应当返还的财产灭失的，给付相应的赔偿金。⑤财产已经拍卖或者变卖的，给付拍卖或者变卖所得的价款；变

卖的价款明显低于财产价值的，应当支付相应的赔偿金。⑥吊销许可证和执照、责令停产停业的，赔偿停产停业期间必要的经常性费用开支。⑦返还执行的罚款或者罚金、追缴或者没收的金钱，解除冻结的存款或者汇款的，应当支付银行同期存款利息。⑧对财产权造成其他损害的，按照直接损失给予赔偿。

国家对赔偿请求人取得的赔偿金不征税。

典型案例

1998 年 5 月，赵柳村发生一起命案。当地公安机关在侦查后，确定赵海为犯罪嫌疑人。1999 年 10 月，赵海被提起公诉，一审被判处死刑，缓期两年执行。二审维持原判。

2010 年，与赵海同村的郭立止因实施绑架行为被警方抓获。在供述中，郭立止承认当年在赵柳村发生的命案也系其所为，经查属实。

真凶浮出了水面，赵海却已在东城监狱服刑七年。2010 年 7 月，省高级人民法院作出再审判决，赵海被宣布无罪。看着判决书，赵海泣不成声。他说："最难过的不是蹲班房，而是被亲戚、村里人当成杀人犯。"

因属于国家机关和国家工作人员侵犯公民权利造成损失，赵海领到国家赔偿金和困难补助费九十余万元。赵海说，会用这笔钱做点小生意，开始新生活。

【以案释法】

中华人民共和国公民对于任何国家机关和国家工作人员，有提出批评和建议的权利；对于任何国家机关和国家工作人员的违法失职行为，有向有关国家机关提出申诉、控告或者检举的权利。对于公民的申诉、控告或者检举，有关国家机关必须查清事实，负责处理。任何人不得压制和打击报复。由于国家机关和国家工作人员侵犯公民权利而受到损失的人，有权取得国家赔偿。

本则故事中，赵海因国家机关和国家工作人员侵犯公民权利受到损失，有权依照法律规定取得国家赔偿。

第二章　公民的基本义务

一、公民对国家履行的义务

【知识要点】

1. 为什么说维护国家统一和全国各民族团结是公民的一项基本义务？

维护国家统一是公民的一项基本义务。国家的统一包括三个方面的内容：

（1）国家领土的统一。即国家的领陆、领水、领空是完整的统一体，属于中华人民共和国所有。中华人民共和国享有完整的所有权和管辖权，任何人不得破坏和分裂。

（2）国家政权的统一。即中华人民共和国中央人民政府是中国唯一合法的统辖全国的政府，任何人不得分裂国家政权，破坏国家政权的统一。

（3）国家主权的统一。即中华人民共和国享有独立自主地处理本国对内对外事务，不受外国或者其他势力干预的权力。任何人不得以任何方式破坏国家主权的统一，使国家主权从属于外国支配。

各民族团结互助，是各民族共同发展和繁荣的基本条件。各民族之间应当提倡互爱、互谅、互助。维护民族团结是指公民有责任维护民族之间的平等、和睦、融洽和合作的关系。任何人不得以任何形式制造民族纠纷，破坏民族团结。

2. 公民为什么必须遵守宪法和法律？

宪法确立了国家的根本制度和根本任务，确立了中国共产党的领导地

位，确立了马列主义、毛泽东思想、邓小平理论和"三个代表"重要思想的指导地位，确立了工人阶级领导的、以工农联盟为基础的人民民主专政的国体，确立了人民代表大会制度的政体，确立了国家一切权力属于人民、公民依法享有广泛的权利和自由，确立了中国共产党领导的多党合作和政治协商制度、民族区域自治制度以及基层群众自治制度，确立了以公有制为主体、多种所有制经济共同发展的基本经济制度和按劳分配为主体、多种分配方式并存的分配制度等根本性的国家制度。因此，宪法是保持国家统一、民族团结、经济发展、社会进步和长治久安的法制基础，是国家的根本法，具有最高的法律效力。全国各族人民、一切国家机关和武装力量、各政党和各社会团体、各企业事业组织，都必须以宪法为根本的活动准则，并且负有维护宪法尊严，保证宪法实施的职责。

法律是民意的体现，公民本身就是国家的主人、立法的主体，既可以通过选出的代表制定法律，也可以通过听证会、论证会、座谈会等各种途径积极参与立法。法律制定出来以后，公民有义务遵守法律。在中国特色社会主义法律体系中，法律是主干，行政法规和地方性法规是重要组成部分。因此，公民必须遵守的"法律"应当作广义的解释，不仅包括全国人大及其常委会制定的法律，还应包括国务院制定的行政法规和地方人大及其常委会制定的地方性法规。当然，法律和行政法规的适用范围是全国，所有公民都应当遵守；地方性法规的适用范围是本地方，该地方的公民应当遵守。公民违反法律、行政法规和地方性法规，将根据具体情形被追究民事、刑事、行政等法律责任。

3. 公民如何履行保守国家秘密的义务？

国家秘密是指在国家活动中，不应当公布和向外透露的秘密文件、秘密资料、秘密情报和秘密情况等。保守国家秘密，就是要严格保护国家秘密不被泄露，防止国内外敌对分子窃取国家秘密，防止各种人员泄露、遗失国家秘密。为保证国家秘密不被泄露，我国已制定了保密法，并在刑法中对泄露国家秘密的犯罪行为规定了刑事责任。

4. 公民如何履行维护祖国安全、荣誉和利益的义务？

国家的安全、荣誉和利益是维护国家的政权稳定和公民依法行使各项自由和权利的根本保障。因此，维护国家的安全、荣誉和利益是每一个公民的

义务。根据本条的规定，公民不得以任何理由、任何形式，侵犯、损害和危及国家的安全、荣誉和利益。

"祖国的安全"是指中华人民共和国的国家安全。它主要包括：（1）国家的领土、主权不受侵犯；（2）国家的政权不受威胁；（3）国家的社会秩序不被破坏；（4）国家的秘密不被泄露。

"祖国的荣誉"是指中华人民共和国国家的荣誉和尊严。它主要包括：（1）国家的尊严不受侵犯；（2）国家的信誉不受破坏；（3）国家的荣誉不受玷污；（4）国家的名誉不受侮辱。

"祖国的利益"是指中华人民共和国的国家利益。国家利益的范围十分广泛，对外主要是指国家政治、经济、文化、荣誉等方面的权利和利益；对内主要是指相对于集体利益和个人利益的国家利益。对于危害国家安全、荣誉和利益的行为及其法律责任，刑法、国家安全法等法律都已经作出了规定。

5. 公民如何履行保卫祖国和服兵役的义务？

国家的安全、领土完整和主权独立，关系到全体人民各项权利和自由能否实现，关系到改革开放和社会主义现代化建设能否顺利进行，关系到中华民族的生死存亡，因此，保卫祖国、抵抗侵略，是每一个公民义不容辞的光荣职责。"保卫祖国"是指保卫国家领土完整、主权独立、政权统一以及捍卫国家的尊严。"抵抗侵略"是指抵御、抗拒外国及其他外来势力对我国领土的非法入侵。公民保卫祖国、抵抗侵略的直接方式就是服兵役和参加民兵组织。"服兵役"包括参加中国人民解放军和中国人民武装警察部队。"民兵组织"是指不脱离生产的群众武装组织，是中国人民解放军的助手和后备力量。服兵役、参加民兵组织是公民的一项光荣义务和神圣职责。由于公民服兵役、参加民兵组织的义务，是涉及保卫祖国、抵抗侵略、巩固国防建设的重大事项，因此，必须由法律作出规定。目前，我国已制定了国防法、兵役法、现役军官法、《解放军现役士兵服役条例》、预备役军官法、《解放军军官军衔条例》《民兵工作条例》等一系列法律、法规，对公民保卫祖国、抵抗侵略的神圣职责，以及依法服兵役、参加民兵组织的制度作出详细规定。根据兵役法的规定，服兵役的义务是指中华人民共和国公民不分民族、种族、职业、家庭出身、宗教信仰和教育程度，都有义务服兵役，但是，有

严重生理缺陷或者严重残疾不适合服兵役的人，免服兵役；依照法律被剥夺政治权利的人，不得服兵役。

6. 公民为什么必须依法纳税？

税收是以实现国家公共财政职能为目的，基于政治权力和法律规定，由政府专门机构向居民和非居民就其财产或特定行为实施强制、非罚与不直接偿还的金钱或实物课征，是国家最主要的一种财政收入形式。它具有以下特点：

（1）强制性。即国家以社会管理者的身份，凭借政权力量，依据政治权力，通过颁布法律或政令来进行强制征收。负有纳税义务的社会集团和社会成员，都必须遵守国家强制性的税收法令，在国家税法规定的限度内，纳税人必须依法纳税，否则就要受到法律的制裁，这是税收具有法律地位的体现。强制性特征体现在两个方面：一方面税收分配关系的建立具有强制性，即税收征收完全是凭借国家拥有的政治权力；另一方面是税收的征收过程具有强制性，即如果出现了税务违法行为，国家可以依法进行处罚。

（2）无偿性。即通过征税，社会集团和社会成员的一部分收入转归国家所有，国家不向纳税人支付任何报酬或代价。税收这种无偿性是与国家凭借政治权力进行收入分配的本质相联系的。无偿性体现在两个方面：一方面是指政府获得税收收入后无须向纳税人直接支付任何报酬；另一方面是指政府征得的税收收入不再直接返还给纳税人。税收无偿性是税收的本质体现，它反映的是一种社会产品所有权、支配权的单方面转移关系，而不是等价交换关系。税收的无偿性是区分税收收入和其他财政收入形式的重要特征。

（3）固定性或法定性。即税收是按照国家法令规定的标准征收的，即纳税人、课税对象、税目、税率、计价办法和期限等，都是税收法令预先规定了的，有一个比较稳定的试用期间，是一种固定的连续收入。对于税收预先规定的标准，征税和纳税双方都必须共同遵守，非经国家法令修订或调整，征纳双方都不得违背或改变这个固定的比例或数额以及其他制度的规定。

在阶级社会，任何统治者都要建立国家管理机关，实现其统治职能。而建立国家统治机关，雇佣国家公职人员，就必须有各项经费开支。维护国家机器正常运转的经费必须由国家的组成要素包括公民和各类生产经营组织缴纳。在剥削阶级统治的国家，税收是人民的沉重负担，是剥削阶级用来统治人民的手段。在社会主义国家，国家的一切权力属于人民，人民通过选举产

生各级国家政权机关，代表人民行使当家作主的权利。国家政权机关以及其他具有公共服务职能的机构，职责是为人民服务。为实现为人民服务的职能，需要适当数量的经费开支，因而需要建立税收制度，向公民征税。但社会主义国家税收的基本原则是取之于民，用之于民。公民向国家纳税，是实现人民民主专政的国家职能所必需的，是一项光荣的义务。

作为公民的一项重要义务，有关公民纳税的事项必须由国家法律作出规定。为什么公民纳税的事项必须由法律作出规定呢？一方面，税收是一项严肃和稳定的国家活动，具有很大的强制性、无偿性和权威性，因此，必须由具有很高位阶的法律予以规定。另一方面，也是最重要的，由于税收涉及全体公民和义务纳税单位的财产权利，因此，创设税法、规定税收的权力应当属于全体人民或者由全体人民选出的代议机关。

在我国，决定税收的机关应当是全国人民代表大会和它的常务委员会。根据宪法的规定，只有法律才能规定公民的纳税义务。立法法第八条规定，有关税收制度的事项属于全国人大及其常委会的专属立法权限，即只能制定法律予以规定。目前，我国已制定或者修改了税收征管法、个人所得税法等法律，对我国公民的纳税义务作出规定。1984 年，全国人大常委会决定，授权国务院在经济体制改革期间就改革工商税制发布有关条例试行。因此，国务院根据授权制定了一些确定公民纳税义务的行政法规。立法法明确规定，应当由全国人民代表大会及其常务委员会制定法律的事项，国务院根据全国人民代表大会及其常务委员会的授权决定先制定的行政法规，经过实践检验，制定法律的条件成熟时，国务院应及时提请全国人民代表大会及其常务委员会制定法律。2011 年2 月 25 日，第十一届全国人民代表大会常务委员会第十九次会议通过的车船税法，就是在总结实践经验的基础上将车船税暂行条例上升为法律的。

7. 如何正确认识税收法定原则？

所谓税收法定原则，是指由立法者决定全部税收问题的税法基本原则，即如果没有相应法律作前提，国家则不能征税，公民也没有纳税的义务。税收主体必须依据而且仅依据法律的规定征税；纳税主体必须依据而且仅依据法律的规定纳税，税收法定原则是税法中一项十分重要的基本原则。它肇始于英国，现已为当今各国所公认，其基本精神在各国宪法或税法中都有体现。

中国宪法、税收征收管理法中都有税收法定原则的要求，在即将制定的

税收基本法中亦应明确规定。税收法定原则的具体内容包括以下三个部分：

（1）税种法定原则。这就是说，税种必须由法律予以规定。一个税种必定相对应于一税种法律；非经税种法律规定，征税主体没有征税权力，纳税主体不负缴纳义务。这是发生税收关系的法律前提，是税收法定原则的首要内容。

（2）税收要素法定原则。这指的是税收要素必须由法律明确规定。所谓税收要素，具体包括征税主体、纳税主体、征税对象、税率、纳税环节、纳税期限和地点、减免税、税务争议以及税收法律责任等内容。税收要素是税收关系得以具体化的客观标准，是其得以全面展开的法律依据。因此它成为税收法定原则的核心内容。

（3）程序法定原则。其基本含义是，税收关系中的实体权利义务得以实现所依据的程序要素必须经法律规定，并且征纳主体各方均须依法定程序行事。

宪法第五十六条规定："中华人民共和国公民有依照法律纳税的义务。"这是税收法定原则的宪法根据。立法法第八条明确规定，财政、税收等基本制度只能制定法律，属于法律的保留事项。税收征收管理法第三条规定："税收的开征、停征以及减税、免税、退税、补税，依照法律的规定执行；法律授权国务院规定的，依照国务院制定的行政法规的规定执行。任何机关、单位和个人不得违反法律、行政法规的规定，擅自作出税收开征、停征以及减税、免税、退税、补税和其他同税收法律、行政法规相抵触的决定。"这一规定较全面地反映了税收法定原则的要求，使税收法定原则在税收法制中得到了进一步的确立和完善。在即将制定的税收基本法中也应将税收法定原则予以明确规定。

8. 税收怎样实现征收管理？

我国目前开征的税种有 19 种：增值税、消费税、营业税、车辆购置税、关税、企业所得税、个人所得税、土地增值税、房产税、城镇土地使用税、耕地占用税、契税、资源税、车船税、船舶吨税、印花税、城市维护建设税、烟叶税、固定资产投资方向调节税。

税收的开征、停征以及减税、免税、退税、补税，依照法律的规定执行；法律授权国务院规定的，依照国务院制定的行政法规的规定执行。任何机关、

单位和个人不得违反法律、行政法规的规定，擅自作出税收开征、停征以及减税、免税、退税、补税和其他同税收法律、行政法规相抵触的决定。

典型案例

　　蒋有为是一名爱国留学生，在横滨大学攻读硕士研究生。针对日本右翼势力肆意歪曲历史的行为，蒋有为经常给周围同学讲述日本侵华史，使他们对那段历史有了新的认识。

　　2012年5月，横滨大学部分右翼学生在校园内焚烧五星红旗，并将印有中国领导人头像的海报在脚下踩踏。蒋有为看到后，抢夺国旗，遭到右翼学生的殴打。

　　蒋有为被打成重伤，送往医院救治。在医院里，蒋有为说："国旗代表一个国家的荣誉，我是中国人，不能让别人焚烧我们的国旗。"一番朴素的话语，让所有在场的人肃然起敬。

　　事后，横滨大学校方处理了肇事的右翼学生。校长赤名完治对蒋有为说："虽然我是日本人，但非常欣赏你的爱国热情。"

【以案释法】

　　中华人民共和国公民在行使自由和权利的时候，不得损害国家的、社会的、集体的利益和其他公民合法的自由和权利。中华人民共和国公民有维护祖国的安全、荣誉和利益的义务，不得有危害祖国安全、荣誉和利益的行为。保卫祖国、抵抗侵略是中华人民共和国每一个公民的神圣职责。

　　本则故事中，蒋有为的行为维护了国家荣誉，体现了一个学子的拳拳爱国之心。

二、公民对社会履行的义务

【知识要点】

1. 公民如何履行爱护公共财产的义务？

公共财产是指一切国家财产和集体财产。爱护公共财产包括两方面的内容：一是任何人必须珍惜和保护国家和集体的财产；二是当公共财产受到破坏、威胁和出现危险的时候，任何公民有责任保护、捍卫和维护公共财产的安全。

2. 公民如何履行遵守劳动纪律的义务？

劳动纪律是指在社会共同劳动中，劳动者必须共同遵守的劳动规章和制度，是用人单位为形成和维持生产经营秩序，保证劳动合同得以履行，要求全体员工在集体劳动、工作、生活过程中，以及与劳动、工作紧密相关的其他过程中必须共同遵守的规则。劳动纪律的目的是保证生产、工作的正常运行；劳动纪律的本质是全体员工共同遵守的规则；劳动纪律的作用是实施于集体生产、工作、生活的过程之中。劳动纪律的范畴大致包括以下内容：严格履行劳动合同及违约应承担的责任（履约纪律）；按规定的时间、地点到达工作岗位，按要求请休事假、病假、年休假、探亲假等（考勤纪律）；根据生产、工作岗位职责及规则，按质、按量完成工作任务（生产、工作纪律）；严格遵守技术操作规程和安全卫生规程（安全卫生纪律）；节约原材料、爱护用人单位的财产和物品（日常工作、生活纪律）；保守用人单位的商业秘密和技术秘密（保密纪律）；遵纪奖励与违纪惩罚规则（奖惩制度）；与劳动、工作紧密相关的规章制度及其他规则（其他纪律）。在社会主义国家，劳动既是公民的权利，也是公民的光荣义务。因此，公民必须遵守劳动纪律，积极行使劳动权利，履行劳动义务。

在实践中，劳动纪律一般由用人单位制定。相关法律法规对劳动纪律生效作了十分明确的规定：一是内容合法，不得与法律相抵触。用人单位有用工自主权，制定劳动纪律是用工自主权的集中体现，因此法律承认合法制定的劳动纪律具有法律效力。二是程序合法，劳动纪律应当经过民主程序制

定。将制度草案交实际操作部门审核，起草过程中应当征求工会、员工代表意见，起草完成后应当采取合适的方式公布。

3. 公民如何履行遵守公共秩序的义务？

公共秩序也称"社会秩序"，为维护社会公共生活所必需的秩序，由法律、行政法规、国家机关及企事业单位和社会团体的规章制度等所确定。内容包括公共场所的活动秩序、交通秩序、工作秩序、社会管理秩序和群众生活秩序等。我国刑法和治安管理处罚法对各类危害社会秩序的行为规定了处罚方式。遵守公共秩序是中国公民的基本义务之一。公共秩序关系到人们的生活质量，也关系到社会的文明程度。

维护社会公共秩序对于一个社会的发展是非常重要的。第一，它是维系社会生活正常化的基本保证。随着社会生活的复杂化和多样化，公共场所已成为人们共同生活、娱乐必不可少的地方，如居民小区、影剧院、体育场馆、公园、商店等。这些场所秩序良好，会给人们生活带来极大的愉快；反之，不仅影响正常生活，甚至会危及人们的生命安全。第二，它是社会文明的标志。有无良好的社会公共秩序，是衡量一个地方管理水平和文明程度的显著标志。第三，它是衡量一个人精神道德风貌和文明素养的重要尺度。在公共场所自觉约束自己、方便他人、维护秩序，是做人的起码原则；反之，则表明缺乏道德修养。所以，作为公民，每个人都有遵守社会公共秩序的义务。

4. 宪法为什么要求公民必须尊重社会公德？

社会公德是要求一般人共同遵守的公共道德准则，包括遵守纪律、讲究礼貌、讲究卫生等。我国是社会主义国家，一贯强调精神文明建设，通过引导公民道德素质的提升，促进社会和谐和国家进步。需要注意的是，社会公德属于道德范畴，其发挥作用的方式不同于法律，并不是通过强制力来推行的，而是通过政府引导、社会倡导和公民自觉来实现的。因此，宪法强调，公民必须"尊重"社会公德，而非"遵守"社会公德。

社会公德也是一个历史演进的产物，在不同历史阶段有着不同的要求。2006年3月4日，胡锦涛同志在第十届中国人民政治协商会议第四次会议的民盟、民进联组会上发表的重要讲话中提出了"树立社会主义荣辱观"，引导全社会形成知荣辱、讲正气、树新风、促和谐的文明风尚，为构建社会主

义和谐社会打牢坚实的思想道德基础。社会主义荣辱观即"八荣八耻"，十分精辟地概括了当今社会应当倡导的社会公德的主要内容，有利于引导广大干部群众特别是青少年树立社会主义荣辱观，真正做到坚持以热爱祖国为荣、以危害祖国为耻，以服务人民为荣、以背离人民为耻，以崇尚科学为荣、以愚昧无知为耻，以辛勤劳动为荣、以好逸恶劳为耻，以团结互助为荣、以损人利己为耻，以诚实守信为荣、以见利忘义为耻，以遵纪守法为荣、以违法乱纪为耻，以艰苦奋斗为荣、以骄奢淫逸为耻。党的十八大报告进一步提出，倡导富强、民主、文明、和谐，倡导自由、平等、公正、法治，倡导爱国、敬业、诚信、友善，积极培育和践行社会主义核心价值观。

典型案例

　　国家某权威刊物刊登了一个著名的案例，这就是被称为中国保姆泄密第一案的案件。事发于1981年8月，A国某报在1个月内连续在重要版面刊登了邓小平同志前往某地视察行程和工作内容以及中国军队演习的消息。此系严重泄露国家重要政治、军事秘密案。经过一个多月的侦查，目标放在了一个叫詹玉红的在我党某重要干部家当保姆的妇女身上。据詹交待，她有一个亲戚在A国居住，年前，该亲戚介绍了A国某报驻京特派记者C君给她认识，并告诉她此人可以帮她出国留学。为博C君欢心，詹玉红经常将在雇主家中听到的谈话告诉C君，后来发展到向其提供国内的资料，并直接带其到雇主家中从保险柜取机密文件观看的地步，以致大量机密泄露，最终案发。

【以案释法】

　　国家秘密的密级分为"绝密""机密""秘密"三级。一切国家机关、武装力量、政党、社会团体、企业事业单位和公民都有保守国家秘密的义务。我国宪法第五十三条也规定，中华人民共和国公民必须保守国家秘密。本案中这个保姆的行为泄露了国家的秘密，没有履行保守国家秘密的义务。根据保密法的规定，将受到相应的刑事处罚。

三、公民对家庭履行的义务

【知识要点】

1. 国家如何保护家庭关系？

婚姻是指根据我国婚姻法的规定，男女两性符合结婚条件，自愿结合，经婚姻登记机关登记批准而结成的夫妻关系，是为法律所承认和保护的社会关系。家庭是以婚姻和血缘关系为基础而结成的共同生活的组织。家庭以一夫一妻制为基础，主要包括父母、子女等成员。法律保护家庭是指法律保护家庭成员的身份关系，以及由身份关系而产生的各种权利和义务关系，以及财产关系、继承关系、抚养关系等。母亲是指已生育的妇女，儿童是指少年儿童。目前，我国已制定了婚姻法、继承法、收养法、母婴保健法、妇女权益保障法、未成年人保护法等法律，对婚姻、家庭的各项关系，以及母亲和儿童的权利作出了具体规定。

宪法第四十九条第四款规定："禁止破坏婚姻自由，禁止虐待老人、妇女和儿童。"因此，除夫妻双方有实行计划生育的义务外，在社会主义的婚姻家庭关系中，家庭成员还要履行几项具体的义务。主要有：

（1）父母有抚养教育未成年子女的义务。"抚养"即抚助养育，是指父母为子女提供基本的生活保障，照顾子女的身心健康，并保护他们的权利和利益。"教育"是指家庭教育，即父母在家庭中有责任对子女进行德、智、体方面的基本教育。"未成年子女"是指未满18周岁的子女。未成年人保护法规定，父母或者其他监护人应当创造良好、和睦的家庭环境，依法履行对未成年人的监护职责和抚养义务。禁止对未成年人实施家庭暴力，禁止虐待、遗弃未成年人，禁止溺婴和其他残害婴儿的行为，不得歧视女性未成年人或者有残疾的未成年人。父母或者其他监护人应当关注未成年人的生理、心理状况和行为习惯，以健康的思想、良好的品行和适当的方法教育和影响未成年人，引导未成年人进行有益身心健康的活动，预防和制止未成年人吸烟、酗酒、流浪、沉迷网络以及赌博、吸毒、卖淫等行为。父母或者其他监护人应当尊重未成年人受教育的权利，必须使适龄未成年人依法入学接受并

完成义务教育，不得使接受义务教育的未成年人辍学。父母因外出务工或者其他原因不能履行对未成年人监护职责的，应当委托有监护能力的其他成年人代为监护。

（2）成年子女有赡养扶助父母的义务。"赡养扶助"是指成年子女对无劳动能力或者有劳动能力但生活困难的父母，提供基本的生活条件，照顾他们的生活的责任。老年人权益保障法规定，赡养人应当履行对老年人经济上供养、生活上照料和精神上慰藉的义务，照顾老年人的特殊需要。家庭成员应当关心老年人的精神需求，不得忽视、冷落老年人。与老年人分开居住的家庭成员，应当经常看望或者问候老年人。

（3）禁止破坏婚姻自由。"婚姻自由"是指婚姻当事人有权依照法律的规定决定自己的婚姻问题，不受其他任何人、任何组织的强制和干涉。婚姻自由包括结婚的自由，也包括离婚的自由。婚姻法规定，结婚必须男女双方完全自愿，不许任何一方对他方加以强迫或任何第三者加以干涉。因胁迫结婚的，受胁迫的一方可以向婚姻登记机关或人民法院请求撤销该婚姻。受胁迫的一方撤销婚姻的请求，应当自结婚登记之日起1年内提出。被非法限制人身自由的当事人请求撤销婚姻的，应当自恢复人身自由之日起1年内提出。男女双方自愿离婚的，准予离婚。

（4）禁止虐待老人、妇女和儿童。"虐待"是指在生活上、身体上、精神上对老人、妇女和儿童进行摧残和迫害的行为。老年人权益保障法规定，禁止歧视、侮辱、虐待或者遗弃老年人。对老年人负有赡养义务、扶养义务而拒绝赡养、扶养，虐待老年人或者对老年人实施家庭暴力的，由有关单位给予批评教育；构成违反治安管理行为的，依法给予治安管理处罚；构成犯罪的，依法追究刑事责任。妇女权益保障法规定，禁止歧视、虐待、遗弃、残害妇女。未成年人保护法规定，禁止对未成年人实施家庭暴力，禁止虐待、遗弃未成年人。根据我国刑法的规定，破坏婚姻自由以及虐待老人、妇女和儿童，情节恶劣，构成犯罪的，需要承担相应的刑事责任。

2. 为什么把实行计划生育作为夫妻双方的义务？

计划生育是指有计划地调整人口增长率，以适应经济发展和自然环境承受能力的政策。我国是人口众多的国家，实行计划生育是我国的一项基

本国策。国家采取综合措施，控制人口数量，提高人口素质。夫妻双方都有实行计划生育的义务，是指夫妻双方应当按照国家有关政策和法律的规定，在实行计划生育中负有共同的责任。目前，国家已经制定了人口与计划生育法，对国家的计划生育制度作出了详细规定。根据这部法律的规定，我国的计划生育政策是："国家提倡一对夫妻生育两个子女。""符合法律法规规定条件的，可以要求安排再生育子女。具体办法由省、自治区、直辖市人民代表大会或者其常务委员会规定。""少数民族也要实行计划生育，具体办法由省、自治区、直辖市人民代表大会或者其常务委员会规定。""夫妻双方户籍所在地的省、自治区、直辖市之间关于再生育子女的规定不一致的，按照有利于当事人的适用。"计划生育的基本措施是，"实行计划生育，以避孕为主。""国家创造条件，保障公民知情选择安全、有效、适宜的避孕节育措施。实施避孕节育手术，应当保证受术者的安全。"为落实国家的计划生育政策，人口与计划生育法还规定了对计划生育的奖励措施和社会保障制度。

典型案例

　　何某是四川省某村村民，1995年在上海打工时带回一个安徽女人，组建家庭。此后，一个又一个孩子出现在这个家庭。至2012年7月当地政府给何某妻子安环节育前，两人已生养了11个孩子，被当地人称为"超生游击队"。何妻则觉得自己完全是被动的，他们不是刻意要这么多娃儿，只是不懂避孕，怀上后就舍不得打掉，加上何某是个赤脚医生，每次都自己接生，然后就越来越多了。

【以案释法】

　　人口与计划生育法第十七条规定，公民有生育的权利，也有依法实行计划生育的义务，夫妻双方在实行计划生育中负有共同的责任。第十八条规定，国家提倡一对夫妻生育两个子女。此外宪法明文规定：国家推行计划生育，使人口的增长同经济和社会发展计划相适应。宪法还规定：夫妻双方有

实行计划生育的义务。因此，计划生育并不只是妇女一方的义务，而是夫妻双方的义务，不能片面地把计划生育的义务推给妇女一方。在现实生活中，实行计划生育，往往容易理解成是妇女一方的义务，与男方无关，对此不自觉履行，阻碍了计划生育工作的正常开展，是不符合法律要求的。因此，夫妻双方要共同协商，互相配合，采取切实有效的措施，自觉履行这一法定义务。本案中何某夫妻的行为明显违反了我国计划生育法和宪法的相关规定。

第二编
侵犯公民权益的犯罪

第一章　侵犯公民人身权利、民主权利罪

一、故意杀人罪

【知识要点】

1. 什么是故意杀人罪？

故意杀人罪，是指故意非法剥夺他人生命，依照法律应当追究刑事责任的行为。行为人无论以任何方法、手段，只要图谋非法剥夺他人生命，即可构成故意杀人罪。故意杀人罪是侵犯公民人身权利罪中最严重的犯罪。

2. 故意杀人的具体表现和行为方式有哪些？

故意杀人的方法和手段多种多样，从行为方式上讲，既包括作为，也包括不作为。作为方式，表现为积极的追求被害人死亡结果的行为，比如，枪杀、刀砍、棒打、手掐、投毒、焚烧、绳勒、淹溺、车撞等。不作为方式，表现为有防止被害人死亡结果发生的特定义务而不履行的行为。如，2013年6月，南京发生两女婴（一名2周岁，另一名1周岁）因无人照管饥饿致死案，女婴的母亲乐某因不履行抚养义务（孩子父亲当时因犯罪正在服刑）导致两女儿死亡，被南京市中级人民法院以故意杀人罪判处无期徒刑，剥夺政治权利终身。

3. 故意杀人案的立案追诉标准是什么？

只要有涉嫌非法剥夺他人生命的行为，公安机关即可立案侦查。即不管被害人是否实际被杀，不管杀人行为处于故意犯罪的预备、未遂、中止等哪

个阶段，都构成犯罪，应当立案追究。

4. 对犯故意杀人罪的如何处罚？

根据刑法第二百三十二条的规定，犯故意杀人罪的，处死刑、无期徒刑或者10年以上有期徒刑；情节较轻的，处3年以上10年以下有期徒刑。所谓"情节较轻"，司法实践中一般是指具有防卫过当致人死亡、出于义愤杀人、不堪忍受长期折磨而杀人、擅用私刑"大义灭亲"、被害人一方有明显过错或者对激化矛盾负有直接责任、因贫困遗弃有生理缺陷的婴孩等情形。

根据刑法规定和有关司法解释，其他以故意杀人罪定罪处罚的有：（1）非法拘禁使用暴力致人死亡的；（2）刑讯逼供或暴力取证致人死亡的；（3）体罚虐待被监管人致人死亡的；（4）聚众斗殴致人死亡的；（5）聚众"打砸抢"致人死亡的；（6）组织和利用邪教组织制造、散布迷信邪说，指使、胁迫其成员或者其他人实施自杀行为的；（7）组织、策划、煽动、教唆、帮助邪教组织人员自杀的；（8）行为人实施抢劫后，为灭口而故意杀人的；（9）行为人在交通肇事后为逃避法律追究，将被害人带离事故现场后隐藏或遗弃，致使被害人无法得到救助而死亡的；（10）未经本人同意摘取其器官，或者摘取不满18周岁的人的器官，或者强迫、欺骗他人捐献器官，致人死亡的。正当防卫及司法工作人员依法执行死刑命令的行为则不构成故意杀人罪。

5. 见死不救的行为可以认定为故意杀人罪吗？

对见死不救的行为，不能一概而论，关键在于查明行为人是否有施救的法定义务，包括法定义务、约定义务或先行行为引起的义务。如果行为人有法定施救义务而未施救，导致被害人死亡的，则行为人构成间接故意杀人罪。如果行为人没有法定施救义务，则只能以道德对其进行谴责而不能适用刑事制裁，更不能认定为故意杀人罪。那么，行为人有法定施救义务而"见死不救"，遇险者幸免于难的，行为人是否构成故意杀人罪的未遂犯罪呢？根据行为人的主观心理态度，可以将故意杀人罪分为直接故意杀人罪和间接故意杀人罪。行为人明知自己的行为会发生被害人死亡结果而希望这种结果发生的，是直接故意杀人罪；行为人明知自己的行为可能会发生被害人死亡结果而放任这种结果发生的，是间接故意杀人罪。直接故意杀人存在犯罪未

遂和既遂，而间接故意杀人则不存在未遂问题。有法定施救义务而"见死不救"，如果没有死亡结果发生的，则故意杀人无从谈起，更无法认定既遂未遂。

6. 对相约自杀的行为如何处理？

相约自杀是指相互约定自愿共同自杀的行为。在现实生活中，恋人、朋友、某些陌生人相约自杀的事件时有发生。对待相约自杀的处理要视情况而定：（1）相约自杀人都死亡的，不存在刑事责任问题。（2）相约各方各自实施自杀行为，其中有的死亡，有的则自杀未遂，未遂方不构成故意杀人罪。（3）一方应另一方要求，将另一方杀死后，放弃自杀念头或者自杀未遂的，以故意杀人罪论处。法律禁止"好心"帮人"自杀"，哪怕是帮助受疾病折磨的人实施安乐死。只要行为人实施了非法剥夺他人生命的行为，就构成直接故意杀人罪。不过由于该种情形本质上是"受托"杀人，量刑时一般会从轻处罚。（4）明知对方想自杀，而提供毒药、刀具等工具或条件，但没有直接实施杀人的，以间接故意杀人罪从轻或者减轻处罚。如，相约自杀，递给对方毒药，另一方因此死亡，而提供毒药的一方没有死亡，则以间接故意杀人罪从轻或者减轻处罚。（5）两人约定一起各自实施自杀行为，一方中途放弃或自杀未遂后，尚有阻止、挽救对方的能力，却见死不救，存活者构成间接故意杀人罪。（6）他人没有自杀意图，行为人通过引诱、教唆、激将法等达到让对方自杀的目的，构成故意杀人罪。（7）如果行为人以封建迷信手段或相约共同自杀等谎言诱骗他人自杀的，对诱骗一方以故意杀人罪处罚。（8）如果行为人利用权势或者采取暴力、威吓等卑劣手段逼迫他人自杀的，以故意杀人罪处罚。

7. 对故意杀人罪的哪些情形应当适用死刑？

刑法第四十八条明确规定了死刑的适用条件：死刑只适用于罪行极其严重的犯罪分子。对于故意杀人罪是否适用死刑，要注意把握以下几个方面：（1）要区分案件性质。对于暴力恐怖犯罪、黑社会性质组织犯罪、恶势力犯罪以及其他严重暴力犯罪中故意杀人的首要分子，雇凶杀人，冒充军警、执法人员杀人等严重危害社会治安和严重影响人民群众安全的犯罪，应体现从严惩处原则，依法判处被告人重刑直至死刑。对因婚姻家庭矛盾、邻里纠纷

等矛盾激化引起的故意杀人案件，如果被害人一方有明显过错或对激化矛盾负有直接责任；被告人有法定从轻处罚情节的；被告人积极履行赔偿被害人经济损失的，不宜适用死刑。（2）要区分犯罪情节。对于犯罪情节特别恶劣，又无法定从轻处罚情节的，如暴力抗法杀害执法人员的，杀人后为掩盖罪行毁尸灭迹的，可以依法判处死刑立即执行。（3）要区分行为人的主观恶性和人身危险性。可以结合行为人的平时表现、有无前科、悔罪情况等方面综合判断行为人的主观恶性。如果行为人系累犯，或动机卑劣、性情残暴、肆意杀人，可以依法判处死刑立即执行。

典型案例

2011年4月14日下午，被告人刘某无证驾驶一辆拖拉机前往本县工业园区拉煤渣，上诉人卢某（车主）跟车。当日下午4时许，该车自东向西行驶至S102省道某路段时与骑人力三轮车的陈某相碰，致陈某倒地受伤。事故发生后，刘某、卢某均未报警和拨打急救电话。卢某在公路上拦过往车辆，准备送受伤的陈某去医院救治，由于没有拦到车，卢某打电话让被告人何某到现场帮忙。何某驾驶轿车赶到事故现场后，卢某让何某送陈某去医院。卢某、刘某、何某将陈某抬上轿车，何某驾驶该车带卢某及陈某往县城方向行驶。卢某则让刘某驾驶肇事车辆逃离现场并继续拉煤渣。当卢某、何某二人行驶至本县工业园区建设路时，卢某认为陈某已死亡，并告诉何某，卢某、何某商量后将陈某遗弃在工业园区某施工工地。经鉴定，陈某系右胫后动脉断裂失血性休克而死亡。案发后，何某、刘某向公安机关投案，并如实供述了自己的罪行。

法院经审理，认定被告人刘某的行为已构成交通肇事罪，被告人卢某、何某的行为均已构成故意杀人罪。鉴于被害人的死亡结果是因交通肇事引发，卢某、何某故意杀人系不作为；事发后，卢某积极赔偿被害人亲属经济损失，取得了被害人亲属的谅解，且何某、刘某系自首，何某在故意杀人共同犯罪中系从犯，依法可对何某、刘某减轻处罚。依照刑法相关规定，以故意杀人罪判处被告人卢某有期徒刑7年；以故意杀

人罪判处被告人何某有期徒刑 2 年；以交通肇事罪判处被告人刘某有期徒刑 2 年。卢某、何某不服上诉后，某省高级人民法院裁定驳回上诉，维持原判。

【以案释法】

在我国司法实践中，交通肇事案件时有发生，某些犯罪分子在交通肇事以后，不仅不采取措施救治被害人，而且采取非法手段将其带离肇事现场，致使被害人得不到及时救治而死亡，由此转化为故意杀人罪。《最高人民法院关于审理交通肇事刑事案件具体应用法律若干问题的解释》（以下称《解释》）第六条明确规定："行为人在交通肇事后为逃避法律追究，将被害人带离事故现场后隐藏或者遗弃，致使被害人无法得到救助而死亡或者严重残疾的，应当分别依照刑法第二百三十二条、第二百三十四条第二款的规定，以故意杀人罪或者故意伤害罪定罪处罚。"那么本案中，被告人在发生交通事故将被害人撞伤后，在送医院途中认为被害人死亡的情况下，将被害人遗弃在某建筑工地，是否符合《解释》第六条规定的交通肇事向故意杀人行为的转化呢？

答案是否定的。根据刑法及相关司法解释关于交通肇事罪的规定，认定交通肇事案是否向故意杀人案转化，关键在于查明被害人在交通肇事当时是否在客观上已经死亡以及被告人主观上是否明知其没有死亡。

本案中，法院关于卢某、何某送医院救治被害人途中，认为被害人已死亡的情况下遗弃尸体的行为符合《解释》第六条规定，从而构成故意杀人罪的判决是有待商榷的。首先，就直接故意杀人而言，二人不希望死亡结果的发生，不符合直接故意杀人罪的主观心态。其次，就间接故意杀人而言，二人对被害人的死亡不是持放任态度的。相反，二人的表现是积极拦车、叫车并送被害人就医。只是在发现被害人已经死亡的情况下，才起意将被害人尸体遗弃。因此，二人也不构成间接故意杀人罪。

而在本案中法院对卢某、何某积极送被害人到医院救治是予以认定的；对卢某、何某认为被害人在送医途中死亡后将其（尸体）遗弃也是认定的。在没有证据证明卢某、何某遗弃被害人时被害人尚未死亡的情况下，显然不

能以《解释》第六条来追究卢某、何某的刑事责任。即使有证据可以证明被害人在被遗弃时尚未死亡，卢某、何某只是误认为其已死亡，也只能以过失致人死亡论处。

二、过失致人死亡罪

【知识要点】

1. 什么是过失致人死亡罪？该罪的犯罪构成要件是什么？

过失致人死亡罪，是指由于过失致人死亡，依照法律应当追究刑事责任的行为。

本罪的构成要件是：侵犯的客体是他人的生命权利。客观方面表现为因过失致使他人死亡的行为，行为人的过失行为与被害人的死亡结果之间必须有因果关系，这是行为人负刑事责任的客观基础。只有造成他人死亡结果发生的，才构成此罪。所以，过失致人死亡罪不存在未遂问题（其实，过失类犯罪都不存在未遂问题）。犯罪主体是一般主体，凡年满 16 周岁、具有刑事责任能力的人，均可构成本罪的主体。犯罪主观方面表现为过失，其本质特征在于行为人既没有伤害的故意，也没有杀人的故意，只是由于疏忽大意或者过于自信，才造成被害人死亡结果的发生。

2. 过失致人死亡的具体表现有哪些？

刑法根据行为人是否已经预见危害结果，将过失分为疏忽大意的过失与过于自信的过失。据此，过失致人死亡主要有两种表现形式：一是因疏忽大意导致的过失致人死亡，即行为人应当预见自己的行为可能发生致人死亡的结果，因为疏忽大意而没有预见，以致发生死亡结果。如，两人夜间打猎，分头行动，甲闻听某处有动静，便放枪过去，结果将乙撂倒在地，甲构成疏忽大意的过失致人死亡罪。二是过于自信导致的过失致人死亡，即行为人已经预见自己的行为可能发生致人死亡的结果，但轻信能够避免，以致发生死亡结果。如，甲是标枪投掷冠军，某日与乙打赌，能将标枪投掷到若干米外

的无人地带。后因投掷距离不够，致人群中某路人死亡，甲构成过于自信的过失致人死亡罪。

3. 过失致人死亡案的立案追诉标准是什么？

首先，必须有过失致人死亡的行为；其次，必须有死亡的结果；再次，行为人的行为与被害人死亡的结果之间具有因果关系。过失致人死亡罪不存在犯罪未遂的形态。

4. 对犯过失致人死亡罪的如何处罚？

根据刑法第二百三十三条的规定，犯过失致人死亡罪的，处3年以上7年以下有期徒刑；情节较轻的，处3年以下有期徒刑。刑法另有规定的，依照规定。

5. 如何区分间接的故意杀人罪和过于自信的过失致人死亡罪？

间接故意杀人罪和过于自信的过失致人死亡罪都是行为人预见到自己的行为可能发生被害人死亡的结果，并且都不积极追求这种结果的发生。对二者进行区分，关键在于查明行为人对死亡结果的发生是轻信可以避免，还是抱着放任不理的态度。如果是以经验、技术等来判断行为人是轻信可以避免的，以过失致人死亡论。

6. 如何区分疏忽大意的过失致人死亡罪与意外事件？

疏忽大意的过失致人死亡罪和意外事件都是行为人没有预见自己的行为会发生被害人死亡的结果，并且都不积极追求这种结果的发生。对二者进行区分，关键在于查明行为人是否应当预见死亡结果。如果应当预见但因疏忽大意没有预见的，以过失致人死亡论；如果虽然造成了他人死亡的结果，但不是出于行为人疏忽大意的过失，即不能预见的原因导致，则为意外事件。

7. 对刑法另有规定的致人死亡的行为如何定罪处罚？

过失致人死亡的行为，除刑法第二百三十三条规定的一般性规定以过失致人死亡罪论处外，其他犯罪中因过失致人死亡的情形应当按照特别规定优于一般规定的原则，适用特殊规定。如，刑法第一百一十五条第二款规定的失火、过失决水、过失投放危险物质、过失爆炸等致人死亡的，第一百三十三条规定的交通肇事致人死亡的，第一百三十四条第一款规定的重大责任事

故致人死亡的，第一百三十五条规定的重大劳动安全事故致人死亡的，第一百三十八条规定的教育设施重大安全事故致人死亡的，第一百四十四条规定的生产、销售有毒、有害食品致人死亡的，等等，都不能以过失致人死亡罪论处，而应按照上述各条的专门规定定罪处罚。

典型案例

　　杨某因腰腿疼，经人介绍到赵某家求医，赵某为其开了中药处方。某日下午，杨某又来赵某处复诊。赵某除继续开出中药处方外，还将自己配置的含有雷公藤成分的散剂（赵某曾用该种药粉给多人治疗，均有一定疗效且未曾出现中毒反应）及杏仁配给杨某，并嘱咐杨某用温开水吞服，每次一汤匙散剂，一颗杏仁。当晚，杨某按赵某的医嘱服用，一小时后，杨某出现恶心、呕吐，家人即请乡村医生季某抢救，季某马上给杨某注射了胃复安等药。当夜12时30分，杨某死亡。经法医鉴定，杨某死亡系雷公藤中毒。一审法院认定赵某主观上属于疏忽大意过失，构成了过失致人死亡罪，依法判处赵某有期徒刑2年。二审法院认定赵某主观上属于过于自信过失，依法以过失致人死亡罪判处赵某有期徒刑1年2个月。

【以案释法】

　　我国中医学将有毒中草药分为四级：极毒、大毒、有毒、小毒。根据《有毒中草药大辞典》，雷公藤在中草药毒性分类中属于大毒一级，为剧毒药物。雷公藤中毒的原因一般可归纳为四种可能：（1）超剂量用药；（2）服用禁止入药部分；（3）误食有雷公藤成分的蜂蜜；（4）特异体质（常规剂量也能发生中毒）。作为剧毒药物的雷公藤一般宜外敷而不宜口服，即使确需口服也应煎服，以缓解其毒性。本案赵某是一名经过中医函授学习并取得毕业资格的乡村保健员，对有关雷公藤这种中药的用药常识和规定是掌握的。因此，应当说赵某对其擅自将雷公藤制成粉剂给病人服用违反有毒中药的使用原则及可能造成服用者中毒这种情况是已经预见到的，但他却仅仅根

据该药粉曾给多人治疗，均有一定疗效且未曾出现过中毒反应这种不成熟的经验，就轻易相信不会造成服用人中毒的结果，而仍然将雷公藤粉剂给被害人杨某口服，并因此造成了杨某中毒死亡的严重危害结果。据此，对造成被害人死亡的结果显然出于过于自信的过失心理，因而二审法院对本案主观罪过形式的认定是完全正确的。同时，根据本案的案情及有关雷公藤用药方面的常识或原则，本案被害人杨某的迅速死亡，绝非单纯雷公藤的毒性所致，在其中毒后抢救时，医生季某由于抢救措施不当，给其注射了起抑制呕吐作用的胃复安，在一定程度上影响了毒物的排出，对其死亡有一定的影响。同时，被害人杨某自身对雷公藤的毒性耐受性低于常人的客观情况对其中毒死亡结果的发生也有一定的影响。由于有这些客观因素的存在，二审法院在量刑时对赵某改判了较轻的刑罚也是合情合理的。

三、故意伤害罪

【知识要点】

1. 什么是故意伤害罪？该罪的犯罪构成要件是什么？

故意伤害罪，是指故意非法损害他人身体健康，依照法律规定应当追究刑事责任的行为。

本罪的构成要件是：侵犯的客体是他人的身体健康权利。所谓身体权，是指自然人保持其肢体、器官和其他组织的完整性、功能性的权利。如果故意损害他人人格、名誉或者非法限制他人人身自由，则不能认定为本罪。故意伤害自己的身体，一般不认为是犯罪。但是，特殊身份的人在特定情形下伤害自己身体，引起某种危害后果或危险状态，也有可能构成法律规定的犯罪。如，军人在战时为逃避军事义务自伤自残的，应根据刑法第四百三十四条的规定认定为战时自伤罪；为诬告陷害他人而自伤自残的，应根据刑法第二百四十三条的规定认定为诬告陷害罪。客观方面表现为非法损害他人身体健康的行为。犯罪主体是一般主体，但年满14周岁并具有刑事责任能力的

人应对故意伤害致人重伤或者死亡的犯罪负刑事责任。犯罪主观方面表现为故意，即行为人明知自己的行为会造成他人重伤或者轻伤结果的发生而希望或者放任这种结果的发生。在直接故意的情况下，行为人对于自己行为可能或者必然造成怎样的伤害结果有着清楚的认识；在间接故意的情况下，行为人认识到自己的行为会给他人造成伤害，但是造成何种程度的伤害并不一定有明确的认识，因此行为人的行为造成轻伤的以轻伤害论处，造成重伤的以重伤害论处，没有造成轻伤或者重伤的，不认定为犯罪。

2. 故意伤害的具体行为表现有哪些？

故意伤害行为是指故意损害他人身体的行为，既可以表现为积极的作为，如拳打脚踢、刀砍枪击等；亦可以表现为消极的不作为，如负有保护儿童安全责任的幼儿园老师不负责任，见幼儿有伤害自己的危险动作而不制止，结果幼儿受到伤害。故意伤害行为既可以由自己实施，又可以利用他人如未成年人、精神病人实施，还可以利用驯养的动物如烈犬实施。

3. 故意伤害案的立案追诉标准是什么？

首先，要有损害他人身体的行为。其次，损害他人身体的行为必须是非法的。合法的损害他人身体行为，如拳击比赛过程中在没有违反规则的情况下打伤对手；医生在手术中进行器官摘除，均不构成故意伤害罪。因执行职务、执行命令、正当防卫、紧急避险等合法行为造成他人伤害的，也不构成犯罪。再次，损害他人身体的非法行为造成了他人身体轻伤、重伤或者死亡的结果。

根据刑法第二百三十四条之一第二款的规定，未经本人同意摘取其器官，或者摘取不满18周岁的人的器官，或者强迫、欺骗他人捐献器官的，以故意伤害罪或故意杀人罪定罪处罚。

根据《最高人民法院、最高人民检察院关于办理妨害预防、控制突发传染病疫情等灾害的刑事案件具体应用法律若干问题的解释》，在预防、控制突发性传染疾病疫情等灾害期间，聚众"打砸抢"，致人伤残的，以故意伤害罪从重处罚。

4. 对犯故意伤害罪的如何处罚？

根据刑法第二百三十四条的规定，犯故意伤害罪的，处3年以下有期徒

刑、拘役或者管制。犯故意伤害罪致人重伤的，处3年以上10年以下有期徒刑；致人死亡或者以特别残忍手段致人重伤造成严重残疾的，处10年以上有期徒刑、无期徒刑或者死刑。刑法另有规定的，依照规定。

5. 如何理解刑法第二百三十四条第二款"本法另有规定的，依照规定"？

刑法第二百三十四条第二款"本法另有规定的，依照规定。"是指为实施其他犯罪伤害他人，刑法分则关于其他罪名的条文中专门规定有"致人重伤的"，根据特别规定优于一般规定的原则，应当依照该特殊罪名定罪处罚，不再以故意伤害罪论处。比如，行为人放火危害公共安全并致人重伤的，依照刑法第一百一十五条第一款规定的放火罪定罪处罚；行为人非法拘禁致人重伤的，依照刑法第二百三十八条规定的非法拘禁罪定罪处罚，等等。

6. 对犯故意伤害罪的，哪些情形可以适用死刑？

对于暴力恐怖犯罪、黑社会性质组织犯罪、恶势力犯罪以及其他严重暴力犯罪中故意伤害他人的首要分子；起组织、策划作用或者为主实施伤害行为罪行最严重的主犯；聚众"打砸抢"伤害致人死亡的首要分子；动机卑劣而预谋伤害致人死亡的，如果没有从轻情节，可以适用死刑立即执行。

对于以特别残忍手段造成被害人重伤致特别严重残疾的被告人，可以适用死刑立即执行。对于使用硫酸等化学物质严重毁容，或者砍掉手脚等极其残忍手段致被害人承受极度肉体、精神痛苦的，虽未达到特别严重残疾的程度，但犯罪情节特别恶劣，造成被害人四级以上严重残疾程度的，也可以适用死刑立即执行。

7. 如何区分故意伤害罪与故意杀人未遂罪？

故意伤害罪和故意杀人罪的区别主要在于行为人的故意内容。前者没有非法剥夺他人生命的故意，而后者具有非法剥夺他人生命的故意，并受此意志支配实施了积极的追求剥夺他人生命的行为。如果行为人具有杀人故意，但其杀人行为因其意志以外因素发生，导致杀人未遂，即使只造成被害人轻微伤害的，也应当认定为故意杀人罪。未遂情节可以比照既遂犯从轻或者减轻处罚。

8. 对故意伤害致死的行为如何处罚？

行为人故意伤害致人死亡的，如果行为人只有伤害而没有剥夺他人生命

故意的，死亡结果对行为人而言是过失所致，应该以故意伤害罪定罪。但是，行为人对超出其伤害故意的死亡后果在量刑上承担加重处罚后果。如果行为人已经预见到伤害行为可能会导致死亡后果而放任这一结果发生，则应认定为间接故意杀人罪。如果行为人不应预见也不能预见伤害行为会带来死亡后果（可综合考虑其行为表现特别是其对被害人死亡所持态度是坚决反对、放任还是积极追求等进行认定），则应认定为故意伤害罪，致人死亡作为法定加重处罚情节。

因打架斗殴或者群众之间因民事纠纷引起械斗而致人死亡的，除行为人有明显的杀人故意时认定为故意杀人罪外，一般可按故意伤害罪（致人死亡）处罚。因为打架斗殴双方都是出于主动，而且出于互殴状态，一时情急、失手，就可能造成死亡结果。

典型案例

2011 年 9 月 27 日晚，张某义找到杨某，让杨与其一同到隔壁村打架，并交给杨某一把匕首。当晚 9 时许，在隔壁村一舞厅附近，与张某义有矛盾的隔壁村村民张一、张二、张三等人向杨某和张某义冲来，杨某持匕首、张某义持菜刀与张一等人进行厮打。厮打过程中，对方张某森持棍将张某义手中菜刀打掉，张某义也被打倒在地，杨某持匕首照张一、张二的胸部各刺一刀，致张一死亡，张二受伤。经法医鉴定，张一系单刃锐器刺破心脏死亡，张二伤情属轻伤。2012 年 7 月 15 日，法院以故意伤害罪判处杨某有期徒刑 15 年。杨某没有上诉、检察机关没有抗诉，判决已发生法律效力。后张某义归案后，法院以故意伤害罪判处有期徒刑 15 年，剥夺政治权利 3 年，判决已发生法律效力。因张一父亲申诉，检察机关于 2013 年 7 月 22 日以认定的杨某主要犯罪事实确有错误，对其量刑畸轻为由，向中级人民法院提出抗诉。中级人民法院依法组成合议庭对该案进行了公开开庭审理，并裁定维持一审判决。

【以案释法】

当刑事案件发生被害人死亡情形时，首先要判断的就是是故意杀人还是故意伤害致死。故意杀人和故意伤害致死在犯罪的主观方面和侵犯客体上有明显区别。故意杀人罪，侵犯的是他人的生命权利，要求行为人必须具有故意非法剥夺他人生命的故意；而故意伤害罪，侵犯的是他人的人身权利，要求行为人具有非法损害他人身体的故意。

本案中，首先，要界定杨某持匕首刺死、刺伤各一人时的主观罪过，即杨某对张一的死和张二的伤是出于故意杀人还是故意伤害。杨某与被害人张一、张二并不认识，双方之间的斗殴主要源于张一、张二一方与张某义存在的矛盾。杨某并没有非法剥夺张一生命的故意，其之所以接过张某义的匕首，也是出于防身目的。另外，双方当天的冲突主要是张一一方引起的，杨某等人是在突然遇袭的情势之下做出的反射性捅刺动作，事先、事中都没有杀死张一的动机和意图。由此可以认定，杨某在主观上只有伤害的故意，其既没有积极追求被害人张一的死亡结果，也不存在明知捅刺会造成张一的死亡而放任这种结果发生。但也有观点认为，从杨某的捅刺部位来看，其是有杀人故意的，因为左胸是人的心脏所在，捅刺该部位很可能会损害心脏从而造成死亡结果。即使杨某不具有直接杀死被害人的故意，其捅刺的部位且一刀致命足以说明其对被害人的死亡结果是持放任态度的，应认定为间接故意杀人罪。根据我国刑法的主客观相统一原则，只能认定杨某构成故意伤害罪，致人死亡则可以作为量刑情节供法庭参考。如果是刻意选择的捅刺部位确实能够说明杨某的主观意图，但是在聚众斗殴时，慌乱中一时情急、失手命中致命部位的说法也能够成立，杨某本人不承认杀人故意，公诉机关也拿不出杨某具有杀人故意的证据。类似复杂案件，一般为慎重起见，宜以故意伤害罪（致人死亡）论处。

其次，张某义、杨某构成故意伤害罪的共同犯罪。所谓共同犯罪，是指二人以上共同故意犯罪。张某义明知会打架，约了杨某等人，并向杨某提供了匕首作为武器，两人有共同的犯罪故意。其中张某义在共同犯罪中起组织、策划作用，应当认定为主犯；杨某在冲突中手持利刃，刺死一人，刺伤

一人，也应当认定为主犯（主要施行犯）。一审法院判处杨某、张某义犯故意伤害罪，并均判处有期徒刑 15 年，正是基于两人都是主犯的原因。虽然张某义在厮打过程中菜刀被打掉，其并没有捅刺张一、张二的具体行为，但作为共同犯罪的组织者、策划者，张某义应当就其发起、指挥的全部犯罪承担刑事责任。

四、组织出卖人体器官罪

【知识要点】

1. 什么是组织出卖人体器官罪？该罪的犯罪构成要件是什么？

组织出卖人体器官罪，是指以领导、策划、指挥、招募、雇佣、控制等方式，组织他人出卖人体器官，依照法律规定应当追究刑事责任的行为。

本罪的构成要件是：侵犯的客体是人的生命和健康权利。犯罪对象是人体器官。器官是动物体或植物体由不同的细胞和组织构成的结构，用来完成某些特定功能，并与其他分担共同功能的器官一起组成各个系统（动物体）或整个个体（植物体）。人体器官主要有心脏、肺、脑、眼、脾、肝、肾等。客观方面表现为组织他人出卖人体器官的行为。本罪是行为犯，行为人只要实施了组织他人出卖人体器官的行为，即可构成犯罪并既遂，而不以人体器官的实际摘取作为犯罪既遂的认定标准。犯罪主体为一般主体。凡年满 16 周岁、具有刑事责任能力的自然人都可以成为本罪的主体。犯罪主观方面由直接故意构成。即行为人明知是组织他人出卖人体器官而依然为之。"明知"包括明知必然和明知可能。司法实践中，一般具有营利的目的。但法律并未明确规定以营利为目的是构成本罪在主观上必备的要件。因此，不以营利为目的的出卖他人器官的行为也构成本罪。

2. 组织出卖人体器官的具体表现有哪些？

从目前的情况看，组织出卖人体器官主要表现有以下三种情况：一是"黑中介"组织他人出卖器官的行为；二是行为人主要从事收购"黑中介"

所获得的器官，然后再出卖给他人；三是行为人以收购人体器官为主要活动，其收购的对象包含以窃取、伤害、杀害等手段而得来的器官，意图从事出卖活动的行为。第一种行为是典型的"组织他人出卖人体器官"的行为，后两种主要表现为以出卖为目的的收买，往往与前者有着密切的黑色交易联系。这里需要强调的是，"组织出卖"不仅限于出卖行为，也包括为了出卖而进行的收买行为，因为除了行为人自己需要器官移植外，收买通常是出卖的前提和准备，没有收买也无从出卖。如山东临沂徐某组织出卖人体器官案中，被告人徐某为牟取非法利益，谎称系中国肝肾协会工作人员，自 2012 年 6 月至 9 月间，通过发名片、网上聊天等手段联系人体器官受体与供体，共组织 4 名肾脏供体，将其安排在宾馆居住，并提供生活、居住费用，后因故未能移植，即没有出卖行为。但临沂市兰山区法院经审理认为，该罪为行为犯，不以损害结果的发生为既遂标准，对所有组织出卖他人人体器官的行为均应当以本罪论处。

3. 组织出卖人体器官案的立案追诉标准是什么？

只要发现行为人涉嫌组织出卖人体器官行为的，公安机关即可进行立案侦查。所谓"组织"，是指领导、策划、指挥、招募、雇佣、控制出卖他人人体器官的行为；所谓"出卖"，是指出卖或准备出卖他人器官的行为。"他人"是器官捐献者，实际上就是受害人。因治疗本人、亲友疾病需要，非因牟利动机，"收买"人体器官的，不构成本罪。

4. 对犯组织出卖人体器官罪的如何处罚？

根据刑法第二百三十四条之一第一款的规定，犯组织出卖人体器官罪，处 5 年以下有期徒刑，并处罚金；情节严重的，处 5 年以上有期徒刑，并处罚金或者没收财产。所谓情节严重，司法实践中，一般是指多次（3 次以上）组织或组织多人（3 人以上）出卖人体器官的；组织他人出卖人体器官获利数额巨大的；组织出卖人体器官造成严重后果的，等等。《刑法修正案（八）》实施前，司法实践中对组织他人出卖人体器官的行为大多按非法经营罪论处。此后，根据罪刑法定原则，且考虑到该种行为主要侵犯的是他人的生命健康权利而非市场经营秩序，不能再按非法经营罪处理。

5. 购买人体器官者是否构成犯罪？

我国刑法没有将购买人体器官行为入罪，这主要是考虑我国器官受体和供体数量悬殊，否则，势必会扩大刑法的打击面，根据刑罚法定原则，购买人体器官者不构成本罪。但是，以出卖为目的的购买行为不在此限。

6. 出卖人体器官者捐献器官前反悔，行为人强行摘取其器官的，或者以欺骗方法骗取他人捐献器官的行为，如何定罪处罚？

未经本人同意摘取其器官的，或者摘取不满 18 周岁的人的器官的（无论其是否同意），或者强迫、欺骗他人捐献器官的，依照刑法第二百三十四条、第二百三十二条的规定定罪处罚，即以故意伤害罪或故意杀人罪定罪处罚。这里，违背他人意愿摘取其器官造成死亡，认定故意伤害罪还是故意杀人罪，关键看摘取人是否具有剥夺他人生命的故意。如果摘除他人的重要器官（如心脏、全部的肝脏等）足以导致他人死亡的，应认定为故意杀人罪。另外，违背死者生前意愿摘取其尸体器官，或者死者生前未表示同意，违反国家规定，违背其近亲属意愿摘取其尸体器官的，依照刑法第三百零二条的规定以盗窃、侮辱尸体罪定罪处罚。

典型案例

李某高中毕业后一直在湖南长沙打工，其间染上毒瘾。2009 年上半年为了筹集毒资，李某通过一个卖肾中介以两万多元的价格卖掉了自己的一只肾。在此期间，李某结识了同样为了钱而卖掉自己一只肾的湖南人邓某。两人受此启发，开始转变成提供肾源组织卖肾的"中介"。2009 年 6 月 6 日，李某开始以"中介"的名义在网上发布可介绍提供肾源的信息。为了"发展"，两人又找来另外 4 名成员参与此事。此后，李某等团伙成员还在 QQ 群上发布消息，招 B 型、AB 型的供体，价格讲的很高，10 万元、16 万元。与供体取得联系之后，李某等人就要求供体人员到江西鄱阳暂住，并为供体人员安排吃住以及体检。与此同时，李某等人也在全国各地寻找器官受体，通常都是在全国各大医院的透析室门口观察，发现需要换肾的人，就塞小名片给他们。受体与中介建立联系后，经过配型、商讨价钱等过程，一般都会选择没有资质、环境差的小医院

进行移植手术。供体每卖一只肾一般只能获得 3 万元至 5 万元，而"中介"找到有买肾需求的尿毒症患者家属，售价在 28 万元以上。截至案发，李某等人已经组织 10 名供体在南昌一家医院做了 3 个配型，在浙江一家医院做了 1 个配型，在合肥一家医院准备做 1 个配型。李某、邓某二人被抓获后，于 2013 年 1 月 15 日被人民法院以组织出卖人体器官罪分别判处有期徒刑 2 年，并处罚金人民币 5000 元和有期徒刑 4 年，并处罚金人民币 1 万元。

【以案释法】

组织出卖人体器官罪，是以领导、策划、指挥、招募、雇佣、控制等方式，组织他人出卖人体器官，依照法律规定应当追究刑事责任的行为。本案中，李某、邓某因故"出卖"其本人肾脏的行为因对他人不具危害后果，刑法对此没有规定为犯罪。但其后李某、邓某明知进行非法器官买卖违反人体器官移植管理制度、侵害人的生命和健康权利，出于个人获利动机，积极策划、组织、控制他人买卖人体器官，已经构成组织出卖人体器官罪，依法应当追究其刑事责任。那么，如果李、邓二人虽然组织出卖但最终没有一例成功的怎么处理呢？根据刑法第二百三十四条之一的规定，组织出卖人体器官罪是行为犯，行为人只要有组织出卖行为即构成犯罪既遂。因此，即使李、邓二人并没有成功地"卖掉"任何一只肾脏，而只是做了 4 个配型，其组织收购并寻找"买主"伺机出卖的行为已经构成本罪既遂。

需要强调的是，二人组织的 10 名供体中，如果有不满 18 周岁的未成年人且器官已被移植，则李某、邓某同时犯故意伤害罪，应数罪并罚；如果供体先答应"出卖"而后反悔，但李某、邓某有强迫、欺骗行为的，则不再定本罪，而是应视情况以故意伤害罪或者故意杀人罪论处。

五、过失致人重伤罪

【知识要点】

1. 什么是过失致人重伤罪？该罪的犯罪构成要件是什么？

过失致人重伤罪，是指过失伤害他人身体，致人重伤，依照法律规定应当追究刑事责任的行为。

本罪的构成要件是：侵犯的客体同故意伤害罪一样，是他人的身体健康权利。客观方面表现为非法损害他人身体健康的行为。犯罪主体为一般主体。凡年满16周岁且具备刑事责任能力的自然人均能构成本罪。犯罪主观方面表现为过失，包括疏忽大意的过失和过于自信的过失。过失重伤罪的本质特征在于：行为人既没有杀人的故意，也没有伤害的故意，只是出于疏忽大意或者过于自信，才造成被害人重伤的结果，如果事实证明行为人对自己行为引起的重伤结果的发生并没有预见，而且根据实际情况也不可能预见，则属于意外事件，行为人主观上没有罪过，因而对重伤不负刑事责任。

2. 过失致人重伤的具体表现有哪些？

与过失致人死亡相似，过失致人重伤也有两种表现形式：一是因疏忽大意导致的过失致人重伤，即行为人应当预见自己的行为可能发生致人重伤的结果，因为疏忽大意而没有预见，以致发生重伤结果。如，甲乙二人发生口角，甲动手推了乙一把，乙没有站稳，身体向后倒去，头部撞到水泥台阶，撞成重伤，甲构成疏忽大意的过失致人重伤罪。二是过于自信导致的过失致人重伤，即行为人已经预见自己的行为可能发生致人重伤的结果，但又轻信能够避免，以致发生重伤结果。如，甲与幼儿玩耍，喜欢将幼儿抱起向上抛出然后接住。一日失手，某幼儿被摔成重伤，甲构成过于自信的过失致人重伤罪。

3. 过失致人重伤案的立案追诉标准是什么？

行为人涉嫌过失造成他人重伤的，公安机关应立案侦查。首先，要有重伤后果，根据最高人民法院、最高人民检察院、公安部、国家安全部、司法部于2013年8月联合发布的《人体损伤程度鉴定标准》规定，重伤是指使

人肢体残废、毁人容貌、丧失听觉、丧失视觉、丧失其他器官功能或者其他对于人身健康有重大伤害的损伤，包括轻伤一级和轻伤二级。其次，行为人要有过失，而不能是出于故意。这里的"过失"，是指对重伤结果具有过失而不是对行为本身具有过失。第三，构成过失致人重伤罪还要求行为人的行为与结果之间有直接因果关系。即行为人的行为直接地、必然地造成了这种重伤结果，行为人的行为是造成这一重伤结果的决定性的、根本的原因。如果重伤结果的产生不是由该行为所直接决定的，则不能以过失致人重伤罪承担刑事责任。

4. 对犯过失致人重伤罪的如何处罚？

根据刑法第二百三十五条的规定，犯过失致人重伤罪的，处 3 年以下有期徒刑或者拘役。本法另有规定的，依照规定处理。

这里的"本法另有规定的，依照规定处理"，是指过失致人重伤，除了第二百三十五条的一般性规定外，其他犯罪中有过失致人重伤的情况，根据特别规定优于一般规定的原则，应当一律适用特别规定。如交通肇事罪致人重伤的，以交通肇事罪论处，不再适用第二百三十五条定过失致人重伤罪。

5. 有过失轻伤罪吗？对过失伤害他人身体健康但未达重伤的行为如何处理？

与故意伤害罪可以由轻伤构成不同，刑法没有规定过失轻伤罪。行为人如果出于过失致人轻伤的，不构成犯罪，只需承担民事赔偿责任。

典型案例

2008 年 3 月 6 日下午，孔某与在彭某家玩牌的李某发生纠纷。两人争吵到激烈处，孔某将半瓶啤酒摔在地上。后二人被劝开。不久，彭某在外面办完事回到家中，见到孔某在自己家闹事，地上有摔碎的啤酒瓶，遂与孔某发生争执，并对孔某说："我啤酒（瓶）多得很，还摔啊。"争执中，彭某将手中的啤酒瓶摔砸在地上，酒瓶落地后弹起的碎片致使孔某的右眼受伤。后经法医鉴定，孔某右眼的损伤程度为重伤。法院经审理，判决彭某犯过失致人重伤罪，因情节轻微，且积极履行赔偿义务，依法免予刑事处罚。

【以案释法】

过失致人重伤罪，是行为人因过失伤害他人身体，致人重伤的行为。行为人主观上对重伤害后果的过失，是判定本罪与故意伤害罪的关键区别。本案中，彭某在与孔某的争吵过程中将啤酒瓶摔到地上是故意的，但是对于造成孔某右眼损伤则是出于过失，属于疏忽大意的过失，即其应当预见往地上摔砸啤酒瓶，酒瓶碎片可能会伤害到在场人员，但因为疏忽大意没有预见，从而摔砸酒瓶，导致孔某右眼受伤这一重伤结果的出现。换言之，彭某主观上对孔某右眼的损伤既没有积极追求的直接故意，也没有明知会发生此损伤结果而放任的间接故意，而是疏忽大意的过失。也有一种观点认为，两人争吵中孔某不幸右眼损伤应该认定为意外事件，理由是根据我国刑法第十六条的规定，彭某的行为虽然在客观上造成了损害结果，但是不是出于故意或者过失，而是由于不能抗拒或者不能预见的原因所引起的，不能认定为犯罪。这就意味着本案在排除彭某的伤害故意后，还要排除其存在过失：如果彭某主观方面不存在过失，则应认定为意外事件，彭某不承担刑事责任。构成意外事件必须符合两方面标准：一是不可预见；二是不能预见。彭某作为一个成年人，具备一定的生活常识，应当知道酒瓶砸在地上可能破碎并溅起碎片，应当预见玻璃碎片溅到近距离的人体时会造成伤害。显而易见，对成年人彭某作这种要求并不过分，因此，本案行为人彭某存在过失，不能认定为意外事件。根据刑法规定，法院判决彭某犯过失致人重伤罪是准确的。同时，考虑到该事件属于邻里纠纷，且彭某已经积极进行赔偿，孔某右眼经过治疗可以恢复，法院以情节轻微为由，判处彭某依法免予刑事处罚是合理的。一方面，对彭某起到了警示教育作用；另一方面，又有助于维护邻里关系的和谐稳定。

六、强奸罪

【知识要点】

1. 什么是强奸罪？该罪的犯罪构成要件是什么？

强奸罪，是指行为人违背妇女意志，以暴力、胁迫或者其他手段，与之强行发生性交，或者同不满 14 周岁的幼女发生性关系的行为。也就是说，强奸罪分两种情形：一种是违背成年女性意志，以任何手段强行与其发生性交的行为；另一种是与不满 14 周岁的幼女发生性关系的行为，该种情形下，是否违背幼女意志在所不论。

本罪的构成要件是：侵犯的客体是妇女性的自主权或者幼女的身心健康。妇女性的自主权也叫不可侵犯权，是妇女人身自由权的一部分，即妇女按照自己的自由意志决定是否发生和与何人发生性行为的权利。虽然从理论上讲，男性也应该有性自主权，并且在有些国家强奸罪的对象也可以是男子，但是，我国刑法至少在当前还未对男子的性自主权给予同等保护。不满 14 周岁的幼女由于身心都不太成熟，刑法认定其需要给予特别保护，无论其是否自愿，只要与之发生了性关系，即构成强奸罪。客观方面表现为以暴力、胁迫或者其他使妇女不能抗拒、不敢抗拒、不知抗拒的手段、违背妇女意志，强行与妇女性交的行为，或者与不满 14 周岁的幼女发生性关系的行为。犯罪主体是特殊主体，即年满 14 周岁并具有刑事责任能力的男子。妇女单独不能成为强奸罪的主体，但可以成为强奸罪的共犯或者间接实行犯。主观方面表现为强行奸淫妇女的故意，即行为人明知自己的行为违背妇女的意志而强行与妇女性交或者与明知不满 14 周岁的幼女发生性关系。

2. 强奸行为的具体表现有哪些？

强奸，顾名思义，是指行为人以强迫手段强行与被害妇女发生性关系的行为。"强"，包括三方面具体表现：一是以暴力之"强"，即直接对被害妇女采取殴打、捆绑、堵嘴、掐脖子、按倒等危害人身安全或者人身自由，使妇女不敢反抗。二是胁迫之"强"，即对被害妇女进行威胁、恫吓，达到精神上的强制，使妇女不敢反抗。胁迫的核心是足以引起被害妇女的恐惧心

理，使之不敢反抗，从而实现强行奸淫的意图。既可以直接对妇女进行威胁，也可以通过第三者进行威胁；既可以是口头胁迫，也可以是书面胁迫；既可以以暴力进行威胁，如持刀胁迫，也可以以非暴力进行威胁，如以揭发隐私、毁坏名誉相胁迫。需要注意的是，利用教养关系、从属关系、职务权力等与妇女发生性交的，不能一律视为强奸。问题的关键在于行为人是否利用了这种特定关系进行胁迫而使妇女不敢反抗，而不在于有没有这种特定关系。三是其他手段之"强"，即采用暴力、胁迫以外的、使被害妇女不知抗拒或者不能抗拒的手段，具有与暴力、胁迫相同的强制性质。司法实践中常见的其他手段有：用酒灌醉或者药物麻醉的方法强奸妇女；利用妇女熟睡之机进行强奸；冒充妇女的丈夫或者情夫进行强奸；利用妇女患重病之机进行强奸；造成或利用妇女处于孤立无援的状态进行强奸；假冒治病强奸妇女；组织利用会道门、邪教组织或者利用迷信奸淫妇女等。

另外，根据刑法第二百三十六条第二款的规定，与不满 14 周岁的幼女发生性关系的，无论该幼女是否自愿，均按照强奸罪论处。

3. 强奸案的立案追诉标准是什么？

涉嫌下列情形的，应予立案：使用暴力、胁迫或者其他手段强奸妇女的；奸淫幼女的；在公共场所当众强奸妇女的，两人以上轮奸的；持枪强奸妇女的；致使被害人重伤、死亡或者造成其他严重后果的。

4. 对犯强奸罪的如何处罚？

根据刑法第二百三十六条的规定，犯强奸罪，处 3 年以上 10 年以下有期徒刑。奸淫不满 14 周岁的幼女的，以强奸论，从重处罚。强奸妇女、奸淫幼女，有下列情形之一的，处 10 年以上有期徒刑、无期徒刑或者死刑：强奸妇女、奸淫幼女情节恶劣的；强奸妇女、奸淫幼女多人的；在公共场所当众强奸妇女的；2 人以上轮奸的；致使被害人重伤、死亡或者造成其他严重后果的。行为人明知是不满 14 周岁的幼女而与其发生性关系，不论幼女是否自愿，均应以强奸罪从重处罚。

5. 对通奸的情形怎么处理？

如果男方没有违背女方的意志与其发生性关系的，不能认定为强奸。半推半就发生性关系的，一般不宜认定为强奸，如果确实违背妇女意志，或有

其他使妇女不敢、不知、不能反抗的，以强奸罪论处。最开始女方不同意，但事后并未告发，后来又多次自愿与男方发生性关系，甚至发展为情人关系的，一般不宜以强奸罪论处。最开始女方同意，后来不同意，男方强迫发生性关系的，可以强奸罪论处。

6. 对利用特定关系和职权强行与妇女发生性关系的行为如何处理？

对利用特定关系，如上下级、师生等，或利用职权与妇女发生性关系的，如果存在强迫、胁迫、威胁等行为，以强奸罪论处；如果妇女是为了个人利益不惜以肉体相许的，不认定为强奸罪。

7. 对婚内强奸如何处理？

从理论上讲，只要违背妇女意志与其强行发生性行为的，都应以强奸罪论处。但司法实践中，强奸罪一般排除丈夫违背妻子意志强行与妻子性交（即婚内强奸）的情形，除非特别明显的情况下，丈夫用明显强行违背妻子意志进行性交。与此相比，婚外情人、恋人之间，男方违背女方意志强行发生性关系的，因为刑法及相关司法解释都没有明确规定，可以比照婚内强奸处理，但对行为人违背妇女意志的具体表现可以降低幅度。

典型案例

　　王某经营饼干等副食品批发业务。2005年6月1日凌晨4时许，王某从县城驾驶自有面包车，装载有饼干、果冻等食品前往外地送货。6时许，王某开车途经某收费站时，见被害人谢某（女，9周岁）独自一人站在收费站铁栏杆处招手候车，遂生奸淫之恶念，便停车将谢某叫上车，让其坐在副驾驶室座位上。在车上，王某询问了谢某的年龄等，送了一袋法式薄饼给谢某，并谎称自己开车去附近送货后再送谢某到学校去，谢某表示同意。当车行至某路段时，王某见此处路段偏僻，没有居民和房屋，也没有行人，便将车停在路边，以要谢某帮忙去后车厢取东西为名，骗谢某从驾驶室爬入后车厢内。随后，王某也从驾驶室爬入后车厢，并从背后抱住谢某伸手摸其胸部，遭到谢某的反抗后，王某以要抓破谢某的脸对谢进行威胁，并从驾驶室座位中间拿出一把水果刀威逼谢某将裤子脱下去，谢某被逼将长裤和内裤脱下后，躺在后车厢堆放的

纸箱上，王某自己脱掉裤子至膝盖处，对谢实施奸淫。在奸淫过程中，因谢某叫喊，王某生殖器未能插入。后王某拿水果刀威胁谢某不准其叫喊，并将自己的裤子脱到脚后跟处，再次实施奸淫。在奸淫过程中，因谢某大声哭泣且王某发现路边来了行人，便停止了奸淫。之后，王某给了谢某6元人民币，拿卫生纸要谢某擦了下身后，开车将谢某送至学校附近，叫谢某乘坐路边的摩托车去学校，自己遂驾车逃离，后被抓获。2005年7月15日，法医学鉴定中心对谢某损伤程度进行鉴定，结论为重伤，并构成九级伤残。2007年1月15日，北京安定医院和政法大学法庭科学技术鉴定研究所鉴定结论为：谢某精神异常表现与被强奸一事具有因果关系，根据其抑郁反应等，其损伤程度为重伤。案发后，王某亲属共支付谢某亲属赔偿款4.54万元。法院经审理，依法判决王某犯强奸罪，判处无期徒刑，剥夺政治权利终身；判决王某赔偿附带民事诉讼原告人谢某经济损失4万余元。

【以案释法】

本案中，王某主观上明知谢某不满14周岁，而使用诱骗、暴力等手段，强行对谢某进行性侵犯，严重侵犯了幼女的身心健康，构成强奸罪，且具有奸淫幼女的从重情节和致使被害人重伤的加重情节。

我国刑法规定，强奸幼女的，只要行为人性器官与幼女性器官接触，则依法构成强奸既遂，至于行为人生殖器是否插入幼女阴道、射精，均不影响该罪名的成立。也就是说在本案中，即使王某的生殖器只有接触而没有插入谢某的阴道，同样构成强奸罪。犯强奸罪的，一般处3年以上10年以下有期徒刑。本案中王某奸淫幼女，依照刑法第二百三十六条第二款的规定应当从重处罚，即在3年以上10年以下的刑期限制中选择刑期较长的，如7年、10年。但是法院为什么判处王某无期徒刑呢？原因是本案中被害人谢某经鉴定构成重伤。刑法第二百三十六条第三款规定了强奸罪的5种加重处罚情节，分别是：强奸妇女、奸淫幼女情节恶劣的；强奸妇女、奸淫幼女多人的；在公共场所当众强奸妇女的；2人以上轮奸的；致使被害人重伤、死亡或者造成其他严重后果的。

很明显，王某致使被害人谢某受到重伤害的情形明显属于法定的加重处罚情节，应当判处 10 年以上有期徒刑、无期徒刑或死刑。

七、强制猥亵、侮辱罪

【知识要点】

1. 什么是强制猥亵、侮辱罪？该罪的犯罪构成要件是什么？

强制猥亵、侮辱罪，是指违背他人意志，以暴力、胁迫或者其他方法强制猥亵他人或者侮辱妇女，依照法律规定应当追究刑事责任的行为。

本罪的构成要件是：其侵犯的客体是他人的性自由权，具体包括忍受性权利的自愿选择，对性的厌恶感、羞耻感以及正常的性感情。犯罪对象是他人，即年满 14 周岁的人。客观方面表现为行为人违背他人意志，以暴力、胁迫或者其他方法使他人处于不能抗拒、不敢抗拒或者不知抗拒的状态而强制猥亵或侮辱的行为。犯罪主体是一般主体，凡达到刑事责任年龄且具备刑事责任能力的自然人均能构成强制猥亵、侮辱罪的犯罪主体。犯罪主观方面表现为故意，通常表现出刺激或者满足行为人或第二者的性欲的倾向，但不具有强行奸淫的目的。

2. 强制猥亵、侮辱有哪些具体表现形式？

第一，暴力。即对被害人的人身采取殴打、捆绑、堵嘴、掐脖子、按倒等侵害人身安全或者人身自由的强暴方法，使他人不能反抗。

第二，胁迫。即对被害人采取威胁、恐吓等方法实行精神上的强制，使其不能反抗。例如，以杀害、伤害、揭发隐私、毁坏私誉、加害亲属等相威胁；利用收养关系、从属关系、职务权力以及使被害人处于孤立无援的环境进行挟制等。

第三，其他手段。即除暴力、胁迫以外的其他使被害人不敢反抗、不能反抗或不知反抗的手段。例如，利用封建迷信进行恐吓、欺骗或者利用他人患病、熟睡之机进行猥亵；利用酒灌醉、药物麻醉、药物刺激等方法对他人

进行猥亵；利用或者假冒治病对他人进行猥亵；等等。所谓猥亵他人，是指以刺激或满足性欲为目的，用性交以外的方法实施的淫秽行为。猥亵既可以发生在男女之间，也可以发生于同性之间，才构成本条规定的犯罪。所谓侮辱妇女，是指用下流动作或淫秽语言调戏妇女的行为。例如，偷剪妇女发辫、衣服；追逐、堵截妇女。

需要强调的是，如果行为人对妇女主观上有奸淫的目的，客观上实施了奸淫的行为，则应以强奸罪定罪处罚。

3. 强制猥亵、侮辱案的立案追诉标准是什么？

涉嫌下列情形之一的，应予立案：强制猥亵他人或者侮辱妇女的；聚众或者在公共场所当众强制猥亵他人或者侮辱妇女的。

4. 对犯强制猥亵、侮辱罪的如何处罚？

根据刑法第二百三十七条的规定，犯强制猥亵、侮辱罪的，处5年以下有期徒刑或者拘役。聚众或者在公共场所当众犯强制猥亵、侮辱罪的，或者有其他恶劣情节的，处5年以上有期徒刑。

5. 对没有使用强制手段猥亵、侮辱他人的行为如何处理？

没有使用暴力、胁迫或者其他使他人不敢反抗、不能反抗或不知反抗的手段，只是偶尔偷窥、偷拍、偷听或者散布他人隐私的；或者发送淫秽、侮辱妇女的信息的；或者在办公室性骚扰、在公共场所露阴癖的等等。情节一般的，不宜认定为犯罪，可以按照治安管理处罚法给予治安处罚即可。

典型案例

蔡某多次于夜间在某中学踩点后，于2013年4月21日晚21时许，独自一人从家中携带水果刀，躲藏在该学校后面小门附近。该校女学生李某（年满14周岁）独自一人从此经过时，蔡某突然冒出，手持水果刀拦截李某，并捂住李某的嘴问："有钱没有？"李某见状不敢反抗，将身上的65元钱交给蔡某。蔡某收好钱后，将李某拉至路边偏僻的菜地里，将其按倒在地，一手持刀威胁，另一只手伸进李某衣服内玩摸胸部。之后，蔡某又欲解开李某的裤子，但没能解开，便隔着裤子摸李某下体，

并强行亲吻李某。李某反抗将蔡某舌头咬伤，并奋力去抢蔡某手中的水果刀。争抢中水果刀刀身与刀柄脱离，李某和蔡某手部被刀划伤。之后，李某称自己晚回家家人会来找，蔡某听后叫李某不要把当晚发生的事说出去，方才放李某走。李某走回村里后报警。法院经审理，判处蔡某犯抢劫罪，判处有期徒刑 3 年 6 个月，并处罚金人民币 1 万元；判处蔡某犯强制猥亵妇女罪，判处有期徒刑 2 年；决定合并执行有期徒刑 4 年 6 个月，并处罚金人民币 1 万元。

【以案释法】

强制猥亵、侮辱罪是选择性罪名，即如果行为人只有强制猥亵或者强制侮辱的，单独定罪；如果行为人既有强制猥亵他人又有强制侮辱妇女的，也不数罪并罚。如果行为人没有使用强制手段，情节一般的，一般也不认定为本罪。本案中，蔡某持刀对李某进行威胁，使其不敢反抗，从而进行猥亵的行为，构成强制猥亵罪。如果李某未满 14 周岁，则蔡某构成猥亵儿童罪。强制猥亵罪和猥亵儿童罪的主要差别明显：一是犯罪客体和对象不同；二是猥亵儿童的，不要求具有强制手段，即构成犯罪。

那么，蔡某有着手脱李某裤子的动作，为什么不认定其构成强奸罪的未遂犯罪呢？区分本罪和强奸罪，要从主客观两方面加以分析。从主观方面来讲，关键在于查明行为人有无奸淫的目的。如果没有奸淫意图，只是以性刺激和除奸淫外的性满足为目的，则只能认定为强制猥亵罪。从客观方面讲，要看行为人是实施或着手实施了强奸行为，还是仅仅实施了抠摸、搂抱、鸡奸、手淫等淫秽下流行为，对妇女进行猥亵。本案中，蔡某在主观上有强奸李某的意图；客观上其只是强行对李某胸部、下体进行玩摸、强行接吻。蔡某的这一行为严重侵犯了李某作为女性所享有的人格、尊严，但是并没有侵犯李某的性自主权。因此，对蔡某的猥亵行为只能认定为强制猥亵、侮辱罪。

八、猥亵儿童罪

【知识要点】

1. 什么是猥亵儿童罪？该罪的犯罪构成要件是什么？

猥亵儿童罪，是指猥亵不满 14 周岁儿童的行为。

本罪的构成要件是：侵犯的客体是儿童的人格、名誉和身心健康。犯罪对象是儿童，包括男童和女童。参照最高人民法院对儿童的年龄界限所作的解释，"儿童"，是指不满 14 周岁的人。不满 14 周岁的儿童，生理和心理发育都不成熟，受到国家的特殊保护。猥亵儿童，必然会摧毁儿童的身心健康，影响儿童的正常发育和健康成长。本罪客观方面表现为以淫秽下流的方法猥亵儿童的行为。犯罪主体为一般主体，即年满 16 周岁、具有刑事责任能力的自然人均可构成本罪。犯罪主观方面由直接故意构成，并且具有性刺激、性满足的目的。

2. 猥亵儿童的具体表现有哪些？

从司法实践来看，猥亵儿童的方法主要有：抠摸、搂抱、鸡奸、让儿童为其口淫、手淫等。由于儿童对性的认知和辨别能力很差，法律并不要求行为人实施了暴力、胁迫或者其他方法。不论儿童是否同意，也不论儿童是否进行了反抗，只要对儿童实施了猥亵的行为，就构成本罪。

3. 猥亵儿童案的立案追诉标准是什么？

涉嫌以性刺激、性满足为目的，猥亵儿童，情节严重的行为，应予立案。

4. 对犯猥亵儿童罪的如何处罚？

根据刑法第二百三十七条第三款的规定，犯猥亵儿童罪的，比照该条第一款、第二款的规定从重处罚，即在 5 年以下有期徒刑或者拘役的量刑幅度内从重处罚；聚众或者在公共场所当众猥亵儿童的，或者有其他恶劣情节的，则应当在处 5 年以上有期徒刑的量刑幅度内从重处罚。

5. 猥亵儿童罪与奸淫幼女的强奸罪有什么区别？

二者的主要区别在于犯罪对象不同。行为人如果出于奸淫目的对不满 14 周岁的男童实施猥亵的，如口交、鸡奸或性器官接触等，应当以猥亵儿童罪

定罪处罚；如果行为人的奸淫对象是女童，又分为两种情况：一是有性器官的接触，即成立奸淫幼女的强奸罪，从重处罚；二是没有性器官接触的其他猥亵行为，成立强制猥亵儿童罪。

典型案例

2010 年 5 月 21 日 17 时许，程某窜至咸宁市某小区，见被害人何某（女，2003 年 4 月生）独自在该小区五栋楼房附近玩耍，便起意猥亵。遂以带何某去看动漫卡贴画为由，将其骗至五栋楼房旁废弃的杂物间内，将何某按压在地上并脱下其长、短裤。因何某哭喊，程某害怕他人听到，便从地上捡起木棍击打何某头部，后用随身携带的刀具割何某脖颈处数刀，致其脖颈处气管断裂昏迷后，又用手指插其阴道进行猥亵并手淫射精。事毕，程某又用刀割何某右手腕处数刀，认为何某已死亡后逃离现场。何某当晚被人发现后即送往医院抢救。当年 6 月 7 日出院，共住院治疗 16 天。经法医鉴定，何某损伤程度属重伤。

同年 9 月 26 日，咸宁市中级人民法院依法对被告人程某犯故意杀人罪、猥亵儿童罪一案作出一审判决，以故意杀人罪，判处被告人程某死刑，剥夺政治权利终身；犯猥亵儿童罪，判处有期徒刑 3 年；决定执行死刑，剥夺政治权利终身。

【以案释法】

本案中，程某为了满足自己淫秽下流的性刺激目的，采取哄骗手段将 7 周岁女童带到废弃杂物室，并着手对女童进行脱衣服的行为，已构成猥亵儿童罪或强奸罪（视程某的主观意图而定）的预备犯。但因其意志以外的原因，被迫停止，可以认定为强奸罪或猥亵儿童罪未遂。此时，程某因何某哭喊恐罪行败露，新增了故意杀人的犯意，用木棍打击和刀具多次切割被害人要害部位，其行为已构成故意杀人罪。在何某昏迷后，程某实施了猥亵行为，构成猥亵儿童罪。事后，程某又用刀割女童手腕，直至认为其已死亡。综合来看，程某在猥亵、杀人两个犯罪意图下，分别实施了猥亵和故意杀人

两种行为，分别构成猥亵儿童罪和故意杀人罪。手段极其残忍，罪行极其严重，社会影响极其恶劣，法院依法判决后，决定执行死刑并剥夺政治权利终身，是对这一行为最严厉地打击。

那么，法院为什么没有认定程某构成奸淫幼女的强奸罪呢？这是因为，从主观上来讲，无法证实程某具有奸淫女童的主观故意；根据程某客观方面的表现，即没有性器官的接触，只有用手抠摸和自己手淫的行为，只能认定其构成猥亵儿童罪。

九、非法拘禁罪

【知识要点】

1. 什么是非法拘禁罪？该罪的犯罪构成要件是什么？

非法拘禁罪，是指以非法拘留、禁闭或者其他方法，非法剥夺他人人身自由权利，依照法律应当追究刑事责任的行为。

本罪的构成要件是：侵犯的客体是他人的人身自由权利。客观方面表现为非法对被害人的身体进行强制，使被害人失去人身行动自由的行为。由于这种行为本身就是一种违法犯罪行为，法律并不要求有其他危害的后果。犯罪手段多种多样，如非法拘留、强行禁闭、强行隔离。合法的拘禁行为不构成此罪，如司法机关依法对犯罪嫌疑人采取的拘传、取保候审、监视居住等强制措施。但是，司法工作人员如果滥用职权，非法拘禁他人；或者公民以某种理由为借口私设公堂，非法拘禁他人，则是侵犯他人人身自由权利的行为。犯罪主体是一般主体，即年满16周岁、具有刑事责任能力的自然人均可构成本罪。犯罪主观方面表现为故意。行为人的动机多种多样，如为了报复、为了索取债务等，但是行为人为了出卖他人、为了勒索财物、为了绑架他人作为人质而对他人实施非法拘禁的，不构成本罪。

需要强调的是，监护人对于不具有行为能力的人依法行使监护权的行为，属于维护其合法权益的正当行为，不得以本罪论处。

2. 非法拘禁的具体表现有哪些？

非法拘禁是指以非法拘留、禁闭或者以其他方法非法剥夺他人身体自由权利的行为，凡符合这一特征的均为非法拘禁。如非法逮捕、拘留、监禁、扣押、绑架，办封闭式"学习班""隔离审查"，等等。概括起来，非法拘禁的具体表现可以分为两类：一类是直接拘束他人的身体，剥夺其身体活动自由，如捆绑，此时没有拘禁场所的限制，可以是密闭的房屋，也可以是空旷的广场；另一类是间接拘束他人的身体，剥夺其身体活动自由，即将他人监禁于一定场所，使其不能或明显难以离开、逃出。非法拘禁的方法既可以是有形的，也可以是无形的。典型的案例就是在妇女洗澡时将其衣服拿走，使其基于羞耻心无法走出浴室的行为，就是无形的方法。

3. 非法拘禁案的立案追诉标准是什么？

非国家机关工作人员涉嫌下列情形之一的，应予立案：非法拘禁持续时间超过 24 小时的；3 次以上非法拘禁他人，或者一次非法拘禁 3 人以上的；非法拘禁他人，并实施捆绑、殴打、侮辱等行为的；非法拘禁，致人伤残、死亡、精神失常的；为索取债务非法扣押、拘禁他人，具有上述情形之一的。

根据 2006 年 7 月 26 日《最高人民检察院关于渎职侵权犯罪案件立案标准的规定》，国家机关工作人员利用职权非法拘禁涉嫌下列情形之一的，应予立案：非法剥夺他人人身自由 24 小时以上的；非法剥夺他人人身自由，并使用械具或者捆绑等恶劣手段，或者实施殴打、侮辱、虐待行为的；非法拘禁，造成被拘禁人轻伤、重伤、死亡的；非法拘禁，情节严重，导致被拘禁人自杀、自残造成重伤、死亡，或者精神失常的；非法拘禁 3 人次以上的；司法工作人员对明知是没有违法犯罪事实的人而非法拘禁的；其他非法拘禁应予追究刑事责任的情形。

4. 对犯非法拘禁罪的如何处罚？

根据刑法第二百三十八条的规定，犯非法拘禁罪，处 3 年以下有期徒刑、拘役、管制或者剥夺政治权利。具有殴打、侮辱情节的，从重处罚。致人重伤的，处 3 年以上 10 年以下有期徒刑；致人死亡的，处 10 年以上有期徒刑。使用暴力致人伤残、死亡的，依照刑法第二百三十四条、第二百三十二条的规定以故意伤害罪或故意杀人罪定罪处罚。国家机关工作人员利用职

权犯非法拘禁罪的，依照刑法规定从重处罚。

5. 如何区分非法拘禁罪与绑架罪？

非法拘禁罪与绑架罪存在着一定的相似性，即二者在客观方面都侵犯了他人的人身自由。如果行为人没有非法勒索财物，则其绑架行为只能构成非法拘禁罪；如果行为人非法勒索财物或者勒索远远超过被害人债务的财物，则其非法拘禁行为也应认定为绑架罪。换言之，绑架罪的构成不仅要求有侵犯人身自由的行为，而且要求有勒索财物或满足行为人的其他不法要求的目的，而非法拘禁罪在主观上仅要求行为人具有剥夺他人人身自由的目的。实践中，真正需要区分的是索债型非法拘禁罪与勒索财物型绑架罪。二者的区别体现在以下两个方面：

（1）行为人与被害人是否存在债权债务关系。索债型非法拘禁罪的成立以债务关系的存在为前提。这里的"债务"既包括合法债务，也包括不受法律保护的赌债、高利贷等非法债务。而勒索财物型绑架罪则没有债权债务关系。据此，索债型非法拘禁罪的对象一般是特定的，即与之有债权债务关系的当事人或亲属，而勒索型绑架罪的对象是不特定的，犯罪人在实施绑架前可以任意选择欲绑架的对象。

（2）犯罪目的是索取债务还是勒索财物。索债型非法拘禁罪的犯罪目的在于通过剥夺他人的人身自由索取债务，而勒索型绑架罪的犯罪目的则是勒索他人的财物。但是，行为人以要求偿还债务为由非法扣押、拘禁他人后，提出明显超出债务数额的财物要求，或者提出要求满足其无法用财产数额来衡量的某种利益，或者提出其他与债务无关的不法要求，或者以伤害、杀害被害人为要挟等，在客观上足以造成他人亲属或者有关人对他人的安危感到担忧的，应认定为绑架罪。行为人在债务偿还以后又以继续扣押人质相威胁而提出其他不法要求的，应按照想象竞合犯的处理原则，以绑架罪论处。

6. 对非法拘禁同时构成其他犯罪的行为如何处理？

构成非法拘禁，在此过程中又触犯其他犯罪的，如故意使用暴力致人伤残或者死亡的，应当以非法拘禁罪和构成的故意杀人罪、故意伤害罪等罪数罪并罚。如果非法拘禁和其他犯罪行为之间存在着牵连关系，则应当按照牵连犯的处罚原则，择一重罪处罚，不实行数罪并罚。

典型案例

　　2009 年农历九月初八，卢某驾驶拖拉机在河南省淇县 107 国道上将李某某的妻子撞伤。2009 年农历九月三十日上午 8 时许，李某某伙同徐某、李某到淇县北阳镇卢某家中，以到县交警队处理事故赔偿问题为由，将卢某骗到租用的面包车上，并对卢某殴打。强行将卢某拉到卫辉市顿坊店乡李某某的父亲家中，向卢某索要赔偿款 1700 元。卢某将身上的现金 1100 元交出后，又被迫写下 600 元欠据，并给家里打电话送钱。卢某被限制人身自由至中午 11 时许，后因人担保而被放回。李某某于 2010 年 2 月 27 日到公安机关投案。法院经审理，依法判处徐某犯非法拘禁罪，判处有期徒刑 6 个月，缓刑 1 年；判处李某犯非法拘禁罪，判处有期徒刑 6 个月，缓刑 1 年；判处李某某犯非法拘禁罪，判处管制 4 个月。

【以案释法】

　　本案的主要争议在于李某某因债务纠纷扣押卢某数个小时，就非法拘禁动机和持续时长上能否构成非法拘禁罪。

　　首先，根据刑法规定，构成非法拘禁罪对行为人的动机没有限制，即无论行为人是为了多么"合理""正当"的理由，都没有擅自扣押他人、限制他人人身自由的权力。即使群众当场抓获盗窃犯、抢夺犯等犯罪嫌疑人的，也应当立即报警并扭送至司法机关，而无权自行扣押、拘禁。如果李某某为了索赔待在卢某家不走，或者采取其他的不限制卢某人身自由的行为，均不构成非法拘禁罪。

　　其次，构成非法拘禁罪，刑法没有作出情节或危害后果的要求。从理论上讲，一旦发生非法拘禁行为，对他人的人身自由权利造成侵犯，即可构成非法拘禁罪。但是，从司法实践来看，有的案件是被拘禁人有很大过错，行为人出于愤怒而对其关押一两个小时，其社会危害性应该说不是很大。对这类行为人以非法拘禁罪定罪处罚，打击面显得过宽。根据 2006 年《最高人民检察院关于渎职侵权犯罪案件立案标准的规定》的规定，对国家机关工作

人员利用职权实施非法拘禁案进行立案的 7 项条件中，对非法拘禁行为持续的时长要求是 24 小时以上。由此，对不具有国家机关工作人员身份的普通人而言，如果没有满足其他条件，在时间长度上至少不能短于 24 小时。本案中，李某某扣押卢某约为 3 个小时，显然不满足 24 小时的条件要求。但是，李某某对卢某实施了殴打行为，这就符合了 7 项条件中的第二个条件。

综合考虑该案案情，李某某等人在亲属发生交通事故后，不通过合法的方式解决纠纷、赔偿等问题，而是采取非法手段将卢某骗到租来的面包车上，限制卢某的人身自由约 3 个小时，并实施了殴打行为，严重侵犯了卢某的人身自由权利，依法已经构成非法拘禁罪，3 人系共同犯罪。李某某在案发后主动到公安机关投案，如实供述自己的罪行，构成自首，依法可以从轻处罚。那么，既然李某某有绑架卢某的行为，有勒索财物的行为，为何不认定李某某犯绑架罪呢？原因在于李某某亲属客观上与卢某曾发生过因交通事故引起的纠纷，其自认为存在债权债务关系；其索要的财物数额没有明显超出其认定的因医疗费用而发生的债务数额；在主观上，李某某也仅具有索债目的而无勒索财物目的。

十、绑架罪

【知识要点】

1. 什么是绑架罪？该罪的犯罪构成要件是什么？

绑架罪，是指以勒索财物为目的绑架他人，或者绑架他人作为人质，或者以勒索财物为目的的偷盗婴幼儿，依照法律应当追究刑事责任的行为。

本罪的构成要件是：侵犯的客体是复杂客体，既包括他人的人身权利，还包括他人的财产权利或人身、财产以外的其他权益。客观方面表现为用暴力、胁迫、麻醉或者其他强制性手段将他人劫持，置于自己的控制之下，使其失去行动自由的行为；或者采取不为婴幼儿父母、监护人、保姆等看护人知晓的秘密方式偷盗不满 1 周岁的婴儿或者 1 周岁以上 6 周岁

以下的幼儿的行为。行为人编造绑架信息，或者以已经死亡的人相要挟他人的，不构成本罪，可能构成诈骗罪。犯罪主体是一般主体，即年满16周岁、具有刑事责任能力的自然人均可构成本罪。犯罪主观方面表现为故意，并以勒索财物或者劫持他人作为人质为目的。犯罪目的是"勒索财物"，即勒令人质的亲友等其他人，在一定期限内交出一定财物，"以钱赎人"；或者出于政治目的、逃避追捕或者要求司法机关释放罪犯等其他目的，劫持他人作为人质。

2. 绑架的具体表现有哪些？

绑架犯罪的犯罪手段多种多样，因人、因地、因时、因事、因条件而异，主要表现有以下几种：使用暴力手段绑架他人，即对被害人的身体直接实施暴力，违背被害人意志而劫持他人的行为；使用胁迫手段绑架他人，即对被害人实施精神强制，使之不敢反抗，违背被害人意志非法劫持他人的行为；使用麻醉手段绑架他人，指通过强制或欺骗注射、强制或欺骗服用麻醉药物的方法，使被害人不知反抗，非法劫持他人的行为；欺骗方法，即以虚构事实，制造假象的方法将受害人骗至某一地点控制起来以要挟他人的行为；偷盗婴幼儿，即以秘密窃取的方法将不满6周岁的婴幼儿挟持到一定地点控制起来要挟他人的行为。

3. 绑架案的立案追诉标准是什么？

涉嫌下列情形之一的，应予立案：以勒索钱财为目的绑架他人的，或者以其他目的绑架他人作人质的；致使被绑架人死亡或者杀害被绑架人的；以勒索财物为目的偷盗婴幼儿的。

4. 对犯绑架罪的如何处罚？

根据刑法第二百三十九条的规定，犯绑架罪的，处10年以上有期徒刑或者无期徒刑，并处罚金或者没收财产；情节较轻的，处5年以上10年以下有期徒刑，并处罚金。犯绑架罪，杀害被绑架人的，或者故意伤害被绑架人，致人重伤、死亡的，处无期徒刑或者死刑，并处没收财产。以勒索财物为目的偷盗婴幼儿的，依照上述规定定罪处罚。

已满14周岁未满16周岁的人不能成为绑架罪的犯罪主体。根据《最高人民法院关于审理未成年人刑事案件具体应用法律若干问题的解释》（法释

〔2006〕1 号）第五条的规定，已满 14 周岁不满 16 周岁的人实施刑法第十七条第二款规定以外的行为，如果同时触犯了刑法第十七条第二款规定的，应当依照刑法第十七条第二款的规定确定罪名定罪处罚。据此，已满 14 周岁未满 16 周岁的人绑架并杀害被绑架人的，应当依照刑法第二百三十二条的规定，以故意杀人罪追究刑事责任。

5. 如何认定绑架罪既遂？

只要行为人以勒索财物或者其他不法要求为目的，将绑架他人或者偷盗婴幼儿的行为实施完毕，即构成绑架罪的既遂。如果在绑架过程中因行为人意志以外的原因没有将绑架他人或偷盗婴幼儿的行为实施完毕，或者说被害人还未完全丧失人身自由，则应认定为犯罪未遂。行为人在绑架他人或者偷盗婴幼儿后，没有提出勒索财物要求或其他不法要求，或者提出要求但未被满足的，不影响绑架罪既遂的成立。

6. 以索取债务为目的，绑架他人的行为如何处罚？

以索取债务（包括高利贷、赌债等法律不予保护的债务）为目的非法扣押、拘禁他人的，根据最高人民法院的司法解释，以非法拘禁罪定罪处罚，而不能认定为绑架罪。绑架罪与非法拘禁罪的主要区别是：首先，二者侵犯客体不同，非法拘禁罪侵犯的客体是他人的人身自由权利；而绑架罪不仅侵犯了他人的人身自由权利，同时还侵犯了他人的财产权利或其他利益。其次，非法拘禁罪中行为人对他人进行非法扣押、拘禁的主要目的不是勒索财物或者获取其他不法利益；而绑架罪中行为人的主要目的正是如此。

7. 如何区分绑架罪与抢劫罪？

两者都表现为非法向他人勒索财物，但其勒索行为的指向有明显不同：（1）绑架罪中行为人提出要求勒索财物指向的不能是被绑架人，而只能是被绑架人以外的第三人，而抢劫罪强索财物指向的一般只能是被抢劫人本人；（2）绑架罪非法获取财物的时间地点一般不是绑架行为实施的时间地点，而抢劫罪通常具有当时当地非法占有他人财物的特点（但也有例外情形，如，数人同行，一身材高大者携有贵重物品，此时有人欲上前劫取。如行为人直奔携带贵重物品的人而去，采取偷袭手段夺得该物然后逃跑，则构成抢夺罪；如行为人被发现后仍然以凶器相威胁并取得该财物，则构成抢劫罪；如

行为人发现抢不过携带贵重物品者，决定劫持其他瘦弱者，并逼迫携带贵重物品者当场将物品交给自己，则构成绑架罪)。

典型案例

2009 年 2 月 10 日至 23 日期间，王某策划准备绑架东大路电机维修店黄某年近 8 周岁的儿子黄某勇，向其勒索 10 万元。为便于联络收取赎金，王某准备了 3 张移动手机卡、2 张中国农业银行金穗通金卡、2 张中国建设银行龙卡、1 张网上银行动态口令卡、1 张现金管理证，还有风油精、绳索和胶带纸等作案工具。并将黄某电机维修店广告牌上的两部座机电话抄录下来，写在存款凭证的背面，然后对黄某勇就读学校的往返路线藏匿人质的地点进行了踩点。

2009 年 2 月 23 日中午 13 时许，王某潜伏在黄某的电机维修店门口附近，观察黄某勇的活动情况，14 时黄某勇从其父亲店中出来去东塔小学读书时，王某紧跟尾随黄某勇到东塔小学的操场上。王某冒称该校老师的身份上前问黄某勇你父亲是否是维修电机的，在两人交流中得到确认后，王某以要黄某勇的父亲帮忙修电机为由，将其诱骗到出租车上乘至水府庙附近下车，换乘摩托车。因怕黄某勇坐摩托车辨认行进路线，王某将事先准备好的风油精涂抹到黄某勇的眼睛外圈，使其不能睁开眼睛。随后，王某借到家中用水洗眼睛为由，将黄某勇拉到邵阳学院李子院校区附近的一所出租屋内藏匿。到出租屋后，王某用胶带纸将黄某勇的嘴封住，然后用绳索将其手、脚捆住置于床上，使其不能反抗。后王某为了向黄某勇核实家里的详细情况，撕开封在黄某勇嘴上的胶带纸，对他说："你别怪我，是你爸爸欠我钱，我才这样做的。"黄某勇说："我爸爸会还钱的。"并告诉了自己和爸爸的姓名及家里的电话号码。2009 年 2 月 24 日下午 4 时至 9 时 54 分之间，王某先后七次打电话给黄某勇的爸爸黄某勒索赎金 10 万元，并提供了农业银行卡、建设银行卡账号各 1 张，要求在规定的时间内将赎金汇入指定的银行卡里。王某威胁黄某说："不要报警，报警就撕票，大家鱼死网破。"黄某多次要求听到

儿子黄某勇的声音后才能汇款，王某要求黄某下午 5 时以前将赎金汇进农业银行的卡里，才能让黄某听到他儿子的声音然后挂机。王某从邵阳到邵东查看银行账户是否将赎金汇入。然后又从邵东返回邵阳市的出租屋，用纱布蒙住黄某勇的眼睛，牵着他的手往邵阳大道方向走，正准备租乘摩托车时，被同村村民发现，在群众的帮助下，被害人黄某勇被成功解救。法院经审理，判决王某犯绑架罪，判处有期徒刑 6 年，并处罚金人民币 5000 元。

【以案释法】

绑架罪，是指以勒索财物为目的绑架他人，或者绑架他人作为人质，或者以勒索财物为目的偷盗婴幼儿，依照法律应当追究刑事责任的行为。判定绑架罪，关键在于认定行为人的主观目的和客观表现：首先，须查明行为人是否以勒索非法财物或者以扣押人质为目的；其次，须查明行为人是否在以上目的支配下实施了绑架他人的行为。

本案中，王某作为一名完全刑事责任能力人，以勒索财物为目的，采取欺骗手段取得被害人信任后，将其带离并对其人身自由进行限制，并使其不能反抗，严重侵害了被害人的人身权利，给社会、学校及学生家长造成了恶劣的影响，符合绑架罪的构成特征，依法应以绑架罪定罪处罚。根据刑法第二百三十九条的规定，犯绑架罪的，处 10 年以上有期徒刑或者无期徒刑，并处罚金或者没收财产；情节较轻的，处 5 年以上 10 年以下有期徒刑，并处罚金。本案中，法院在量刑时没有判处王某 10 年以上有期徒刑，而是在"5 年以上 10 年以下"，从轻处罚，显然是认定王某犯绑架罪但"情节较轻"。那么，何谓绑架罪中的"情节较轻"呢？

2009 年 2 月 28 日颁布的《刑法修正案（七）》适应社会发展和时代需要，在绑架罪的量刑中增加了"情节较轻的，处 5 年以上 10 年以下有期徒刑"的规定，其目的是鼓励已经实施绑架犯罪的行为人及早悔悟，放弃犯罪或减轻对被绑架人的伤害。但司法实践中法律和司法解释并没有对"情节较轻"的范围和具体情形作出明确的规定。一般认为，判断行为人绑架罪是否

可以认定为"情节较轻"，应当综合考虑犯罪手段、犯罪动机、危害后果等多种因素。本案中，首先，王某没有利用暴力而是采取诱骗的方式绑架了黄某勇，应当认定为对被绑架人的人身危害性较轻；其次，王某在绑架黄某勇后没有其他暴力行为或其他非法行为，应当认为有善待人质情节；再次，王某并没有获得人质赎金。综上，王某没有对他人人身和财产造成严重后果，主观恶性相对较轻，可以认定为绑架罪中的"情节较轻"，处以5年以上10年以下有期徒刑。

十一、拐卖妇女、儿童罪

【知识要点】

1. 什么是拐卖妇女、儿童罪？该罪的构成要件是什么？

拐卖妇女、儿童罪，是指以出卖为目的，拐骗、绑架、收买、贩卖、接送、中转妇女、儿童，依法应当追究刑事责任的行为。

本罪的构成要件是：侵犯的客体是妇女、儿童的人身自由权利和人格尊严。犯罪对象是妇女、儿童。妇女、儿童是本罪选择性的犯罪对象，在具体确定罪名时，应视其具体拐卖对象而定。如果拐卖成年男子的，不能构成本罪。符合非法拘禁罪特征的，可以认定为非法拘禁罪。客观方面表现为拐卖妇女、儿童的行为，即拐骗、绑架、收买、贩卖、接送或者中转年满14周岁的妇女或者未满14周岁的儿童的行为。拐卖已满14周岁的男子的行为，不构成本罪，可以非法拘禁罪论处。拐骗，是指以出卖为目的，采用欺骗、利诱等手段，将妇女、儿童置于行为人支配之下的行为。绑架，是指以暴力、胁迫或者麻醉的方法，劫持妇女、儿童的行为。收买，是指为了再转手出卖而从拐卖、绑架妇女、儿童的犯罪分子手中买来被害妇女、儿童的行为，与刑法第二百四十一条规定的收买被拐卖的妇女、儿童的行为是不相同的。贩卖，是指将被拐卖的妇女、儿童卖给他人的行为。接送和中转，是指以出卖为目的，为被拐卖的妇女、儿童迎来送往、中转接待的行为。法律只

要求行为人具有上述六种行为中的一种行为，就构成本罪；具有两种或者两种以上行为的，仍定一罪，不实行数罪并罚。出卖14周岁以上女性亲属或者其他不满14周岁亲属的，以拐卖妇女、儿童罪追究刑事责任。出卖捡拾的儿童的，以拐卖儿童罪追究刑事责任。出卖亲生子女的，由公安机关依法没收非法所得，并处以罚款；以营利为目的，出卖不满14周岁子女，情节恶劣的；借收养名义拐卖儿童的，以拐卖儿童罪定罪处罚。犯罪主体是一般主体，即年满16周岁、具有刑事责任能力的自然人均能构成本罪。犯罪主观方面表现为直接故意，并须以出卖为目的。如果是以自己收养为目的的收买儿童的，不构成本罪。

2. 拐卖妇女、儿童的具体表现有哪些？

拐卖妇女、儿童的具体表现为非法拐骗、绑架、收买、贩卖、接送或者中转妇女、儿童的行为。所谓拐骗，是指行为人以利诱、欺骗等非暴力手段使妇女、儿童脱离家庭或监护人并为自己所控制的行为。拐骗的方法多种多样，有的是在车站、码头等公共场所，物色外流妇女，并用谎言骗取其信任，达到自己的罪恶目的；有的是利用各种关系，花言巧语夸某地生活好，以帮助介绍对象、安置工作等为诱饵，诱骗妇女随自己离家出走；有的是以帮助照看为名将儿童从监护人手中骗走；有的则是以帮助引路、给零食等方法，将儿童拐走。所谓绑架，是指以暴力、胁迫、麻醉等方法将被害人劫离原地和把持控制被害人的行为。所谓收买，是指为了再转手出卖而从拐卖妇女、儿童的犯罪分子手中买来被拐骗妇女、儿童的行为，所谓贩卖，是指行为人将买来的被拐的妇女、儿童再出卖给第二人的行为，接送、中转，是指在拐卖妇女、儿童的共同犯罪中，进行接应、藏匿、转送、接转被拐骗的妇女、儿童的行为。

3. 拐卖妇女、儿童案的立案追诉标准是什么？

涉嫌下列情形之一的，应予立案：拐卖妇女、儿童的；奸淫被拐卖的妇女的；诱骗、强迫被拐卖的妇女卖淫或者将拐卖的妇女卖给他人迫使其卖淫的；以出卖为目的，使用暴力胁迫或者麻醉方法绑架妇女、儿童的；以出卖为目的，偷盗婴、幼儿的；造成被拐卖的妇女、儿童或者其亲属重伤、死亡或者其他严重后果的；将妇女、儿童卖往境外的。

4. 对犯拐卖妇女、儿童罪的如何处罚？

根据刑法第二百四十条的规定，犯拐卖妇女、儿童罪，处 5 年以上 10 年以下有期徒刑，并处罚金。有下列情形之一的，处 10 年以上有期徒刑或者无期徒刑，并处罚金或者没收财产；情节特别严重的，处死刑，并处没收财产：（1）拐卖妇女、儿童集团的首要分子；（2）拐卖妇女、儿童 3 人以上的；（3）奸淫被拐卖的妇女的；（4）诱骗、强迫被拐卖的妇女卖淫或者将被拐卖的妇女卖给他人迫使其卖淫的；（5）以出卖为目的，使用暴力、胁迫或者麻醉方法绑架妇女、儿童的；（6）以出卖为目的，偷盗婴幼儿的；（7）造成被拐卖的妇女、儿童或者其亲属重伤、死亡或者其他严重后果的；（8）将妇女、儿童卖往境外的。

拐卖妇女、儿童是指以出卖为目的，有拐骗、绑架、收买、贩卖、接送、中转妇女、儿童的行为之一的。

5. 对出卖亲生子女的行为如何处罚？

一般来讲，以非法获利为目的，出卖亲生子女的，应当以拐卖妇女、儿童罪论处。具有下列情形之一的，可以认定属于出卖亲生子女，应当以拐卖妇女、儿童罪论处：（1）将生育作为非法获利手段，生育后即出卖子女的；（2）明知对方不具有抚养目的，或者根本不考虑对方是否具有抚养目的，为收取钱财将子女"送"给他人的；（3）为收取明显不属于"营养费""感谢费"的巨额钱财将子女"送"给他人的；（4）其他足以反映行为人具有非法获利目的的"送养"行为的。

如果家长不是出于非法获利目的，而是迫于生活困难，或者受重男轻女思想影响，私自将没有独立生活能力的子女送给他人抚养，包括收取少量"营养费""感谢费"的，属于民间送养行为，不能以拐卖妇女、儿童罪论处。对私自送养导致子女身心健康受到严重损害，或者具有其他恶劣情节，符合遗弃罪特征的，可以遗弃罪论处；情节显著轻微危害不大的，可由公安机关依法予以行政处罚。

2011 年 8 月的一天，当时生活在河北省阜平县的周某给应某打电话，要应某物色一名 30 岁至 40 岁的女人带到河北省石家庄市给别人做老婆，并许诺给其好处费。应某选定了与其同村的被害人贺某。2011 年 9 月初的一天，应某以外出打工的名义将贺某骗至河北省石家庄市，途中联系周某并听其安排又将贺某骗至山西省朔州市，先是将贺某介绍给一煤矿男子未果。应某便与贺某在朔州市一旅店住下并告知周某事情没有办成，并说自己已没有路费。周某不相信应某没钱并挂断了电话，不再与应某联系。尔后应某与旅店姓王的老板娘商量，请老板娘找个买主。当晚 6 时许，老板娘引来一男子到贺某住的房间，应某对该男子说如果看得上，就给 5000 元钱，该男子看后认为贺某太年轻不适合自己，只适合做儿媳。当晚 9 时许，一男子将贺某带走并交给一中年妇女，该妇女又将贺某带至朔州区刘某家与刘某共同生活，直到 2012 年 5 月 8 日贺某被解救离开刘某家回到自己家。法院经审理，判决应某犯拐卖妇女罪，判处有期徒刑 5 年，并处罚金人民币 5000 元。

【以案释法】

本案中，应某采用欺骗手段，以出卖获取非法利益为目的，将被害人贺某拐卖至山西，严重侵害了贺某的人身自由权利，应当认定为拐卖妇女罪。至于应某是否因拐卖行为获利，在所不论。那么，应某采取以外出打工为名，欺骗贺某的行为是否构成诈骗罪呢？一般情况下，拐卖妇女、儿童罪与诈骗罪很容易区分。但在实践中，有的妇女与他人合谋，以介绍婚姻的形式设置骗局，骗取买方财物后逃走，有的妇女甚至跟"买"者生活相当长一段时间。区别这种形式的诈骗罪与拐卖妇女罪应主要把握以下两点：首先，犯罪目的不同。诈骗罪的犯罪目的是骗取钱财；拐卖妇女罪的犯罪目的则是出售妇女后获得财物。其次，客观表现不同。诈骗罪在客观上表现为妇女与他人合谋，骗取他人钱财；拐卖妇女罪则是行为人对妇女采取欺骗、蒙蔽手

段，将其卖给他人。本案中，如果应某和贺某合谋，在收取"收买"人钱财后逃跑，或者贺某在和"收买"人共同生活一段时间后伺机逃跑的，因为二人是以诈骗"收买"人的钱财而非真的"出卖"妇女为目的，则不构成拐卖妇女罪，应以诈骗罪定罪处罚。

十二、收买被拐卖的妇女、儿童罪

【知识要点】

1. 什么是收买被拐卖的妇女、儿童罪？该罪的构成要件是什么？

收买被拐卖的妇女、儿童罪，是指不以出卖为目的，收买被拐卖妇女、儿童，依法应当追究刑事责任的行为。

本罪的构成要件是：侵犯的客体是妇女、儿童的人身自由权利和人格尊严。犯罪对象则具有特定性，即只能是被拐卖的妇女、儿童、幼儿，收买其他人如成年男子的则不构成本罪。如果父母将自己的亲生婴幼儿卖与他人，则收买人也应以本罪论处。客观方面表现为以钱物收买被拐卖的妇女、儿童的行为。犯罪主体为一般主体，即凡年满16周岁、具有刑事责任能力的自然人均可构成本罪。主观方面表现为直接故意，即明知是被拐卖的妇女、儿童而予以收买。如果为了出卖而收买，则其行为不能认定为收买被拐卖的妇女、儿童罪，而是已经直接构成拐卖妇女、儿童罪。有的买主在收买被拐卖的妇女、儿童时并不是以出卖为目的，但在收买后，由于种种原因又将收买的妇女、儿童卖与他人。对于这种情况，应以拐卖妇女、儿童罪处罚。对于明知他人在进行拐卖或收买犯罪，仍向"人贩子""收买人"提供被拐妇女、儿童的健康证明、出生证明、户籍证明等帮助的，依法以拐卖妇女、儿童或收买被拐卖的妇女、儿童的共犯论处。

2. 收买被拐卖的妇女、儿童的具体表现有哪些？

收买被拐卖的妇女、儿童的具体表现是收买被拐卖、绑架的妇女、儿童的行为。所谓收买，是指行为人以货币或其他财物换取他人拐卖的妇女、儿童。

收买的方式多种多样，有的是直接从前来"出售"的犯罪分子手中收买被拐卖的妇女、儿童；有的是由他人牵线后从犯罪分子手中收买。只有当行为人与第三者经过讨价还价，约定成交并置于自己的控制之下后，才构成收买既遂。

3. 收买被拐卖的妇女、儿童案的立案追诉标准是什么？

收买被拐卖的妇女、儿童的，应当立案。本罪是行为犯，只要行为人实施了收买被拐卖的妇女、儿童的行为，原则上就构成犯罪，由公安机关立案侦查。

4. 对犯收买被拐卖的妇女、儿童罪的如何处罚？

根据刑法第二百四十一条的规定，犯收买被拐卖的妇女、儿童罪，处3年以下有期徒刑、拘役或者管制。收买被拐卖的妇女，强行与其发生性关系的，依照本法第二百三十六条的规定以强奸罪定罪处罚。收买被拐卖的妇女、儿童，非法剥夺、限制其人身自由或者有伤害、侮辱等犯罪行为的，依照刑法的有关规定以非法拘禁罪、强制猥亵妇女、儿童罪、故意伤害罪等定罪处罚。收买被拐卖的妇女、儿童，并有强奸罪、非法拘禁罪、强制猥亵妇女、儿童罪、故意伤害罪等犯罪行为的，依照数罪并罚的规定处罚。收买被拐卖的妇女、儿童又出卖的，依照本法第二百四十条的规定以拐卖妇女、儿童罪定罪处罚。收买被拐卖的妇女、儿童，对被买儿童没有虐待行为，不阻碍对其进行解救的，可以从轻处罚；按照被买妇女的意愿，不阻碍其返回原居住地的，可从轻或者减轻处罚。如果试图购买但因价格未达成一致而造成交易未果或对要收买的被害妇女、儿童不满而放弃收买，一般应视为情节显著轻微，危害不大，不构成犯罪。虽只有收买行为，而无收买结果，对于情节严重的，亦可以以未遂论处。

5. 如何区分收买被拐卖的妇女、儿童罪与介绍婚姻、收养子女给付财物的行为？

在实践中，有的人由于婚姻问题难以解决，托请他人到外地给自己介绍对象，有的想收养子女，托请他人介绍别人愿出养的儿童，事成之后出于感谢给介绍人一定财物，这种行为不构成犯罪。其与收买被拐卖妇女、儿童罪的区别是：

（1）主观要件不同。该罪行为人主观上必须是明知被收买人是或可能是

被拐卖而来；而介绍婚姻、收养子女给付财物的行为人主观上不能明知被收买人是或可能是被拐卖的妇女、儿童，否则，行为性质就不再是介绍婚姻、收养子女给付财物。行为人主观上对给付财物的性质认识也不同，如系收买妇女、儿童，收买人是认为自己在付被收买人的身价；如系介绍婚姻、收养儿童给付财物，行为人认为自己是在给付酬谢费。

（2）接受财物的人不同。该罪接受财物的人是拐卖妇女、儿童的犯罪分子，如接受财物的人行为性质定不上是拐卖妇女、儿童，则给付财物的行为人的行为不是收买被拐卖妇女、儿童罪。介绍婚姻、收养儿童给付财物行为接受财物的人一般不是拐卖妇女、儿童的犯罪分子。说"一般不是"是因特殊情况下接受财物者是拐卖妇女、儿童的犯罪分子，但给付财物人不构成收买被拐卖妇女、儿童罪。如给付财物者主观上不明知妇女、儿童是被拐卖而来，或者儿童是其亲生父母出卖的。

（3）妇女、儿童的来源不同。收买被拐卖妇女、儿童罪中妇女、儿童来源是被拐卖、收买而来的；而介绍婚姻、收养儿童中的妇女、儿童的来源是妇女本人自愿外嫁，儿童来源于父母或其他监护人的送养。

（4）财物的数额不同。收买被拐卖妇女、儿童的财物是被收买人的身价，其数额随妇女、儿童本身素质、供求关系变化和双方讨价还价而定；而介绍婚姻、收养儿童所给付财物是对介绍人的酬谢，数额一般比前者少，而且给付财物的对象既有介绍人，也有妇女、儿童的亲属。

典型案例

　　2009年3月20日，倪某与陈某（已死亡）到云南省瑞丽市。倪某通过陈某及陈的亲戚刘某（另案处理）以2.8万元的身价收买缅甸籍妇女难某为妻。同年3月30日，倪某与陈某带领难某从云南返回，当所乘客车行至邓州市构林镇时被邓州市公安局构林派出所民警抓获。法院经审理，判决倪某犯收买被拐卖的妇女罪，判处有期徒刑6个月。

【以案释法】

　　收买被拐卖的妇女、儿童罪，是不以出卖为目的，收买被拐卖妇女、儿

童的行为。本罪中所称妇女，没有国籍的限制，既包括中国国籍的妇女，也包括外国国籍和无国籍的妇女。首先要明确，一切收买妇女、儿童的行为都是违法的。如今流行的所谓购买外籍新娘，其实大部分都是以直接给女方家一定的彩礼作为前提，并且外籍妇女并不会失去人身自由，有的男方还会定期和女方回娘家，因此不能认定为本罪。本案中，倪某明知难某是被拐卖的妇女而予以收买，已经构成收买被拐卖的妇女罪。根据刑法第二百四十一条第六款的规定，收买被拐卖的妇女，按照被买妇女的意愿，不阻碍其返回原居住地的，可以从轻或者减轻处罚；收买被拐卖的儿童，对被买儿童没有虐待行为，不阻碍对其进行解救的，可以从轻处罚；被买妇女与收买人已经成婚，并愿意留在当地与收买人共同生活的，对收买人可以不追究刑事责任。本案中，由于倪某没有上述可以不追究刑事责任的情形，同时，考虑倪某针对难某没有其他非法行为，因此，法院对其予以有罪判决但从轻处罚。

需要说明的是，如果第三人和被拐卖妇女联手，以欺骗的手段将妇女"出卖"拿到钱财后，被拐卖妇女逃跑的，不能认定为本罪，而应对第三人和与第三人联手的妇女以诈骗罪共犯论处。

十三、聚众阻碍解救被收买的妇女、儿童罪

【知识要点】

1. 什么是聚众阻碍解救被收买的妇女、儿童罪？该罪的构成要件是什么？

聚众阻碍解救被收买的妇女、儿童罪，是指纠集多人阻碍国家机关工作人员解救被收买的妇女、儿童，依法应当追究刑事责任的行为。

本罪的构成要件是：侵犯的客体是复杂客体，既包括国家机关工作人员依法解救被收买的妇女、儿童的公务活动，同时又包括被收买妇女、儿童的人身权利。犯罪对象是依法执行解救公务的国家机关工作人员，即在法律、法规规定的职务范围内实施解救工作，以使被收买的妇女、儿童摆脱他人的非法控制，解除其与买主关系的国家机关工作人员。从实践中看，解救人员

主要是公安人员、妇联组织工作人员、人民政府有关部门、村乡干部等，也包括受解救机关委托协助执行解救公务的人员，如受聘为解救工作开车的司机、带路群众等。客观方面表现为聚众阻碍国家机关工作人员解救被收买的妇女、儿童的行为。犯罪主体只限于聚众阻碍国家机关工作人员解救被收买的妇女、儿童的首要分子；其他参与者不构成本罪（但可能构成妨害公务罪）。犯罪主观方面表现为直接故意。

2. 聚众阻碍解救被收买的妇女、儿童的具体表现有哪些？

聚众阻碍解救被收买的妇女、儿童，是指有预谋、有组织、有领导地纠集多人阻碍国家机关工作人员解救被收买的妇女、儿童的行为。根据实践经验，只要纠集 3 人以上阻碍解救工作的进行，就应当认为是聚众。行为人聚众阻碍国家机关工作人员解救被收买的妇女、儿童的具体表现多种多样。有的是组织、指挥多人以暴力方式侵害执行解救公务的国家机关工作人员的身体；有的是砸毁、扣押解救用的车辆、器械；有的是组织、指挥众人以非暴力的方式围截、干涉国家机关工作人员的解救工作，等等。无论具体行为方式如何，只要行为人客观上实施了聚众阻碍国家机关工作人员解救被收买的妇女、儿童的行为，即构成聚众阻碍解救被收买的妇女、儿童罪。

3. 聚众阻碍解救被收买的妇女、儿童案的立案追诉标准是什么？

对聚众阻碍国家机关工作人员解救被收买的妇女、儿童的首要分子，应当立案。本罪是行为犯，只要行为人实施了聚众阻碍国家机关工作人员解救被收买的妇女、儿童的首要分子，就构成犯罪，公安机关应当立案侦查。

4. 对犯聚众阻碍解救被收买的妇女、儿童罪的如何处罚？

根据《刑法》第二百四十二条第二款的规定，犯聚众阻碍解救被收买的妇女、儿童罪，处 5 年以下有期徒刑或者拘役；其他参与者使用暴力、威胁方法的，以妨害公务罪定罪处罚。

5. 以暴力、威胁方法阻碍国家机关工作人员解救被收买的妇女、儿童的一般人员应如何处理？

根据刑法第二百四十二条第一款的规定，以暴力、威胁方法阻碍国家机关工作人员解救被收买的妇女、儿童的，一般人员应当依照刑法第二百七十

七条规定的妨害公务罪论处；首要分子则应当以聚众阻碍被收买的妇女、儿童罪定罪处罚。

6. 如何区分本罪与阻碍解救被拐卖、绑架妇女、儿童罪？

刑法第四百一十六条第二款规定的阻碍解救被拐卖、绑架妇女、儿童罪，是指对被拐卖、绑架的妇女、儿童负有解救职责的国家机关工作人员，利用职务阻碍解救的行为。两罪的区别在于：聚众阻碍解救被收买的妇女、儿童罪的犯罪主体为一般主体，而阻碍解救被拐卖的妇女、儿童罪的犯罪主体仅限于有解救职责的国家机关工作人员；前者的犯罪对象限于执行解救职务的国家机关人员，后者的犯罪对象则不仅限于此，对任何人解救进行阻碍，都可构成该罪；前者在客观上必须表现为聚集众人进行阻碍，后者要求的是行为人利用自己的职务便利，实践中，对于负有解救职责的国家机关工作人员利用职务聚众阻碍其他国家机关工作人员依法执行解救被收买的妇女、儿童职务的，应按想象竞合犯的处罚原则，对行为人以较重的阻碍解救被拐卖、绑架的妇女、儿童罪一罪定罪从重处罚。

典型案例

2006 年，刘某花 8500 元钱从人贩子手中买了一个"媳妇"韦某。2007 年 7 月，韦某的家人得知了其被贩卖的信息，就向公安机关报案。公安机关在摸清情况后，于同年 9 月 21 日晚上，派一辆警车和 4 名警察进入该村，以实施解救韦某的工作。刘某的父亲得知消息后想，一旦警察解救走韦某，自己儿子不但没了媳妇，还白白丢失了 8500 元钱，就是所谓的"人财两空"，于是，刘父便召集同村几十个男女老少，拿了锄头、菜刀、棍棒等器械，聚集在村口，阻止警车和警察的进入。在警察强行进入后，双方发生了轻微的武力冲突，造成一个警察和几个村民轻伤。最终韦某被解救成功。2008 年 6 月 17 日，一审法院以刘父犯聚众阻碍解救被收买的妇女、儿童罪，判处有期徒刑 3 年；以刘某犯妨害公务罪，判处有期徒刑 2 年，缓期 3 年执行。刘父不服上诉后，中级人民法院终审判决驳回刘父的上诉，维持一审判决。

【以案释法】

收买被拐卖的妇女、儿童是严重侵犯公民人身自由权利的行为。法律规定任何个人或者组织不得以各种形式阻碍对被拐卖妇女、儿童进行解救，并不得向被收买的、拐卖的妇女、儿童及其家属或者解救人员索取收买妇女、儿童的费用和生活费用。但在现实生活中，解救被收买的妇女、儿童行为往往遇到各方面的阻力。一些收买妇女、儿童的人及其亲属、朋友、农村基层干部采取各种方式进行阻挠，甚至围攻、殴打前去解救的国家机关工作人员。对于这种妨碍执行公务的行为必须依法追究刑事责任。根据刑法第二百七十七条的规定，犯妨害公务罪的，处 3 年以下有期徒刑、拘役、管制或者罚金，且客观方面要求行为人必须以暴力、威胁的方法阻碍执行。而实践中聚众阻碍解救被收买的妇女、儿童的主谋者，主要是进行策划、组织、煽动，一般并不直接用暴力、威胁的方法，因此很难适用第二百七十七条的规定。为了严格惩治聚众阻碍解救被收买的妇女、儿童的犯罪行为，刑法对阻碍行为的组织者，即首要分子设专条作了规定。

本案中，刘父为了避免"人财两空"，作为首要分子组织同村亲友，以暴力抗拒公安机关对被拐卖妇女的解救行为，根据刑法第二百四十二条第二款的规定，构成聚众阻碍解救被收买的妇女、儿童罪。虽然父子两人实施的是同一种行为，按照一般的刑事法学理论，其性质认定应当一致。但是刑法第二百四十二条第一款对此有专门规定，以暴力、威胁方法聚众阻碍解救被收买妇女的犯罪行为，除首要分子外，不再认定为共同犯罪，而认定为妨害公务罪；首要分子则以聚众阻碍解救被收买的妇女、儿童罪论处。这是刑法对同一种犯罪行为作不同定性的特别规定，此类规定的法条在整部刑法中为数不多。

另外，根据《最高人民法院、最高人民检察院、公安部、司法部关于依法惩治拐卖妇女儿童犯罪的意见》规定，明知是被拐卖的妇女、儿童而收买，阻碍对被拐卖妇女、儿童进行解救，同时构成其他犯罪的，应当依照数罪并罚的规定处罚。本案中，如果能够证明刘父或刘某同时构成收买被拐卖的妇女罪，则应对其以收买被拐卖的妇女和聚众阻碍解救被拐卖的妇女罪或妨害公务罪数罪并罚。

十四、诬告陷害罪

【知识要点】

1. 什么是诬告陷害罪？该罪的构成要件是什么？

诬告陷害罪，是指捏造事实诬告陷害他人，意图使他人受刑事追究，情节严重，依法应当追究刑事责任的行为。

本罪的构成要件是：侵犯的客体是公民的人身权利和国家司法机关的正常活动。这里所说的对公民人身权利的侵犯，具体表现为对公民人身自由的一种威胁或者实际损害。客观方面表现为捏造他人犯罪的事实，并向国家机关或者有关单位或人员告发，或者采取其他足以引起司法机关追究活动的行为。犯罪主体是一般主体，即年满16周岁、具有刑事责任能力的自然人均可构成本罪。犯罪主观方面表现为故意，并具有使他人受到刑事追究的目的。

2. 诬告陷害的具体表现有哪些？

（1）必须有捏造犯罪事实的行为。所谓捏造，是指完全虚构犯罪事实。至于行为人是否也捏造了有罪证据，不影响本罪的成立。如果行为人捏造的事实只是一般违法行为、不道德行为或者其他错误事实则不构成本罪。

（2）诬告陷害行为必须向有关机关或者人员告发，或者采用了足以引起司法机关追究活动的方法。告发的具体形式多种多样，可以是直接告发，也可以是间接告发；可以是口头告发，也可以是书面告发；可以是署名告发，也可以是匿名告发。

（3）诬告陷害行为必须指向特定的人。也就是说，构成本罪必须有特定的对象，如果没有特定的诬告陷害对象，而只是虚报案情，没有明示或者暗示是谁作的案，不构成本罪。诬告陷害行为，情节严重的，才构成犯罪，否则不构成犯罪。

3. 诬告陷害案的立案追诉标准是什么？

行为人涉嫌诬告陷害，具有下列情形之一的，应予立案：一是捏造的犯罪事实情节严重的；二是诬告陷害的手段恶劣的；三是严重影响了司法机关的正常工作的；四是有其他情节严重的情形。

4. 对犯诬告陷害罪的如何处罚？

根据刑法第二百四十三条的规定，犯诬告陷害罪，处 3 年以下有期徒刑、拘役或者管制；造成严重后果的，处 3 年以上 10 年以下有期徒刑。国家机关工作人员犯诬告陷害罪的，从重处罚。不是有意诬陷，而是错告，或者检举失实的，不能认定为诬告陷害罪。

5. 如何区分诬告、错告与举报失实？

诬告，是指捏造事实，向国家机关或者有关单位作虚假告发，意图使他人受到刑事追究的行为；错告，是指举报人由于认识上的问题，向举报部门作了不符合实际的举报；举报失实，是指由于举报人对情况了解不确实，而向举报部门所作的不符合实际的举报。从三者的概念看，诬告、错告和举报失实有着原则区别：诬告侵犯的客体是公民的人身权利和纪检监察机关、司法机关的正常活动，在主观上有使他人受到法律追究的目的，在客观方面有故意捏造违纪违法事实告发他人的行为；而错告或举报失实，行为人在主观上没有虚构事实的故意。错告只是因为认识上的问题造成错误告发或举报；举报失实只是因对情况了解不确实而作的不符合实际的举报。对举报失实或是错告的，只要不是故意捏造事实，伪造证据，就不能认为是诬告。

6. 怎样区分诬告陷害罪与一般诬告陷害行为？

诬告陷害罪与一般诬告陷害行为都具有捏造事实、诬陷好人的特征。区别二者的关键，在于查明行为人的目的、方式和内容。诬告陷害罪的主观方面是意图使他人受到刑事责任追究，即借助司法机关的力量达到制裁他人、发泄私愤等目的，行为人一般是捏造犯罪事实、栽赃陷害、借题发挥，把杜撰的犯罪事实强加于控告对象，使控告对象被司法机关追究刑事责任。一般的诬告错告，常表现为捕风捉影、无中生有，意图使他人在提拔使用、享受权利待遇等方面受到阻碍，或者使他人受到否定性、不利的社会评价，不具有使控告对象遭受刑事追究的目的。诬告陷害罪的行为人一般是把控告信件寄送给公安、司法、纪检等办案部门；一般的诬告错告的行为人一般是把控告信件寄送给一个单位的党政主要领导或组织人事等部门。诬告陷害罪是随时随地都可能发生，而一般的诬告错告往往发生在上级单位或本单位人事考核、选拔使用、待遇分配等时段。在内容上，诬告陷害罪的行为人主要编造的是控告对象违反刑事法律的内容，如贪污、受贿等。一般诬告错告的行为人主

要编造的是控告对象工作作风、生活作风等违纪违法方面的内容，如包养情妇、嫖娼、奢侈浪费、官僚主义等，但也不排除有违反刑事法律的内容。

典型案例

　　2013年8月22日23时许，赵某按照蔡某的吩咐带领李某、任某、张某来到北京某网吧，蔡某提出抓人诈钱的主意并得到赵某、李某、任某、张某的同意后，蔡某对众人进行了分工。次日凌晨1时许，赵某、张某、任某、李某乘坐由邢某驾驶的红色三厢吉利轿车，来到北京市海淀区蓟门桥东北角地下通道内，赵某、李某、任某、张某冒充警察，以查验被害人郭某身份证为名，使用手铐、甩棍等警用器械将其控制住，强行带入邢某的轿车内。郭某在此过程中大喊"救命"，但因受到赵某的威胁而停止呼救。赵某、李某、任某在车内继续使用手铐铐住郭某，并用甩棍压住郭某的后颈部，逼迫郭某用手接过赵某手中的手机，然后以该手机上留有郭某的指纹为由，迫使郭某承认其抢劫他人财物，据此向其索要人民币1500元。后蔡某通过电话与赵某联系，指示赵某继续向郭某索要更多钱款。于是，赵某、李某、任某以交钱放人相要挟，要求郭某于同年8月23日交出2000元。同年8月23日凌晨6时许，由邢某驾车，赵某、李某、任某随同郭某回家取钱，郭某惮于赵某、李某、任某的威胁，便按照上述人的要求向其父郭某某谎称因公司购买电脑需交押金2000元，郭某某遂将存折及现金人民币600元交给郭某，但在发觉郭某说话时神色不对以及其后颈部有红印等可疑迹象后，又将随李某离开的郭某叫回，郭某将存折及现金带回，并告诉郭某某自己遇上了黑社会，需交钱了事。此时，郭某某便向任某声称要打电话报警，见此情形，赵某、任某、李某、邢某迅速驾车逃离。同年8月23日14时许，蔡某、赵某、张某某、李某、任某为逃避司法机关制裁，经共谋由张某某充当被害人，赵某、李某、任某充当证人，向公安机关报案，诬陷被害人郭某曾经对张某某实施抢劫。后赵某、张某某、邢某于同年8月24日被抓获，在赵某的协助下，蔡某、李某、任某、张某于同日被抓获归案。法院经审理，判决蔡某犯抢劫罪，判处有期徒刑5年，罚金人民币5000元；

犯诬告陷害罪，判处有期徒刑 1 年 6 个月，决定执行有期徒刑 5 年 6 个月，罚金人民币 5000 元。判决赵某犯抢劫罪，判处有期徒刑 3 年，罚金人民币 3000 元；犯诬告陷害罪，判处有期徒刑 1 年，决定执行有期徒刑 3 年 6 个月，罚金人民币 3000 元。判决李某犯抢劫罪，判处有期徒刑 4 年，罚金人民币 4000 元；犯诬告陷害罪，判处有期徒刑 1 年 6 个月，决定执行有期徒刑 4 年 6 个月，罚金人民币 4000 元。判决任某犯抢劫罪，判处有期徒刑 4 年，罚金人民币 4000 元；犯诬告陷害罪，判处有期徒刑 1 年 6 个月，决定执行有期徒刑 4 年 6 个月，罚金人民币 4000 元。判决张某犯抢劫罪，判处有期徒刑 4 年，罚金人民币 4000 元。判决邢某犯抢劫罪，判处有期徒刑 2 年，罚金人民币 2000 元。判决张某某犯诬告陷害罪，判处有期徒刑 1 年 6 个月。

【以案释法】

诬告陷害罪，是企图假借司法机关之手实现行为人卑劣的诬陷无辜的目的，不仅严重侵犯了公民的人身权利，使无辜者的名誉受损，还有可能出现冤假错案，造成错捕、错判乃至错杀的严重后果，干扰了司法机关的正常活动，破坏了司法机关的应有威信。

本案中，蔡某、赵某、李某、任某、张某、邢某 6 人以非法占有为目的，冒充警察，并采用暴力、胁迫的方法劫取他人财物，其行为已构成抢劫罪。随后，蔡某、赵某、李某、任某、张某某 5 人为逃避法律制裁，捏造事实，诬告陷害他人，意图使他人受刑事追究，情节严重，其行为已构成诬告陷害罪。其中蔡某、赵某、李某、任某所犯诬告陷害罪应与其所犯抢劫罪并罚，张某、邢某因只参与抢劫没有参与诬告陷害只构成抢劫罪而不构成诬告陷害罪；张某某因没有参与抢劫仅参与诬告陷害只构成诬告陷害罪。其中，蔡某虽然在抢劫时不在现场，但其是犯意的提出者以及作案方式的策划者，并知晓赵某等人冒充警察对他人实施抢劫，并明确指明了向被害人郭某索要的钱款数额，因此，其亦应对赵某等人冒充警察实施抢劫的行为承担刑事责任。任某、张某在共同犯罪中的作用略小于蔡某、赵某；邢某在共同犯罪中

仅起辅助作用，系从犯。蔡某、赵某、李某、任某、张某、邢某已着手实施抢劫犯罪，因其意志以外的原因未得逞，系犯罪未遂。赵某到案后协助公安机关抓捕同案犯，系立功。法院根据赵某、李某、任某、张某、蔡某、邢某、张某某犯罪的事实、犯罪的性质、情节及对于社会的危害程度所作出的判决，定罪及适用法律正确，量刑适当。

十五、强迫劳动罪

【知识要点】

1. 什么是强迫劳动罪？该罪的构成要件是什么？

强迫劳动罪，是指以暴力、威胁或者限制人身自由的方法强迫他人劳动，依法应当追究刑事责任的行为。

本罪的构成要件是：侵犯的客体是公民的人身权利和我国的劳动管理制度。我国宪法规定，公民的人身自由不受侵犯；公民有劳动的权利和义务。劳动法和相关法律、法规规定了劳动者享有平等就业和选择职业的权力，取得劳动报酬、休息休假的权利，获得劳动安全卫生保护、享受社会保险和福利待遇等权利。以暴力、威胁或者限制人身自由的方法强迫他人劳动的，或者协助强迫他人劳动的行为，不仅侵犯了他人的人身自由权利，还侵犯了我国的劳动管理制度。客观方面表现为以暴力、威胁或者限制人身自由的方法，强迫他人劳动的行为。犯罪主体为一般主体，单位和自然人均可构成。犯罪主观方面表现为故意。犯罪动机大多是为了通过强迫劳动获取商业利润，动机不影响本罪的成立。

2. 强迫劳动的具体表现有哪些？

强迫劳动具体表现为以暴力、胁迫或者限制人身自由的方法，强迫他人劳动的行为。暴力，是指对劳动者实施殴打、捆绑、伤害等危及人身安全的行为。威胁，是指对劳动者以加害人身甚至家属，没收押金、集资款，揭露隐私等相要挟，进行精神强制的行为。限制人身自由，是指以限制离厂、回家、监

视出入或者其他人身自由受到限制的行为。至于劳动是否有偿，在所不论。

3. 强迫劳动案的立案追诉标准是什么？

用人单位违反劳动管理法规，以限制人身自由方法强迫职工劳动，涉嫌下列情形之一的，应予立案追诉：强迫他人劳动，造成人员伤亡或者患职业病的；采用殴打、胁迫、扣发工资、扣留身份证件等手段限制人身自由，强迫他人劳动的；强迫妇女从事井下劳动、国家规定的第四级体力劳动强度的劳动或者其他禁忌从事的劳动，或者强迫处于经期、孕期和哺乳期妇女从事国家规定的第三级体力劳动强度以上的劳动或者其他禁忌从事的劳动的；强迫已满 16 周岁未满 18 周岁的未成年人从事国家规定的第四级体力劳动强度的劳动，或者从事高空、井下劳动，或者在爆炸性、易燃性、放射性、毒害性等危险环境下从事劳动的；其他情节严重的情形。

4. 对犯强迫劳动罪的如何处罚？

根据刑法第二百四十四条的规定，犯强迫劳动罪，处 3 年以下有期徒刑或者拘役，并处罚金；情节严重的，处 3 年以上 10 年以下有期徒刑，并处罚金。明知他人实施强迫劳动行为，为其招募、运送人员或者有其他协助强迫他人劳动行为的，按强迫劳动罪的规定处罚。单位犯第二百四十四条第一、二款罪的，对单位判处罚金，并对其直接负责的主管人员和其他直接责任人员依照第二百四十四条第一款处罚。如果强迫劳动的行为发生在家庭中特别是农村地区家庭中的家长强迫子女劳动的行为，一般不认定为犯罪。情节恶劣的，可以依照刑法第二百六十条的规定以虐待罪追究行为人刑事责任。

5. 认定强迫劳动罪应当注意哪些问题？

（1）从《刑法修正案（八）》开始，不再要求"情节严重"的才构成强迫劳动罪，即强迫劳动罪由情节犯变为行为犯。但不能因此认定只要具有强迫劳动的行为就以强迫劳动罪定罪处罚。根据刑法第十三条"但书"的规定，办理强迫劳动案，应当综合全案考虑，如果认定强迫劳动的行为"情节显著轻微危害不大，不认为是犯罪"的，可以不认定犯罪。

（2）因强迫劳动构成本罪，在实施强迫劳动的过程中，又触犯非法拘禁罪、故意伤害罪的，实行数罪并罚。

典型案例

　　曾某、李某夫妇在未取得合法收养手续的情况下，在自己家里收养乞丐、精神病人、智障人员，安排其养猪、种地和到附近工地打工。后见有利可图，曾某、李某大量收养乞丐、精神病人和智障人员，并进行封闭式体能锻炼和劳动技能训练，然后由曾某与用工单位或与其聘请的管理人员签订"劳务协议"的方式，将这些智障人员带到新疆、北京、天津等地的化工厂、建筑工地、煤矿等用工单位务工。务工收入由曾某统一收取管理，智障人员未得到任何报酬。从1998年至案发，曾某先后输送智障人员上百人次。2006年3月、2008年3月，曾某两次将10余名智障人员送到一家边远的建材化工厂务工，非法获利6万余元。其中，2006年3月，曾某以"渠县残疾人自强队"名义给陈某出具介绍信，委托陈某将张某等5名智障人员带到某化工厂务工，并负责管理。2010年9月，张某在化工厂干活时被卷入粉碎机当场死亡。案发后，检察机关对曾某及其妻子李某提起公诉。法院经审理，判决曾某犯强迫劳动罪，判处有期徒刑3年，并处罚金6万元；判决李某犯强迫劳动罪，判处有期徒刑1年6个月，并处罚金2万元；判决"监工"陈某犯强迫劳动罪，判处有期徒刑获刑1年，并处罚金1万元。

【以案释法】

　　强迫劳动罪是指以暴力、威胁或者限制人身自由的方法强迫他人劳动的行为，在《刑法修正案（八）》颁布之前，罪名为"强迫职工劳动罪"，并要求情节严重的方构成犯罪。从《刑法修正案（八）》开始，罪名改为"强迫劳动罪"，且不再要求"情节严重"的才构成强迫劳动罪，即强迫劳动罪由情节犯变为行为犯，以体现刑法对类似黑砖窑事件中奴役并强迫劳动者行为的打击力度。因强迫劳动构成本罪，在实施强迫劳动的过程中，又触犯非法拘禁罪、故意伤害罪的，实行数罪并罚。

　　本案发生在《刑法修正案（八）》实施之前，因此，仍有关于情节严重

的要求。所谓情节严重，可以参照《最高人民检察院、公安部关于公安机关管辖的刑事案件立案追诉标准的规定（一）》第三十一条的规定，将下列情形认定为情节严重：强迫他人劳动，造成人员伤亡或者患职业病的；采用殴打、胁迫、扣发工资、扣留身份证件等手段限制人身自由，强迫他人劳动的；强迫妇女从事井下劳动、国家规定的第四级体力劳动强度的劳动或者其他禁忌从事的劳动，或者强迫处于经期、孕期和哺乳期妇女从事国家规定的第三级体力劳动强度以上的劳动或者其他禁忌从事的劳动的；强迫已满 16周岁未满 18 周岁的未成年人从事国家规定的第四级体力劳动强度的劳动，或者从事高空、井下劳动，或者在爆炸性、易燃性、放射性、毒害性等危险环境下从事劳动的；其他情节严重的情形。

曾某夫妇限制多名乞丐、流浪人员、智障人员、精神病患者的人身自由，并以获取非法利益为目的，组织和强迫他人劳动，致使 1 人死亡，严重侵犯了他人的人身权利和我国的劳动管理制度，情节严重，应当以强迫劳动罪定罪处罚。

十六、雇佣童工从事危重劳动罪

【知识要点】

1. 什么是雇佣童工从事危重劳动罪？该罪的构成要件是什么？

雇佣童工从事危重劳动罪，是指违反劳动管理法规，雇佣未满 16 周岁的未成年人从事超强度体力劳动，或者高空、井下作业，或者在爆炸性、易燃性、放射性、毒害性等危险环境下从事劳动，情节严重，依法应当追究刑事责任的行为。

本罪的构成要件是：侵犯的客体是未成年人的身心健康。犯罪对象是童工，即未满 16 周岁，与单位或者个人发生劳动关系，从事有经济收入的劳动或者从事个体劳动的未成年人。客观方面表现为违反劳动管理法规，雇佣未满 16 周岁的未成年人从事超强度体力劳动，或者高空、井下作业，或者

在爆炸性、易燃性、放射性、毒害性等危险环境下从事劳动，情节严重的行为。违反劳动管理法规，是指违反《中华人民共和国劳动法》及其他劳动行政法规。按照法律规定，雇佣童工从事危重劳动的行为，必须达到情节严重的程度才能构成犯罪。犯罪主体既可以是单位，也可以是自然人。按照法律规定，单位犯该罪，只追究直接责任人员（含直接负责的主管人员和其他直接责任人员）的刑事责任。犯罪主观方面表现为故意，包括直接故意和间接故意。如果未成年人谎报成年参加危重劳动或危险作业的，且因体型接近于成年人雇主不好判断的，则不能认定为故意。

2. 雇佣童工从事危重劳动的具体表现有哪些？

（1）从事超强度体力劳动的，即从事国家禁止的《体力劳动强度分级》国家标准中第四级体力劳动强度的作业。

（2）从事高空、井下作业，即从事国家禁止的《高处作业分级》国家标准中第二级以上的高处作业和矿山井下作业。

（3）在爆炸性、易燃性、放射性、毒害性等危险环境下从事劳动。在爆炸性危险环境下劳动，是指指使童工在具有爆炸性能、能够引起爆炸的各种用于爆破、杀伤的物质的环境下从事劳动；在易燃性危险环境下从事劳动，是指指使童工在具有各种极易引起燃烧的化学物品、液剂的环境下从事劳动；在放射性危险环境下从事劳动，是指指使童工在具有含有放射性能的化学元素或者其他物质的环境下从事劳动，该物质对人体或牲畜能够造成严重损害；在毒害性危险环境下从事劳动，是指指使童工在具有含有能致人死亡的毒性的有机物或者无机物的环境下从事劳动。

3. 雇佣童工从事危重劳动案的立案追诉标准是什么？

违反劳动管理法规，雇佣未满 16 周岁的未成年人从事国家规定的第四级体力劳动强度的劳动，或者从事高空、井下劳动，或者在爆炸性、易燃性、放射性、毒害性等危险环境下从事劳动，涉嫌下列情形之一的，应予立案追诉：（1）造成未满 16 周岁的未成年人伤亡或者对其身体健康造成严重危害的；（2）雇佣未满 16 周岁的未成年人 3 人以上的；（3）以强迫、欺骗等手段雇佣未满 16 周岁的未成年人从事危重劳动的；（4）其他情节严重的情形。所谓"情节严重"，一般是指雇佣多名童工或多次非法雇佣童工或长

时间非法雇佣童工从事法律禁止的危重劳动；还指因从事法律禁止的危重劳动造成严重后果，影响未满16周岁未成年人的身心健康和正常发育等。

4. 对犯雇佣童工从事危重劳动罪的如何处罚？

根据刑法第二百四十四条之一第一款的规定，犯雇佣童工从事危重劳动罪，处3年以下有期徒刑或者拘役，并处罚金；情节特别严重的，处3年以上7年以下有期徒刑，并处罚金。

根据本条第二款的规定，有雇佣童工从事危重劳动行为，造成事故，又构成其他犯罪的，依照数罪并罚的规定处罚。

5. 对于文艺、体育单位招用并高强度训练未成年人或商演的行为如何处理？

我国法律禁止使用童工，但又同时规定文艺、体育等单位经未成年人的父母或者其他监护人的同意，可以招用不满16周岁的少年儿童作为专业文艺工作者、运动员等的培训对象，并可以参加演出。用人单位应当保障这些未成年人的身心健康，保障其接受义务教育的权利。

典型案例

　　劳某在未取得任何生产资质的情况下，从2009年2月开始在某村本人住处的房间、走廊、天井处私设爆竹加工点，通过非法渠道购买回炮筒、氯酸钾、银粉、硫黄等原料进行非法生产，自己合成炮药加工成爆竹半成品出售获利。劳某平时雇佣本村村民陈某、梁某、吴某（男，10周岁）、方某（女，13周岁）、卢某（女，14周岁）、薛某（女，13周岁）等十多人到其爆竹加工点进行插炮引工序。2010年8月22日上午8时30分许，劳某的爆竹加工点的半成品、引线发生燃烧，引起爆炸事故，当场烧死在该爆竹加工点切割引线的两名工人；烧伤、炸伤在该爆竹加工点插炮引的工人及在场人员多名，其中6人经医院抢救无效死亡，并炸崩7间房屋。公诉机关以劳某涉嫌以危险方法危害公共安全罪、雇佣童工从事危重劳动罪向法院提起公诉。2011年1月下旬，法院经审理后向社会公开宣判：劳某犯以危险方法危害公共安全罪，判处有期徒刑11年，剥夺政治权利2年；犯雇佣童工从事危重劳动罪，判处有期徒刑

3 年，并处罚金人民币 2 万元。决定执行有期徒刑 14 年，剥夺政治权利 2 年，并处罚金人民币 2 万元。

【以案释法】

雇佣童工从事危重劳动罪，是指违反劳动管理法规，雇佣未满 16 周岁的未成年人从事超强度体力劳动，或者高空、井下作业，或者在爆炸性、易燃性、放射性、毒害性等危险环境下从事劳动，情节严重的行为。

本案中，劳某明知生产加工爆竹属于危险工种，在无安全生产保障的情况下在住宅区非法生产加工爆竹很容易发生燃烧、爆炸事故，一旦发生燃烧、爆炸事故，会造成危及不特定多数人的生命、健康或公私财产安全的严重后果，但是其为了追求经济效益，仍然在其住宅区非法设置爆竹加工点，在无安全生产保障的情况下非法生产爆竹，因此劳某对危害公共安全发生主观上是持放任态度的，属于间接故意，构成以危险方法危害公共安全罪。同时，劳某明知其非法爆竹加工点是属于爆炸性、易燃性的危险环境，而以事实合同的形式雇佣了多名未满 16 周岁的未成年人从事劳动，并造成被雇佣的未满 16 周岁的 4 个未成年人被烧、炸伤，其中 2 人重伤、2 人轻伤，可以认定为情节严重，应追究其雇佣童工从事危重劳动罪的刑事责任。

十七、非法搜查罪

【知识要点】

1. 什么是非法搜查罪？该罪的构成要件是什么？

非法搜查罪，是指非法对他人的身体或住宅进行搜查，依法应当追究刑事责任的行为。非法搜查行为其实比较常见，比如，超市工作人员因怀疑顾客偷窃超市商品而强行搜身；监考老师因怀疑学生携带作弊工具、纸条而非法搜身，等等。

本罪的构成要件是：侵犯的客体是他人的人身自由权利和住宅安全不受侵犯的权利。公民的人身自由权和住宅安全权受宪法保护，是人的基本权利。宪法第三十七条规定："中华人民共和国公民的人身自由不受侵犯""禁止非法搜查公民的身体"。第三十九条规定："中华人民共和国公民的住宅不受侵犯。禁止非法搜查或者非法侵入公民的住宅。"客观方面表现为非法对他人的身体或者住宅进行搜查的行为。所谓住宅，参照最高人民法院有关"入户抢劫"的司法解释，应当理解为他人生活的、与外界相对隔离的住所，包括封闭的院落、牧民的帐篷、渔民作为家庭生活场所的渔船。至于该居住状态是合法还是非法，法律及相关司法解释没有明确规定。司法实践中，应当理解为合法住宅。2012年修正的刑事诉讼法第二编第二章第五节对"搜查"作了专门规定。为了收集犯罪证据、查获犯罪嫌疑人，侦查人员可以对犯罪嫌疑人以及可能隐藏罪犯或者犯罪证据的人的身体、物品、住处和其他有关的地方进行搜查。但必须严格依照法律规定的程序进行，如必须向被搜查人出示搜查证；搜查时应当有被搜查人或者他的家属、邻居或者其他见证人在场；搜查妇女的身体应当由女工作人员进行等。这种搜查是合法的。非法搜查他人身体、住宅的行为包括两种情形：一种是无权搜查的机关、单位、团体的工作人员或者个人，非法地对他人的身体或者住宅进行搜查；另一种是有权进行搜查的国家机关工作人员滥用职权，擅自决定非法地对他人的人身、住宅进行搜查，或者搜查违反法律规定的程序。行为人只要实施了非法地对他人的人身或者住宅进行搜查其中一种行为，就构成本罪；具有两种行为的，仍定一罪，不实行并罚。犯罪主体主要为一般主体，即只要年满16周岁、具有刑事责任能力的自然人均可构成本罪。同时，为防止和威慑司法工作人员滥用职权，我国刑法还特别规定司法工作人员滥用职权，犯非法搜查罪的，从重处罚。犯罪主观方面只能由直接故意构成。间接故意和过失不构成本罪。非法搜查的动机不影响本罪的成立，但可作为量刑的情节参考。

2. 非法搜查的具体表现形式有哪些？

非法搜查是合法搜查的对称，凡不属于合法搜查的行为，无论是搜查他人身体还是住宅，都属于非法搜查。所谓搜查，是指搜索检查，既包括对他

人身体的搜查，如摸索、掏翻等，也包括对他人住宅的搜查，如搜索、翻看、检查、挖掘等。我国刑事诉讼法对享有搜查权的人员、搜查的对象、地点以及程序作了明确的规定：（1）享有搜查权的人员是侦查人员，即经合法授权或批准依法对刑事案件执行侦查、预审等任务的侦查人员，包括公安机关和国家安全机关的侦查人员以及人民检察院自行侦查案件的侦查人员。（2）搜查的对象为犯罪嫌疑人以及可能隐藏罪犯或者证据的人。（3）搜查的地点包括上述人的身体、物品、住处和其他有关的地点。（4）搜查的程序有四：一是出示搜查证，在一般情况下，进行搜查必须向被搜查人出示搜查证，除非在执行逮捕、拘留时遇紧急情况，才可以无证进行搜查；二是要求被搜查人或其家属、邻居或其他见证人在场；三是只能由女工作人员搜查妇女的身体；四是搜查的情况应当写成笔录，笔录应由侦查人员和被搜查人或他的家属、邻居或其他见证人共同签名或者盖章。如果拒绝签名盖章，应当在笔录上注明符合上述规定的搜查，即为合法搜查。

在司法实践中，非法搜查主要表现为以下三种情况：一是无搜查权的机关、团体、单位的工作人员或其他个人，为了寻找失物、有关人或达到其他目的而对他人的身体或住宅进行搜查的；二是有搜查权的人员，未经合法批准或授权，滥用权力，非法进行搜查的；三是有搜查权的机关和人员不按照法定的程序、手续进行搜查的。

3. 非法搜查案的立案追诉标准是什么？

国家机关工作人员利用职权非法搜查，涉嫌下列情形之一的，应予立案：非法搜查他人身体、住宅，并实施殴打、侮辱等行为的；非法搜查，情节严重，导致被搜查人或者其近亲属自杀、自残造成重伤、死亡，或者精神失常的；非法搜查，造成财物严重损坏的；非法搜查3人（户）次以上的；司法工作人员对明知是与涉嫌犯罪无关的人身、住宅非法搜查的；其他非法搜查应予追究刑事责任的情形。

非国家机关工作人员的非法搜查案，凡是具有非法搜查他人身体或住宅的，即涉嫌非法搜查罪，公安机关应予立案侦查。

4. 对犯非法搜查罪的如何处罚？

根据刑法第二百四十五条的规定，犯非法搜查罪，处3年以下有期徒刑

或者拘役。司法工作人员滥用职权，犯非法搜查罪的，从重处罚。

5. 以非法搜查为掩饰，实施其他犯罪的如何处理？

非法搜查罪一般是以目的行为不构成犯罪为前提的，如果行为人出于其他犯罪目的（如抢劫）而对他人人身或住宅进行搜查的，应以目的行为吸收非法搜查行为，按目的行为定罪（如定抢劫罪）。

6. 如何区别非法搜查罪与非法侵入住宅罪？

两者常常具有一定的牵连关系。当行为人非法侵入他人住宅的目的是进行非法搜查时，一般以后一行为吸收前一行为，定非法搜查罪。但是，如果前一行为情节恶劣而后一行为情节一般，则以前一行为吸收后一行为，定非法侵入住宅罪。

典型案例

2007年8月12日6时许，周某伙同程某等朋友在郑州市经济技术开发区东老南岗村以郝某偷东西为由，强行闯入郝某租住处进行搜查。随后，程某对被害人郝某进行搜身，从郝某的身上搜出一部手机，并质问郝某该手机是否系其盗窃所得。郝予以否认，程某以自己的手机损坏为由将郝某手机拿走。经鉴定，该手机价值人民币200元。法院经审理，认定程某非法搜查他人身体及住处，行为已构成非法搜查罪，判处有期徒刑1年6个月。

【以案释法】

非法搜查罪，是指非法对他人的身体或住宅进行搜查，依法应当追究刑事责任的行为。本案中，周某及其同伙未经郝某同意，无搜查权而强行进入郝某租住处进行非法搜查、搜身，严重侵犯了郝某的人身自由权及住宅安全权，构成非法侵入住宅罪和非法搜查罪。不过，由于非法侵入住宅的行为只是周某等人进行下一步非法搜查的手段行为，非法搜查、搜身的行为才是周某等人非法侵入郝某租住处的目的行为，根据刑法关于牵连犯的处罚原则，应以目的罪即非法搜查罪论处。法院判决中没有提及对程某取走

郝某手机行为的处理意见。程某等多人进入郝某租住处，实施非法搜查，构成非法搜查罪。在此过程中，程某因自己手机损坏，在搜查出郝某一部手机后临时起意并将其拿走，主观上具有非法占有的目的，客观上存在多人威胁下郝某因恐惧不敢反抗从而当场夺走其财物的行为，已经构成抢劫罪，虽然手机价值不大，但是情节过于恶劣，依法应予严惩。

十八、非法侵入住宅罪

【知识要点】

1. 什么是非法侵入住宅罪？该罪的构成要件是什么？

非法侵入住宅罪，是指违背住宅内成员的意愿或无法律依据，进入公民住宅，或进入公民住宅后经要求退出而拒不退出，依法应当追究刑事责任的行为。

本罪的构成要件是：侵犯的客体是他人的住宅不受侵犯的权利。宪法第三十九条规定：公民的住宅不受侵犯；禁止非法搜查或者非法侵入公民的住宅。所谓住宅，参照最高人民法院有关"入户抢劫"的司法解释，应当理解为他人生活的、与外界相对隔离的住所，包括封闭的院落、牧民的帐篷、渔民作为家庭生活场所的渔船。至于该居住状态是合法还是非法，法律及相关司法解释没有明确规定，一般应当理解为合法住宅。客观方面表现为未经法定机关批准或者未经住宅主人同意，非法侵入他人住宅，或者经要求退出而拒不退出的行为。根据刑事诉讼法的规定，公安机关、国家安全机关、人民检察院和人民法院，为了执行搜查、拘留、逮捕等任务，依照法律规定的程序而进入他人住宅的行为是合法的。所谓"非法"，是指违背住宅内成员的意愿，或者没有法律根据。犯罪主体是一般主体，即年满16周岁、具有刑事责任能力的自然人均可构成本罪。犯罪主观方面表现为故意，即明知为他人住宅且未被同意进入或已经进入但已被要求退出，而强行进入或拒不退出，妨害他人正常生活和居住安全的行为。

2. 非法侵入住宅的具体表现有哪些？

非法侵入住宅的具体表现主要有国家工作人员违反法定程序侵入住宅的；为实施其他犯罪而将侵入住宅作为手段的；由邻里矛盾、私人纠纷引起而非法侵入住宅的；为达到某种目的，非法侵入住宅威胁住宅成员的等情形。现实生活中，以为实施其他犯罪而侵入住宅的情形居多。为实施其他犯罪行为而非法侵入他人住宅的，侵入住宅和其他犯罪之间构成手段行为与目的行为的牵连关系，在处罚时按照牵连犯的处罚原则从一重罪定罪处罚。如，行为人为实施强奸而非法侵入他人住宅，直接以目的行为认定强奸罪，不再对非法侵入住宅行为定罪。但是在目的行为不构成犯罪的情况下，就可以按手段行为定罪。如，入室辱骂主人拒不退出的，由于辱骂行为不构成犯罪，则可以非法侵入住宅的行为定罪处罚。

3. 非法侵入住宅案的立案追诉标准是什么？

非法侵入他人住宅的，或者经要求退出而拒不退出的行为，公安机关应当立案侦查。一般理解，非法侵入构成本罪的，是行为犯，行为人只要未经住宅主人同意，非法强行闯入他人住宅，原则上就构成本罪，应当予以立案追究；经要求退出而拒不退出构成本罪的，是继续犯，只有这种侵害或威胁的状态存续一定的期间才构成非法侵入住宅罪，应当予以立案追究。

4. 对犯非法侵入住宅罪的如何处罚？

根据刑法第二百四十五条的规定，犯非法侵入住宅罪的，处 3 年以下有期徒刑或者拘役。司法工作人员滥用职权，犯非法侵入住宅罪的，从重处罚。

5. 认定非法侵入住宅罪有哪些注意事项？

（1）注意把握何谓"他人"。"他人"是相对自己而言的，即自己不在该住宅内单独或共同生活。对自己而言，亲戚朋友的住宅也是他人的住宅，通过非法的手段侵入亲友的住宅，也构成本罪。即使是曾经与他人共同居住过的，如婚姻存续期间曾共同共有的住房，离婚后已经分丌另住，依法就成为他人的住宅。再如，兄弟两人共同继承父母的遗产房后，按约定分割了房产，对哥哥而言弟弟的房产即为他人的住宅，反之，对弟弟而言哥哥的房产即为他人的住宅。

（2）紧急避险、执行公务等合法的进入不能认定犯罪。紧急避险，是指

为了使国家、公共利益、本人或者他人的人身、财产和其他权利免受正在发生的危险，不得已而采取的损害另一较小的合法权益，以保护较大的合法权益的行为。紧急避险既是公民的一项权利，也是公民在道义上应尽的一项义务，其目的在于鼓励和支持公民同违法、犯罪活动和自然灾害作斗争，以牺牲局部的、较小的合法权益来保护整体的、较大的合法权益。如，为了救火而侵入住宅。有权机关执行公务时，依照法律授权并遵照法定程序，可以进入居民住宅而不能认定为本罪。

（3）注意把握何谓"住宅"。住宅是公民以居住为目的的生活、休息的封闭空间。本罪所称"住宅"不强调所有权，生活中可能存在居住者住宅私有、共同共有以及借住、租住、公有等多种形式，只要是合法居住者都存在居住的安宁权和其他相关权利。住宅的结构也存在多样性，公寓、别墅、平房及临时搭建用于住人的棚子、帐篷、小木屋等，都可以称之为住宅。公民作为运输或用于捕鱼的船只，经营的店铺，如果同时也是其生活居住的空间，也应视为住宅。反之，如果行为人非法侵入尚未分配、出售或出租、无人居住的住房，则不构成本罪。

6. 如何区分非法搜查罪与非法侵入住宅罪？

区分非法搜查罪与非法侵入住宅罪，关键在于查明行为人侵犯的对象。非法搜查罪的犯罪对象包括他人的身体和住宅，而非法侵入住宅罪的犯罪对象只能是他人的住宅。当行为人非法搜查他人住宅时，和非法侵入住宅罪一样，也违背权利人的意思，侵犯了他人住宅的安宁权；非法搜查罪只能以作为形式构成，而非法侵入住宅罪则既可由积极侵入的作为形式构成，也可以"拒不退出"的不作为的形式构成。如果行为人未经同意或无法律授权，强行进入他人住宅进行非法搜查的，对行为人应以其目的行为定罪处罚。

典型案例

2008年4月28日，郑某因被实行计划生育实施了结扎节育手术便怀疑是被害人村委会主任刘某举报所致，为此产生怨恨。随后，郑某谋划采用泼洒粪水的方式报复刘某。2008年6月3日上午7时许，郑某携带装有粪水的塑料瓶、木棍窜至刘家，以不满计划生育之事与刘某发生争

吵，刘某责令其退出自家住宅。郑某不但不听从劝教，并乘人不备用脚踢开刘家的厨房门，将携带的粪水泼洒至厨房灶台上，并用携带的木棍撬坏其灶台等物。法院经审理，判决郑某犯非法侵入住宅罪，判处有期徒刑1年6个月。

【以案释法】

非法侵入住宅罪，是指违背住宅内成员的意愿或无法律依据，进入公民住宅，或进入公民住宅后经要求退出而拒不退出的行为。该罪客观方面的主要特征在于"不受欢迎"而非法进入，或者进入后因"不受欢迎"要求退出而不退出。本案中，郑某因施行计划生育节育手术产生不满，便采取报复手段，强行闯入他人住宅，经主人要求退出而拒不退出，并故意毁损、污损他人合法财产，严重影响他人正常生活，已经构成非法侵入住宅罪。

首先，作为同村邻居，郑某进入刘某家中的行为不能认定为非法侵入住宅罪。但接下来，郑某与住宅主人刘某发生冲突，刘某有权利要求郑某退出其住宅，郑某拒不退出的行为则可以认定为非法侵入住宅罪。郑某非法侵入住宅的行为原本为手段行为，其目的是采用泼洒粪水等方式对刘某举报其违反计划生育政策的行为予以报复。但是，作为目的行为的泼洒粪水行为并不构成其他任何犯罪。因此，法院按郑某的手段行为即非法侵入住宅行为定罪。

十九、侮辱罪

【知识要点】

1. 什么是侮辱罪？该罪的构成要件是什么？

侮辱罪，是指使用暴力或者其他方法，公然贬低他人人格，败坏他人名誉，情节严重，依法可以或应当追究刑事责任的行为。可以追究，是指侮辱

罪为亲告罪（绝对自诉案件），除严重危害社会秩序和国家利益外，被害人"不告"则司法机关"不理"（如果被害人因受强制、威吓无法告诉的，人民检察院和被害人的近亲属也可以告诉）。应当追究，是指构成侮辱罪，且严重危害社会秩序和国家利益的，依法应当追究刑事责任。

本罪的构成要件是：侵犯的客体是他人的人格尊严和名誉权。人格尊严权和名誉权是公民的基本人身权利。犯罪主体是一般主体，即年满 16 周岁、具有刑事责任能力的自然人均可构成本罪。犯罪主观方面表现为直接故意，即行为人明知自己的侮辱行为会造成贬低他人人格、破坏他人名誉的危害结果，而采取一定手段，希望并积极追求该结果的发生。同时，具有损害他人人格、名誉的目的。如果行为人出于开玩笑或者恶作剧造成他人难堪，或者"说者无心、听者有意"，无意识地造成他人人格、名誉受损，不能认定为本罪。

2. 侮辱的具体表现有哪些？

实践中，侮辱行为主要包括暴力、言词、文字图画三种方法：所谓暴力方法，仅指作为侮辱的手段而言。例如，以粪便泼人，以墨涂人，强剪头发，强迫他人做有辱人格的动作等，而不是指殴打、伤害身体健康的暴力。如果行为人有伤害他人身体健康的故意和行为，则应以伤害罪论处。所谓言词方法，即用恶毒刻薄的语言对被害人进行嘲笑、辱骂，使其当众出丑，难以忍受，如口头散布被害人的生活隐私、生理缺陷等。所谓文字图画方法，是指以书面文字或者图画的方法损害他人人格与名誉，如书写、张贴、散发、邮寄、传阅有损他人人格与名誉的大字报、小字报、漫画、标语、信件等。此外，侮辱行为必须公然进行。所谓公然进行，是指侮辱行为在众多人在场的情况下进行，即能为众多人所见所闻的条件下进行，至于侮辱行为有多少人知悉，被害人是否在场，均不影响本罪的成立。

3. 侮辱案的立案追诉标准是什么？

根据刑法第二百四十六条的规定，以暴力或者其他方法公然侮辱他人，情节严重的，可以立案追究。本罪是情节犯，行为人公然侮辱他人的行为，必须达到"情节严重"的程度，才构成犯罪，予以立案追究。

4. 对犯侮辱罪的如何处罚？

根据刑法第二百四十六条第一款的规定，犯侮辱罪的，处 3 年以下有期

徒刑、拘役、管制或者剥夺政治权利。根据刑法第二百四十六条第二款的规定，犯侮辱罪，告诉的才处理，但是严重危害社会秩序和国家利益的除外。如果被害人因受强制、威吓无法告诉的，人民检察院和被害人的近亲属也可以告诉。此外，根据刑法二百四十六条第三款规定，通过信息网络实施公然侮辱他人的行为，被害人向人民法院告诉，但提供证据确有困难的，人民法院可以要求公安机关提供协助。

5. 对一般性的侮辱行为如何处理？

构成侮辱罪，要求情节严重。对于情节不严重的一般性侮辱行为，属于侵犯人身权利的违法行为，应当按照治安管理处罚法第四十条第二项的规定给予治安处罚，即处 5 日以下拘留或者 500 元以下罚款；情节严重的，处 5 日以上 10 日以下拘留，可以并处 500 元以下罚款。

6. 如何区别侮辱罪与强制猥亵、侮辱妇女罪？

首先，两罪侵犯的客体不同。侮辱罪侵犯的客体是他人的人格权、名誉权，而强制猥亵、侮辱妇女罪侵犯的客体是妇女的身心健康权。其次，两罪中行为人的主观目的和动机不同。侮辱罪中的侮辱妇女，行为人目的在于败坏妇女的名誉，贬低其人格，动机多出于私愤报复、发泄不满，这一点与侮辱其他人、其他侮辱行为没有什么区别；而强制猥亵、侮辱妇女行为，行为人目的在于寻求下流无耻的精神刺激，满足行为人的畸形性欲。再次，两罪在客观方面表现不同。侮辱罪主要是公然侮辱他人人格、名誉的行为，而强制猥亵、侮辱妇女罪主要是违背妇女意志，以暴力、胁迫或者其他方法猥亵、侮辱妇女的行为。后者是专门针对妇女实施的，能够刺激、兴奋、满足行为人或第三人性欲，且不属于奸淫的行为。

典型案例

巫某在县城租了门面房后，于 2008 年 10 月间向做玻璃制品生意的业主黎某以口头形式订作了一套用于陈列商品的玻璃柜，交货时商定价格为 2000 元，当时未付价款，在黎某催讨后，于 2009 年 3 月 6 日由巫某出具欠条给黎某。同年 4、5 月间，黎某经多次索债，共收回债款 800 元。此后，巫某的小店停业，尚欠黎某 1200 元仍未偿还。后黎某夫妇将

玻璃柜运回，并言明偿还欠款后返还玻璃柜，巫某表示同意。2009年6月8日上午，巫某准备去一亲戚家吃喜酒，在县城广场候车时被黎某遇见索债，巫某以玻璃柜已由黎某取走为由拒绝还债，双方发生口角之争。当天下午4时许，巫某回到县城听他人讲，黎某事后又到处找她，越想心里越不服气，便打电话叫朋友到县城来，叫她们帮其去打架，教训一下黎某。巫某朋友集合后冲到进黎某店内，对黎某一阵殴打后，又将其拖到街道上。在被殴打的过程中，黎某的裙子被掀起、乳罩暴露后，被巫某等人打倒在地上。后来黎某的内裤又被人扯拉到膝盖处，下身赤裸在多人围观中暴露几分钟之久。黎某将巫某起诉到人民法院。人民法院经审理，判决巫某犯侮辱罪，判处拘役6个月。

【以案释法】

宪法第五十一条明确规定："中华人民共和国公民在行使自由和权利的时候，不得损害国家的、社会的、集体的利益和其他公民的合法的自由和权利。"侮辱罪，就是行为人滥用言论自由权利到一定危害程度的表现。侮辱是指以暴力或者其他方法，公然贬低、损害他人人格，破坏他人名誉的行为，情节严重的，可以追究行为人的刑事责任。所谓情节严重，主要是指侮辱行为手段恶劣，动机卑鄙，后果严重，后者社会影响很坏。本案中，巫某因民事之争产生报复念头，竟纠集多人在商业和公共场所，以对被害人（女）实施暴力殴打和掀裙子、脱内裤的方法，致使被害人的隐私处暴露数分钟之久，被数十人围观，手段恶劣，已经构成侮辱罪，应追究其刑事责任。

那么，法院为什么认定巫某犯侮辱罪而非强制猥亵、侮辱妇女罪呢？首先，从主观上看，被告人巫某的目的是要对黎某向其多次催债等"欺负人"的行为进行报复，是出于让黎某公然"丢人"的动机，而非寻求下流、淫荡的精神刺激或满足畸形性欲；其次，从客观行为上看，被告人巫某实施的是在公开场所对黎某掀裙子、脱内裤的行为，其间没有任何抠摸、搂抱等强制猥亵行为。因此，被告人的行为主要是对黎某人格权、名誉权的侵犯，应以侮辱罪论处。

二十、诽谤罪

【知识要点】

1. 什么是诽谤罪？该罪的构成要件是什么？

诽谤罪，是指捏造并散布虚构的事实，损害他人人格与名誉，情节严重的行为。

本罪侵犯的客体是他人的人格与名誉。客观方面表现为行为人实施捏造并散布某种虚构的事实，足以贬损他人人格、名誉，情节严重的行为。所谓情节严重，主要是指多次捏造事实诽谤他人的；捏造事实造成他人人格、名誉严重损害的；捏造事实诽谤他人造成恶劣影响的；诽谤他人致其精神失常或导致被害人自杀的；等等。犯罪主体是一般主体。犯罪主观方面表现为故意，并以损害他人人格、名誉为目的。

2. 诽谤的具体表现有哪些？

其表现为故意捏造并散布虚构事实，贬损他人人格，破坏他人名誉。一是须有捏造某种事实的行为，即诽谤他人的内容完全是虚构的。如果散布的不是凭空捏造的，而是客观存在的事实，即使有损于他人的人格、名誉，也不构成本罪。二是须有散布捏造事实的行为。所谓散布，就是向社会公开地扩散。散布的方式基本上有两种：一种是言语散布；另一种是文字，即用大字报、小字报、图画、报刊、图书、书信等方法散布。所谓贬损，是指捏造并散布的虚假事实，完全可能贬损他人的人格、名誉，或者事实上已经给被害人的人格、名誉造成了实际损害。如果散布虚假的事实，但并不可能损害他人的人格、名誉，或无损于他人的人格、名誉，则不构成诽谤罪。三是诽谤行为必须是针对特定的人进行的，但不一定要指名道姓，只要从诽谤的内容上知道被害人是谁，就可以构成诽谤。如果行为人散布的事实没有特定的对象，不可能贬损某人的人格、名誉，就不能以诽谤处。

根据《最高人民法院、最高人民检察院关于办理利用信息网络实施诽谤等刑事案件适用法律若干问题的解释》第一条的规定，以下情形按诽谤论处：（1）捏造损害他人名誉的事实，在信息网络上散布，或者组织、指使人

员在信息网络上散布的；（2）将信息网络上涉及他人的原始信息内容篡改为损害他人名誉的事实，在信息网络上散布，或者组织、指使人员在信息网络上散布的；（3）明知是捏造的损害他人名誉的事实，在信息网络上散布，情节恶劣的。

3. 诽谤案的立案追诉标准是什么？

根据刑法第二百四十六条的规定，行为人捏造事实诽谤他人，情节严重的，可以立案追究。诽谤罪是情节犯，行为人捏造事实诽谤他人的行为，必须达到"情节严重"的程度，才构成诽谤罪，予以立案追究。所谓情节严重，主要是指多次捏造事实诽谤他人的；捏造事实造成他人人格、名誉严重损害的；捏造事实诽谤他人造成恶劣影响的；诽谤他人致其精神失常或导致被害人自杀的；等等。

利用信息网络实施的诽谤案，具有下列情形之一的，应当认定为"情节严重"，可以立案追究：（1）同一诽谤信息实际被点击、浏览次数达到5000次以上，或者被转发次数达到500次以上的；（2）造成被害人或者其近亲属精神失常、自残、自杀等严重后果的；（3）2年内曾因诽谤受过行政处罚，又诽谤他人的；（4）其他情节严重的情形。

利用信息网络实施的诽谤案，具有下列情形之一的，应当认定为"严重危害社会秩序和国家利益"，应当立案追究：（1）引发群体性事件的；（2）引发公共秩序混乱的；（3）引发民族、宗教冲突的；（4）诽谤多人，造成恶劣社会影响的；（5）损害国家形象，严重危害国家利益的；（6）造成恶劣国际影响的；（7）其他严重危害社会秩序和国家利益的情形。

4. 对犯诽谤罪的如何处罚？

根据刑法第二百四十六条第一款的规定，犯诽谤罪的，处3年以下有期徒刑、拘役、管制或者剥夺政治权利。根据刑法第二百四十六条第二款的规定，犯诽谤罪，告诉的才处理，但是严重危害社会秩序和国家利益的除外。如果被害人因受强制、威吓无法告诉的，人民检察院和被害人的近亲属也可以告诉。根据刑法第二百四十六条第三款的规定，实施捏造真实诽谤他人的行为，被害人向人民法院告诉，但提供证据确有困难的，人民法院可以要求公安机关提供协助。

5. 对于一般的诽谤行为如何处理?

构成诽谤罪,要求情节严重。对于情节不严重的一般性诽谤行为,属于侵犯人身权利的违法行为,应当按照治安管理处罚法第四十二条第二项的规定给予治安处罚,即处 5 日以下拘留或者 500 元以下罚款;情节严重的(相对而言),处 5 日以上 10 日以下拘留,可以并处 500 元以下罚款。

6. 如何区分诽谤罪与侮辱罪?

两罪侵犯的客体都是他人的人格和名誉。区别二者的关键在于:一是侮辱不一定用捏造事实的方式,也可以是事实(如他人生理缺陷);而诽谤必须是捏造并散布虚假事实,散布真实事实不构成诽谤罪。二是侮辱往往是在被害人在场的情况下进行的;诽谤一般是当众或者向第三人散布。

7. 如何区分诽谤罪与诬告陷害罪?

两罪捏造的虚假事实性质不同,诽谤罪捏造的是影响、损害他人人格、名誉的事实,而诬告陷害捏造的是犯罪事实;两罪行为指向的对象不同,诽谤罪指向的是向公众或第三方,诬告陷害指向的是司法机关或其他有关部门;两罪主观意图不同,诽谤罪意图损害他人人格、名誉,诬告陷害罪意图使他人受刑事处罚。如果行为人以捏造他人犯罪(比如强奸罪)的方式损害他人人格、名誉,但只向公众或第三人散布而不向司法机关告发的,则只以诽谤罪论处。

典型案例

2008 年 4 月 23 日,尤某的侄子因发生交通事故死亡。尤某将该悲剧归因于侄子的原班主任顾某。同年 5 月 2 日至 6 月 10 日间,尤某先后在凤凰网、新浪网、江海论坛、红网论坛、雅虎论坛等网站,匿名发表了"谁夺走了 5 名未成年学生的人权与生命权?""江苏变态老师逼死 5 名学生,隐瞒导致死亡增加 11 人""2008 年最冤案:老师逼死 5 名学生,政府隐瞒死亡增至 11 人"等文章。在文章中,尤某称顾某是"恶魔""变态",诽谤顾某曾对全班同学说:"我就是精神有点不正常,一发作就想整人。整你不服,我心里更不舒服,非得把你整出学校才舒服";虚构了

"体罚、辱骂学生是顾某教育学生的基本方法与习惯""辱骂男学生是色狼，辱骂学艺术的女学生是女流氓、女痞子、泼妇，等等"。对以上发表的言论，网上浏览人次达数千人，跟帖近百人。由于尤某在网上大量发帖，散布其捏造的事实，损害了顾某身心健康，致使其精神失常，不能正常工作。后受害人于 2008 年 6 月 19 日向法院提起控诉，请求法院依法追究尤某诽谤罪的刑事责任。法院经审理认为，尤某捏造事实，诽谤他人，情节严重，其行为构成诽谤罪，自诉人的指控成立。依法判决尤某犯诽谤罪，判处其有期徒刑 1 年，缓刑 2 年。

【以案释法】

宪法第五十一条明确规定："中华人民共和国公民在行使自由和权利的时候，不得损害国家的、社会的、集体的利益和其他公民的合法的自由和权利。"诽谤罪就是行为人滥用言论自由权利到一定危害程度的表现。所谓诽谤，是指捏造并散布虚构的事实，损害他人人格与名誉行为。如果诽谤行为达到情节严重，即多次捏造事实诽谤他人的；捏造事实造成他人人格、名誉严重损害的；捏造事实诽谤他人造成恶劣影响的；诽谤他人致其精神失常或导致被害人自杀的；等等；则构成诽谤罪。2013 年 9 月 6 日颁布的《最高人民法院、最高人民检察院关于办理利用信息网络实施诽谤等刑事案件适用法律若干问题的解释》第二条规定，利用信息网络实施的诽谤案，具有下列情形之一的，应当认定为"情节严重"，可以立案追究：(1) 同一诽谤信息实际被点击、浏览次数达到 5000 次以上，或者被转发次数达到 500 次以上的；(2) 造成被害人或者其近亲属精神失常、自残、自杀等严重后果的；(3) 2 年内曾因诽谤受过行政处罚，又诽谤他人的；(4) 其他情节严重的情形。本案中，尤某因失去侄子而悲痛，此系人之常情。但是此后，其未能理性分析事情发生的前因后果，而是将其听来的片断话语，组织、捏造成多种与事实不符的、有损于自诉人人格、名誉的事实，并经过渲染后以发帖的形式通过网络散布出去，客观上造成了自诉人社会评价的贬损及身心的巨大伤害，致使其精神失常，不能正常工作，符合情节严重情节，可对其以诽

谤罪论处。犯诽谤罪，除严重危害社会秩序和国家利益的，属于亲告犯，不告不理。因此，法院根据自诉人（被害人）的请求，依法判决尤某构成诽谤罪。

二十一、刑讯逼供罪

【知识要点】

1. 什么是刑讯逼供罪？该罪的构成要件是什么？

刑讯逼供罪，是指司法工作人员对犯罪嫌疑人、实行刑讯逼供的行为。

本罪的构成要件是：侵犯的客体是公民的人身权利和司法机关的正常活动；刑讯的对象是侦查过程中的犯罪嫌疑人和起诉、审判过程中的刑事。犯罪嫌疑人的行为实际上是否构成犯罪，对本罪的成立没有影响。我国法律严格保护公民的人身权利，即使是被怀疑或者被指控犯有罪行而受审的人，也不允许非法侵犯其人身权利。刑讯逼供会造成受审人的肉体伤害和精神损害，直接侵犯了公民的人身权利。而按照刑讯逼供所得的口供定案，又往往是造成冤假错案的原因，妨害了司法机关的正常活动，破坏了社会主义法制，损害了司法机关的威信。客观方面表现为对犯罪嫌疑人、使用肉刑或者变相肉刑，逼取口供的行为。犯罪主体是特殊主体，即司法工作人员。犯罪主观方面表现为故意，目的在于逼取口供。犯罪动机一般是为了迅速破案，也有的是为了显示自己的权势或者挟嫌报复，动机不影响本罪的构成。

2. 刑讯逼供的具体表现有哪些？

其主要表现为使用肉刑或者变相肉刑逼取犯罪嫌疑人或者被告人的口供的行为。所谓"肉刑"，是指对被害人的肉体施行暴力，如吊打、捆绑、殴打以及其他折磨人的肉体的方法。所谓"变相肉刑"，是指对被害人使用非暴力的摧残和折磨，如冻、饿、烤、晒等。所谓"逼取口供"，是指逼迫犯罪嫌疑人作出行为人所期待的口供。诱供、指供是错误的审讯方法，但不是

刑讯逼供。

3. 刑讯逼供案的立案追诉标准是什么？

根据《最高人民检察院关于渎职侵权犯罪案件立案标准的规定》涉嫌下列情形之一的，应予立案：（1）以殴打、捆绑、违法使用械具等恶劣手段逼取口供的；（2）以较长时间冻、饿、晒、烤等手段逼取口供，严重损害犯罪嫌疑人、被告人身体健康的；（3）刑讯逼供造成犯罪嫌疑人、被告人轻伤、重伤、死亡的；（4）刑讯逼供，情节严重，导致犯罪嫌疑人、被告人自杀、自残造成重伤、死亡，或者精神失常的；（5）刑讯逼供，造成错案的；（6）刑讯逼供3人次以上的；（7）纵容、授意、指使、强迫他人刑讯逼供，具有上述情形之一的；（8）其他刑讯逼供应予追究刑事责任的情形。

4. 对犯刑讯逼供罪的如何处罚？

根据刑法第二百四十七条的规定，犯刑讯逼供罪的，处3年以下有期徒刑或者拘役。致人伤残、死亡的，依照本法第二百三十四条、第二百三十二条的规定定罪从重处罚。

5. 如何区分刑讯逼供罪与一般的刑讯逼供行为？

刑法第二百四十七条关于刑讯逼供罪的规定没有对刑讯逼供情节作出要求，但这并不意味着不论情节轻重，只要出现刑讯逼供行为就应定罪处罚。在司法实践中，认定某一刑讯逼供行为是否构成犯罪，可以参照《最高人民检察院关于渎职侵权犯罪案件立案标准的规定》有关内容。涉嫌下列情形之一的，应予立案：以殴打、捆绑、违法使用械具等恶劣手段逼取口供的；以较长时间冻、饿、晒、烤等手段逼取口供，严重损害犯罪嫌疑人、被告人身体健康的；刑讯逼供造成犯罪嫌疑人轻伤、重伤、死亡的；刑讯逼供，情节严重，导致犯罪嫌疑人、自杀、自残造成重伤、死亡，或者精神失常的；刑讯逼供，造成错案的；刑讯逼供3人次以上的；纵容、授意、指使、强迫他人刑讯逼供，具有上述情形之一的；其他刑讯逼供应予追究刑事责任的情形。

6. 对于非司法工作人员刑讯逼供的行为如何处理？

司法工作人员，是指具有司法人员身份，或依法行使司法人员职责的侦查、检察、审判和监管人员。司法人员刑讯逼供构成犯罪的，以刑讯逼供罪

论处；致人伤残、死亡的，以故意伤害罪或者故意杀人罪论处。非司法工作人员私设公堂，刑讯逼供的，则不能以刑讯逼供罪论处，其行为构成其他犯罪的，应当按照刑法有关规定处罚。如，构成故意伤害罪、故意杀人罪的，按刑法第二百三十四条、第二百三十二条的规定处罚；构成非法拘禁罪的，按刑法第二百三十八条的规定处罚。

7. 对非法拘禁同时又刑讯逼供的行为如何处理？

司法工作人员非法拘禁他人又实施刑讯逼供的，如果非法拘禁的目的是刑讯逼供，则两者成立牵连犯，应以刑讯逼供罪论处，非法拘禁不再单独定罪；致人重伤、残疾、死亡的，以故意伤害罪定罪处罚；对行为人的死亡具有直接或间接故意的，以故意杀人罪定罪，并在法定刑的幅度内从重处罚。

非司法工作人员非法拘禁他人，又有"刑讯逼供"行为的，以非法拘禁罪论处，具有殴打、侮辱情节的，从重处罚；因非法拘禁致人重伤或者死亡的，仍应定非法拘禁罪，处罚幅度加大；但如果使用暴力致人重伤或者死亡的，以故意伤害罪、故意杀人罪定罪处罚。

典型案例

　　2009年2月10日，某县城发生杀人案件后，县公安局于2月13日成立"2·10"案件侦破指挥部，被告人闫某任总指挥，分管刑侦工作的被告人王某任副总指挥，市公安局刑侦支队大案科科长李某、县公安局刑侦大队大队长孙某（另案处理）任指挥部成员。专案组于2月28日晚确定某中学高三学生徐某有重大作案嫌疑，当晚10时许将徐某传唤至县公安局。闫某即在其办公室召开专案组会议，会议决定由孙某将审讯人员分为3个组，每组3个人，每组6个小时在刑警队副大队长办公室对徐某轮番审讯。3月8日凌晨1时40分，被告人贾某、李某卫及王某进入派出所审讯室审问徐某，为逼取口供该3人扒开审讯椅，用麻绳将徐某双臂反背捆绑，又用粗尼龙绳将徐某吊在事前固定好的铁丝上，贾某用麻绳对折后抽打徐某后背、臀部等处。被告人李某卫抽打徐某两耳光，致徐某右鼻孔出血。王某用对折麻绳抽打徐某腿部。徐某被吊10余分钟

后，答应将他放下来后说实话，3 人将徐某放回审讯椅上。当日凌晨 2 时 40 分许，被告人贾某、李某卫及王某发现徐某口中流血。李某卫即对李某做了汇报。3 月 8 日早 6 时，另一审讯组进入审讯室，发现徐某身体状况极差，脖子无法自主挺起，舌头边缘溃烂，说话含糊不清，无法继续审讯，便先后两次向被告人王某汇报该情况。10 时 50 分许，看守人员发现徐某对话不答，面色灰白，口唇青紫，再次向被告人王某汇报，王某才组织人员将徐某送到县医院，经抢救无效死亡。经检察机关法医鉴定，结论为：徐某患有原发性心脏病，由于外伤、疲劳等因素引发心跳骤停死亡。被告人赵某于 2009 年 3 月 4 日和 5 日共参与 2 次审讯徐某；被告人贾某从 3 月 2 日至 3 月 8 日共审讯徐某 6 次；被告人李某卫从 3 月 1 日至 8 日共参与审讯徐某 8 次。案发后，被告人闫某、贾某、李某卫分别于 2009 年 3 月 23 日、22 日、24 日自首。

法院经审理，判决被告人闫某犯滥用职权罪，判处有期徒刑 2 年；被告人王某犯玩忽职守罪，免予刑事处罚；被告人赵某犯刑讯逼供罪，判处有期徒刑 2 年 6 个月；被告人贾某犯刑讯逼供罪，判处有期徒刑 1 年 6 个月。被告人李某卫犯刑讯逼供罪，判处有期徒刑 1 年，缓刑 1 年。

【以案释法】

近十多年来先后发生的佘祥林案、赵作海案、浙江高氏叔侄案、于英生案等众多冤假错案，就是因刑讯逼供导致。为此，最高人民法院、最高人民检察院、公安部、国家安全部和司法部于 2010 年 6 月 13 日联合制定了《关于办理死刑案件审查判断证据若干问题的规定》和《关于办理刑事案件排除非法证据若干问题的规定》（《两个证据规定》）。2013 年 3 月 14 日，"不得强迫任何人证实自己有罪"原则写入新修订的刑事诉讼法，制定了非法证据排除规则，这对于完善我国刑事诉讼制度，遏制刑讯逼供，提高司法水平，推进社会主义法治建设意义重大。

刑讯逼供罪，是司法工作人员对犯罪嫌疑人或者被告人使用肉刑或者变相肉刑，逼取口供的行为。本案的争议在于，刑讯逼供致人死亡的，应该定

刑讯逼供罪还是过失致人死亡罪或者故意杀人罪呢？刑法第二百四十七条规定，（刑讯逼供）致人伤残、死亡的，依照本法第二百三十四条、第二百三十二条的规定定罪从重处罚。换言之，刑讯逼供致人死亡的，应依照行为人对于死亡的心理态度，如果行为人有伤害故意的，应当以故意伤害（致人死亡）罪处理；如果行为人对被害人的死亡结果持希望或者放任态度的，则分别应以直接故意杀人罪和间接故意杀人罪定罪处罚。本案中，法医对被害人徐某死因的鉴定结论是：外伤或疲劳等因素引发心脏骤停。通俗地讲，就是被告人的肉刑和变相肉刑（不让吃饭、不让休息）直接导致了被害人的心脏骤停。作为警察并且是刑事警察的被告人，赵某等人应当知道其刑讯逼供行为可能会导致嫌疑人伤害或者死亡的结果，而其仍然实施会导致伤害或者死亡结果发生的行为，主观上就既有伤害的故意也有杀害的故意，也就是说，无论是伤害结果还是死亡结果，都在其认知和接受的范围之内。因此，按照概括故意的处理原则，如果死亡结果发生，就应该认定为故意杀人罪，从重处罚；如果仅仅发生了伤害结果，就只能认定为故意伤害罪，从重处罚。因此，赵某等3人应按故意杀人罪从重处罚。原判决对赵某等3人判处刑讯逼供罪有待商榷。

二十二、暴力取证罪

【知识要点】

1. 什么是暴力取证罪？该罪的构成要件是什么？

暴力取证罪，是指司法工作人员对证人使用暴力逼取证人证言，依法应当追究刑事责任的行为。

本罪的构成要件是：侵犯的客体是公民的人身权利和司法机关的正常活动。犯罪对象为证人。所谓证人，是指司法工作人员和案件当事人以外的了解案件情况的人。客观方面表现为司法工作人员使用暴力逼取证人证言的行为。证人是当事人以外的了解案件情况并向司法机关进行陈述的诉讼参与

人。其知道案件情况，还未向司法机关陈述，有关人员使用暴力欲逼取其证言，亦应视为本罪的证人。犯罪主体是特殊主体，即司法工作人员。犯罪主观方面表现为故意，目的在于逼取证人证言。

2. 暴力取证的具体表现有哪些？

其主要表现为对犯罪嫌疑人或者被告人使用暴力逼取证人证言的行为。所谓"暴力"，既可以表现为包括捆绑悬吊、鞭抽棒打、电击水灌、火烧水烫等直接伤害证人人身使其遭受痛苦而被迫作证的肉刑；也可以表现为包括采取长时间罚站、不准睡觉、冻饿、暴晒等折磨证人身体、限制证人人身自由而迫其作证的变相肉刑。

3. 暴力取证案的立案标准是什么？

根据《最高人民检察院关于渎职侵权犯罪案件立案标准的规定》，司法工作人员以暴力逼取证人证言，涉嫌下列情形之一的，应予立案：（1）以殴打、捆绑、违法使用械具等恶劣手段逼取证人证言的；（2）暴力取证造成证人轻伤、重伤、死亡的；（3）暴力取证，情节严重，导致证人自杀、自残造成重伤、死亡，或者精神失常的；（4）暴力取证，造成错案的；（5）暴力取证3人次以上的；（6）纵容、授意、指使、强迫他人暴力取证，具有上述情形之一的；（7）其他暴力取证应予追究刑事责任的情形。

4. 对犯暴力取证罪的如何处罚？

根据刑法第二百四十七条的规定，犯暴力取证罪的，处3年以下有期徒刑或者拘役。致人伤残、死亡的，依照刑法第二百三十四条、第二百三十二条的规定定罪从重处罚。

5. 如何区分暴力取证罪与刑讯逼供罪？

两罪都是司法工作人员为犯罪主体，主观方面都是故意犯罪，犯罪手段也有相似之处。区别两罪的关键是要查明犯罪对象、犯罪手段和行为人故意的内容。暴力取证罪的犯罪对象是刑事诉讼中的证人，犯罪手段是用暴力方法取得证言，犯罪故意指向逼取适合需要的证人证言；而刑讯逼供罪的犯罪对象是犯罪嫌疑人和被告人，犯罪手段是使用肉刑或变相肉刑的方法逼取口供，犯罪故意指向的是犯罪嫌疑人、被告人的有罪和罪重口供。

典型案例

2014年12月11日中午，某镇派出所接一群众报案称被他人抢劫。当夜10时许，该所民警周某等人在副所长贾某的带领下，传讯涉案嫌疑人许某。许某不在家，即传唤许某的妻子鲁某到镇派出所，由周某、协理员赵某将鲁某带到周某的办公室由周某进行询问。在询问过程中，鲁某以制作的笔录中一句话与其叙述不一致为理由拒绝捺指印，周某经解释无效，即朝鲁某的腹部踢了一脚，并辱骂鲁某。当时鲁某已怀孕近两个月，被踢后称下腹疼痛，周某即喊在其床上睡觉的赵某把鲁某带到协理员住室。次日上午8时许，鲁某被允许回家，出派出所大门，即遇到婆母，鲁向她诉说自己被踢后引起腹疼。当日下午，鲁某因腹部疼痛不止，即请邻居帮忙雇车将她拉到乡卫生院治疗。后鲁某经保胎治疗无效，于2014年12月23日做了清宫手术。经刑事医学鉴定，鲁某系早孕期，外伤后致先兆流产，治疗无效后流产。又经检察技术鉴定，鲁某的伤构成轻伤。法院经审理，认为周某身为公安干警，在执行职务中，使用暴力逼取证人证言，其行为已构成暴力取证罪，依法判决周某犯暴力取证罪，判处有期徒刑2年，缓刑2年。宣判后，周某不服提出上诉。中级人民法院经过二审审理后裁定驳回上诉，维持原判。

【以案释法】

暴力取证罪，指司法工作人员对证人使用暴力逼取证人证言的行为。本案中，周某身为司法工作人员，采取殴打的方式逼取证人证言，造成被害人鲁某轻伤，严重侵犯了鲁某的人身权利和司法机关的正常活动，应当以暴力取证罪定罪处罚。

那么，为什么周某不构成刑讯逼供罪呢？如前所述，刑讯逼供罪的犯罪对象是犯罪嫌疑人和被告人，而鲁某在本案中的角色不是犯罪嫌疑人，而是许某的妻子，公安机关对其询问，属于取证，是将鲁某作为证人对待的。所谓证人，是指在刑事诉讼中与案件无直接利害关系，向司法机关提供自己所

知道的案件情况的人。司法机关对于不知道案件情况的人或者虽然知道但是拒绝作证的人使用暴力逼取证言的，也应视为"证人"，从而构成暴力取证罪。本案中，即使鲁某不知道案件情况或者虽然知道但是拒绝作证的，周某对其殴打、辱骂，导致其流产，也应以暴力取证罪论处。

二十三、虐待被监管人罪

【知识要点】

1. 什么是虐待被监管人罪？该罪的构成要件是什么？

虐待被监管人罪，是指监狱、拘留所、看守所等监管机构的监管人员违反国家监管规范，对被监管人进行殴打或者体罚虐待，情节严重的行为。

本罪的构成要件是：侵犯的客体是复杂客体，即被监管人的人身权利和监管机关的正常活动。行为对象是被监管人，即依法被限制人身自由的人，包括一切已决或未决的在押犯罪嫌疑人及其他被依法拘留、监管的人。客观方面表现为违反监管法规，对被监管人进行殴打或者体罚虐待，情节严重的行为。监管法规主要是指《中华人民共和国监狱法》以及其他法律、条例中有关的监管规定。本罪的犯罪主体是特殊主体，即监狱、拘留所、看守所等监管机构的监管人员。所谓监狱，是指刑罚的执行机关。所谓拘留所，即关押被处以司法拘留、行政拘留的人的场所。所谓看守所，即羁押依法被逮捕、刑事拘留的犯罪嫌疑人的场所。本罪在主观方面表现为故意。

2. 虐待被监管人的具体表现有哪些？

其主要表现为殴打或体罚虐待。殴打，指造成被监管人肉体上的暂时痛苦的行为。体罚虐待，指殴打以外的，能够对被监管人肉体或精神进行摧残或折磨的一切方法，如罚趴、罚跑、罚晒、罚冻、罚饿、辱骂，强迫超体力劳动，不让睡觉，不给水喝等手段。

3. 虐待被监管人案的立案追诉标准是什么？

虐待被监管人，涉嫌下列情形之一的，应予立案：（1）以殴打、捆绑、

违法使用械具等恶劣手段虐待被监管人的；（2）以较长时间冻、饿、晒、烤等手段虐待被监管人，严重损害其身体健康的；（3）虐待造成被监管人轻伤、重伤、死亡的；（4）虐待被监管人，情节严重，导致被监管人自杀、自残造成重伤、死亡，或者精神失常的；（5）殴打或者体罚虐待3人次以上的；（6）指使被监管人殴打、体罚虐待其他被监管人，具有上述情形之一的；（7）其他情节严重的情形。体罚虐待被监管人，如果情节一般，应按照违法违纪分不同情况处理，不认定为本罪。

4. 对犯虐待被监管人罪的如何处罚？

根据刑法第二百四十八条的规定，犯虐待被监管人罪的，处3年以下有期徒刑或者拘役；情节特别严重的，处3年以上10年以下有期徒刑。致人伤残、死亡的，依照刑法第二百三十四条、第二百三十二条的规定，以故意伤害罪、故意杀人罪定罪从重处罚。

5. 如何区分虐待被监管人罪和刑讯逼供罪？

两罪在主体和客观方面都相同。其区别主要表现在两个方面：

（1）行为人主观方面故意的内容不同。虐待被监管人罪是基于各种动机而体罚虐待被监管人，比如不听话、不配合；而刑讯逼供罪只是为了取得犯罪嫌疑人或者被告人的口供。

（2）主体范围不完全相同。虐待被监管人罪的主体范围小，一般是司法工作人员中的监管人员；但是刑讯逼供罪则是司法工作人员。

典型案例

2012年8月27日上午，某监狱警察郑某以被监管人马某"干活慢、偷懒"为由，欲对其使用手铐，进行批评教育。后因被监管人马某反抗，郑某采用推搡、打巴掌、跪压被监管人等手段对其进行殴打，致被监管人马某受伤。经法医鉴定，被监管人马某胸部的损伤已达到轻伤程度。郑某主动向其所在单位投案，如实供述自己的罪行，且在庭审中自愿认罪，案发后郑某取得了被监管人的谅解。法院依法判处郑某犯虐待被监管人罪，免予刑事处罚。

【以案释法】

虐待被监管人罪，是监管机构的监管人员违反监管法规，对被监管人进行殴打或者体罚虐待，情节严重的行为。所谓情节严重，可以参考《最高人民检察院关于渎职侵权犯罪案件立案标准的规定》，即具有下列情形的，可以视为情节严重：以殴打、捆绑、违法使用械具等恶劣手段虐待被监管人的；以较长时间冻、饿、晒、烤等手段虐待被监管人，严重损害其身体健康的；虐待造成被监管人轻伤、重伤、死亡的；虐待被监管人，情节严重，导致被监管人自杀、自残造成重伤、死亡，或者精神失常的；殴打或者体罚虐待3人次以上的；指使被监管人殴打、体罚虐待其他被监管人，具有上述情形之一的；其他情节严重的情形。据此，郑某作为监狱监管人员，无视国法和监管工作纪律，采用殴打方式对被监管人马某进行虐待，致使马某受伤，可以认定为情节严重，以虐待被监管人员罪论处。但是，郑某能主动向其所在单位负责人如实供述了上述事实，并在案发后取得了被监管人的谅解，情节显著轻微，危害不大，判处犯罪，但是依法免予刑事处罚。这里的情节显著轻微，与构成虐待被监管人罪要求的情节严重并不矛盾。显著轻微的"情节"，是在因"情节严重"而构成犯罪的基础之上，与其他构成犯罪的非显著轻微的情节相比，主观恶性很小、社会危害不大。

二十四、非法剥夺公民宗教信仰自由罪

【知识要点】

1. 什么是非法剥夺公民宗教信仰自由罪？该罪的构成要件是什么？

非法剥夺公民宗教信仰自由罪，是指国家机关工作人员非法剥夺公民的宗教信仰自由，情节严重，依法应当追究刑事责任的行为。我国现阶段正处于社会主义的初级阶段，多种宗教信仰并存，而且宗教问题常常会同政治、经济、文化、民族等问题相互交错，具有特殊复杂性，一旦处理失当，就会

影响社会稳定、民族团结。我国宪法第三十六条明确规定："中华人民共和国公民有宗教信仰自由。任何国家机关、社会团体和个人不得强制公民信仰宗教或者不信仰宗教，不得歧视信仰宗教的公民和不信仰宗教的公民。国家保护正常的宗教活动。……"宪法保护信仰自由的原则和要求具体到刑事保护上，就是刑法规定的非法剥夺公民宗教信仰自由罪。

本罪的构成要件是：侵犯的客体是公民的宗教信仰自由权利。所谓"宗教信仰自由"，是指一个人有信教的自由，也有不信教的自由，有信这种教的自由，也有信那种教的自由。同时，宗教信仰自由必须是在不违反国家的法律，不危害国家利益和各民族的团结的前提下进行宗教信仰活动。对于利用宗教信仰从事违法犯罪活动的行为，不属于宗教信仰自由的范围。我国现阶段合法宗教主要有佛教、道教、伊斯兰教、天主教和基督教，有信教群众1亿多人。客观方面表现为非法剥夺公民的宗教信仰自由，情节严重的行为。非法剥夺宗教信仰自由，是指采用暴力、胁迫或其他手段，制止他人加入宗教团体，或者强迫他人退出宗教团体；或者强制不信仰宗教的人信仰宗教；或者强迫他人信仰这种宗教，而不准信仰那种宗教；或者破坏他人的宗教信仰活动；或者对信仰宗教的人或不信仰宗教的人进行打击迫害，以及非法封闭或者捣毁合法宗教场所、设施；等等。非法剥夺的手段既包括暴力、胁迫手段，也包括权力、行政、司法等手段。本罪是典型的身份犯，犯罪主体只能是国家机关工作人员。国家机关工作人员在执行国家宗教政策中具有重要地位，有的则专门从事宗教事务工作，一旦对宗教信仰自由进行干涉、破坏，危害后果往往非常严重，造成的影响也更坏，因此，本条将犯罪主体限定为国家机关工作人员。非国家机关工作人员实施非法剥夺公民宗教信仰自由的行为的，不构成本罪；如果其行为触犯了刑法其他条文的，可按刑法有关规定定罪处罚。本罪在主观方面只能表现为故意，过失不构成本罪。

2. 非法剥夺公民宗教信仰自由的具体表现有哪些?

（1）以暴力、胁迫或其他非法手段干涉他人宗教信仰自由。如禁止他人信仰宗教或加入宗教团体；强迫他人放弃信仰宗教、退出宗教团体；强迫他人信仰某种宗教，加入某种宗教团体等。

（2）封闭或破坏宗教场所及必要设施。寺庙、教堂等宗教场所及设施是

举行正当宗教活动所必需的，有些少数民族甚至还把宗教寺庙等视作民族存在的象征。强行封闭教堂、损坏宗教庙宇、焚烧经书、捣毁宗教供奉设施等都属于本罪行为表现。

（3）禁止或扰乱正当的宗教活动。宗教活动包括天主教的弥撒、基督教的礼拜、佛教的法会、道教的道场、伊斯兰教的礼拜和朝觐等。

（4）对信仰宗教的公民进行威胁、打击、迫害。例如，对教徒在政治上进行打击和迫害，在经济上进行非法制裁，以及进行人身威胁，造成恶劣影响等。

（5）非法撤销合法的宗教组织，非法剥夺教职人员履行宗教职能的权利，非法阻挠、禁止合法的宗教刊物的发行或者勒令停办宗教院校等。宗教组织、宗教院校、宗教刊物、职业宗教人员对信教公民的精神生活均有重要影响，对他们的非法干涉就是侵犯宗教信仰自由。

（6）以语言、文字、图案等方式侮辱宗教或宗教团体的行为。例如，出版社、报刊社等新闻出版机关中国家工作人员明知出版物中包含有侮辱、毁损宗教或宗教团体的内容而予以出版发行，造成恶劣社会影响的行为等。

如果在出版物中既刊载歧视、侮辱少数民族的内容，又包含侮辱、毁损宗教或宗教团体内容，情节恶劣造成严重后果的，同时触犯本罪和出版歧视、侮辱少数民族作品罪，属于想象竞合犯，应当从一重处断。

3. 非法剥夺公民宗教信仰自由案的立案追诉标准是什么？

国家机关工作人员非法剥夺公民宗教信仰自由，情节严重的，应予立案追究。所谓"情节严重"，是指行为人的"手段恶劣"或"危害后果严重"。（1）"手段恶劣"，通常是指以暴力对公民身体进行强制、伤害等侵犯公民人身自由的；以胁迫的方式，通过精神上的强制，逼迫公民为某种行为或不为某种行为；用言语、传单、标语等传播手段对公民进行侮辱、攻击、诽谤，使其名誉、人格受到损害的；使用砸、抢、烧等极具破坏性的方式毁坏与宗教有关的场所和设施的；其他可以产生与上述行为类似后果的手段。（2）危害后果严重，一般包括以下情形：造成公民人身伤害的，但重伤及死亡的除外；给被害人的精神造成伤害，严重影响其正常的宗教活动和日常生活的；造成有关宗教场所、设施等重大毁坏，财产损失严重的；引起教徒骚乱、民族纠纷等社会矛

盾，社会影响恶劣的；引起被害人家庭解体、自杀或其他严重后果的。

4. 对犯非法剥夺公民宗教信仰自由罪的如何处罚？

根据刑法第二百五十一条的规定，犯非法剥夺公民宗教信仰自由罪的，处 2 年以下有期徒刑或者拘役。

5. 如何区别正当的宗教信仰与封建迷信？

宗教是一种社会意识形态，形成了特有宗教信仰、宗教感情、宗教理论和教义教规，有严格的宗教仪式，有相对固定的宗教活动场所。而迷信指对人或事物的盲目信仰或崇拜，一般是神汉、巫婆和迷信职业者以巫术所进行的看相、算命、卜卦、抽签、拆字、圆梦、降仙、看风水等活动，没有既定的宗旨、规定或仪式，没有共同的活动场所。宗教作为一种文化现象，与政治、哲学、法律、文化包括文学、诗歌、建筑、艺术、绘画、雕塑、音乐、道德等形式相互渗透、相互包容，成为世界丰富文化的成分，而迷信不具有这些特点。宗教有依法成立的组织，依法管理，开展规范的宗教活动，受到国家法律保护。而封建迷信是用装神弄鬼、卜卦算命、画符念咒等骗术，去危害国家利益、社会稳定和人民生命、财产，甚至违法犯罪。

6. 如何区分合法的宗教活动和利用宗教从事非法活动？

宪法在保护公民人身、民主权利的同时，要求"公民在行使自由和权利的时候，不得损害国家的、社会的、集体的利益和其他公民合法的自由和权利"。我国《宗教事务条例》规定，任何组织或者个人不得利用宗教进行破坏社会秩序、损害公民身体、妨碍国家教育制度，以及其他损害国家利益、社会公共利益和公民合法权益的活动。有人利用传教之机非法敛取钱财，有的以通神名义奸淫、猥亵他人，有的与外国势力勾结从事危害国家安全活动，等等。这些活动不属于公民合法的自由和权利，对这类活动的打击不是非法剥夺公民宗教信仰自由的行为。

典型案例

　　基督教传教士王某在某地区某村传教，很受村民欢迎，准备成立教会。村支部书记吴某得知此事后，认为王某在搞迷信宣传，便责令他离开本村，王不从，吴某便撕了他的经书、扯坏他的教袍，但在村民的支

持下，王某仍然留在村中传教不走。吴某认为村民们已受毒害很深，并且觉得自己丢了面子，于是跑到乡里找乡长周某，周某遂与派出所民警一起开警车到村子里把王某强行带走，并在村广播中责令愿意信教的村民到村支部登记，写出检查，等候处理。在派出所中，周某命令民警对王某进行拷打、讯问，逼其写了承认错误的检查后放出。后来，王某在当地宗教协会的支持下到检察院控告吴某和周某非法剥夺宗教信仰自由，要求追究其刑事责任。

【以案释法】

非法剥夺公民宗教信仰自由罪，是指国家机关工作人员非法剥夺公民的宗教信仰自由，情节严重的行为，犯罪主体只能是国家机关工作人员。本案中，吴某作为村支部书记，不能或者至少不能单独构成非法剥夺公民宗教信仰自由罪的主体。而周某作为乡长，其身份属于国家机关工作人员，可以成为非法剥夺公民宗教信仰罪自由的主体。因此，本案的争议之一在于，吴某、周某是否构成非法剥夺公民宗教信仰自由罪的共同犯罪。本案另一个争议是，吴某、周某在对其非法剥夺公民宗教信仰自由行为的性质上存在认识错误（即认为是封建迷信活动）的前提下，本案应该如何处理，是否还能认定为犯罪呢？

解决第一个争议，必须以解决第二个争议为前提。我国刑法理论关于认识错误包括对象错误、手段错误、客体错误、行为性质的认识错误和因果关系错误等几种情形。其中，行为性质的认识错误包括把自己实施的非犯罪行为误认为是犯罪行为（假想犯罪）、把自己实施的犯罪行为误认为不是犯罪（假想不犯罪）和对应成立的罪名或应受刑罚的轻重存在错误认识。其中，行为人把自己的危害社会的行为认为是不危害的正当行为，如假想防卫、假想避险，因行为人主观上没有危害社会的意图，没有认识到其行为以及结果的社会危害性，不构成故意犯罪。如果行为人有过失的，可以成立过失犯罪；如果行为人无过失的，不承担刑事责任。本案中，吴某是村支书，文化程度不高，对基督教存在不正确认识，误认为王某及潜在信徒是在搞封建迷

信活动（不可否认，这种认识目前仍在我国不少地区以不同程度存在）。吴某对王某的撕毁经书、扯坏教袍等行为，是基于上述误判，履行村支书权力，积极"劝阻封建迷信活动"，不仅无过，应该立功。换言之，吴某将自己危害他人宗教信仰自由的行为误认为不具社会危害性的行为，属于典型的行为性质的认识错误。这样，吴某因非国家机关工作人员身份，不单独构成侵犯公民宗教信仰自由罪；因主观上没有侵犯王某等人宗教信仰自由权利的主观故意，也不能和他人共同构成该罪。

　　而周某的情况与吴某明显不同。周某作为国家机关工作人员，而且是乡镇主要负责人，应当熟悉国家的民族、宗教政策，但其在接到吴某"举报"后，不认真审查，而是采取违法手段，滥用职权，强行限制王某人身自由，对其进行拷打、讯问，逼迫其承认"错误"，并且责令愿意信教的村民进行登记、写出检查、等候处理，已经严重侵犯了王某及潜在信徒的宗教信仰自由权利，并在当地造成了较大的社会影响，引起当地宗教协会的不满，可以认定为情节严重，依法构成非法剥夺公民宗教信仰自由罪。

二十五、侵犯少数民族风俗习惯罪

【知识要点】

1. 什么是侵犯少数民族风俗习惯罪？该罪的构成要件是什么？

　　侵犯少数民族风俗习惯罪，是指国家机关工作人员以强制手段干涉、破坏少数民族风俗习惯或者强迫少数民族改变风俗习惯，情节严重，依法应当追究刑事责任的行为。

　　本罪的构成要件是：侵犯的客体是少数民族的信仰自由，犯罪对象是少数民族风俗习惯。客观方面表现为以强制手段非法干涉、破坏少数民族风俗习惯的行为。干涉、破坏的形式表现为使用暴力、胁迫、利用权势、运用行政措施，等等。犯罪主体是国家机关工作人员，只有作为国家方针政策执行者的国家机关工作人员实施的上述行为，才具有犯罪的社会危害性。主观方

面必须是故意。行为人明知自己的行为会发生侵犯少数民族风俗习惯的危害结果，并且希望或者放任这种结果的发生。

2. 侵犯少数民族风俗习惯的具体表现有哪些？

（1）强迫少数民族改变自己的风俗习惯，如强迫回民实行火葬，改变饮食禁忌等。

（2）破坏少数民族的民俗活动，如扰乱少数民族的传统节日，阻挠少数民族的婚丧嫁娶仪式等。

（3）禁止少数民族改革本民族的陈规陋习。

（4）对少数民族的风俗习惯进行诋毁、攻击、贬损等。

3. 侵犯少数民族风俗习惯案的立案追诉标准是什么？

国家机关工作人员侵犯少数民族风俗习惯，情节严重的，应予立案。所谓"情节严重"，司法实践中一般是指手段恶劣，后果严重，影响很坏的情形。

4. 对犯侵犯少数民族风俗习惯罪的如何处罚？

根据刑法第二百五十一条的规定，犯侵犯少数民族风俗习惯罪的，处2年以下有期徒刑或者拘役。

关于"情节严重"的认定，请参考前述"侵犯公民宗教信仰自由罪"中的相关解释。

5. 怎样区分侵犯少数民族风俗习惯罪与煽动民族仇恨、民族歧视罪？

（1）主体要件不同。侵犯少数民族风俗习惯罪的主体要件为特殊主体，即只有具有国家机关工作人员身份的自然人才能构成此罪，非国家机关工作人员或者虽具有国家机关工作人员身份但不属于国家机关工作人员的，其侵犯少数民族风俗习惯的行为不构成此罪。当然，倘其行为符合其他侵犯公民人身权利、民主权利罪构成要件的，应以其他罪定罪处罚，而煽动民族仇恨、民族歧视罪的主体要件为一般主体，凡年满16周岁具有刑事责任能力的自然人，都可能构成本罪。

（2）客体要件不同。煽动民族仇恨、民族歧视罪侵犯的客体主要是各民族的平等权利，有时，本罪的客体还可能是复杂客体，即行为人实施的煽动行为不仅构成对其一少数民族平等权利的侵犯，有时还可能直接侵害有关民

族公民的人身、名誉、人格等权利；侵犯少数民族风俗习惯罪的客体则是我国少数民族保持或者改革本民族风俗习惯的权利。

（3）客观要件不同。煽动民族仇恨、民族歧视罪的客观特征主要表现为行为人故意实施的煽动民族仇恨、民族歧视的行为。煽动，就是蛊惑人心，以鼓动、劝诱或者其他方法，促使某一民族群众对其他民族产生仇恨、歧视等情绪或心理，或者采取一定的敌视行动。其危害性就在于可能使被煽动者产生某种破坏民族团结的违法犯罪的意图和行动。行为人进行煽动的方法是多种多样的，如，书写、张贴、散发标语、传单、印刷、散发非法刊物；录制、播放录音、录像；发表演讲、呼喊口号等，从而制造民族矛盾，使不同民族之间相互为敌或相互歧视。侵犯少数民族风俗习惯罪的客观特征，则表现为非法侵犯少数民族风俗习惯的行为。所谓非法侵犯，是指违反宪法和有关的法律规定，采用暴力、胁迫等手段，破坏少数民族风俗习惯，或者强制少数民族改变自己的风俗习惯。从司法实践来看，非法侵犯行为主要表现为以下三个方面：一是强迫少数民族改变自己的风俗习惯，例如，强迫少数民族改变自己的饮食禁忌，禁止少数民族公民身着民族服饰等；二是破坏少数民族的风俗活动，例如，扰乱少数民族的传统节日，阻挠少数民族的婚丧嫁娶仪式等；三是阻止少数民族对自己风俗习惯的改变等。

6. 如何区分侵犯少数民族风俗习惯罪与非法剥夺公民宗教信仰自由罪？

（1）犯罪客体的不同。非法剥夺公民宗教信仰自由罪侵犯的客体是公民的宗教信仰自由权，侵犯少数民族风俗习惯罪侵犯客体是少数民族的保持和改革本民族风俗习惯的自由权。

（2）侵犯的对象不同。侵犯少数民族风俗习惯罪侵犯的对象只限于少数民族的风俗习惯不包括汉族的风俗习惯；而非法剥夺公民宗教信仰自由罪的犯罪对象则既可能是少数民族的公民也可能是汉族公民。

（3）犯罪的客观方面不同，非法剥夺公民宗教信仰自由罪行为的客观表现为以暴力、胁迫或其他方法对公民的宗教信仰自由进行非法剥夺，而侵犯少数民族风俗习惯罪在客观上主要表现为以强制手段破坏少数民族风俗习惯的行为。另外，一般说来，两罪的犯罪行为发生的地点也常常不同。其中，

非法剥夺宗教信仰自由罪多发生在教堂、寺庙，或其他有关宗教活动场所，而侵犯少数民族风俗习惯罪，则较少发生在这些场所。

（4）两罪主观故意的内容不同，二者虽然都是故意犯罪，但故意的内容是不同的，侵犯少数民族风俗习惯罪的行为人系明知少数民族有保持本民族风俗习惯的自由，但仍故意加以侵犯；而非法剥夺公民宗教信仰自由罪之行为人则是明知公民有宗教信仰的自由而故意予以非法剥夺。

典型案例

2007 年，张某 52 周岁时从某县文化局退居二线，并开始经营了一家服装厂。2008 年 9 月，张某申请苏某、娃某、塔某 3 名 20 多岁的印尼籍穆斯林到自己的工厂工作。7 个月后，3 人报警称长期被逼吃猪肉。张某对此表示承认，并称要她们吃猪肉是"吃猪肉比较有力气工作"，但没有强迫。3 名受害人说，工厂将三餐包给小吃店供应，每天至少一餐有猪肉，她们因为遭到扣薪胁迫，只好闭起眼睛把猪肉吃掉。

【以案释法】

本案有两个关键点，一是原机关领导干部退居二线后的身份问题；二是国家机关工作人员侵犯少数民族构成犯罪与职权范围有无关系。

所谓退居二线，是指机关在职领导干部或企事业领导干部接近退休年龄，提前解除领导职务，只担任相应级别顾问或调研员职务，但仍享受原岗位的政治、经济待遇做法的政策概括。因此，有观点认为，本案中张某虽然退居二线，但仍然属于国家机关工作人员，而且是在文化部门工作，对国家的少数民族政策应当有最基本的了解。但是他却强迫 3 名穆斯林违背风俗习惯，进食非清真食品且时间跨度较长，可以认定为情节严重，构成侵犯少数民族风俗习惯罪。也有的观点认为，国家机关公务人员具有公权力和私权利，不能因为其行使公权力就否认其作为公民所享有的个人权利。与前述非法剥夺公民宗教信仰自由罪案例中的周某不同，周某侵犯公民宗教信仰自由的行为，是利用一定的职权进行的，是滥用公权力；而本案中张某强迫 3 名

穆斯林进食非清真食品的行为并没有利用职权或者借公职之便，而是利用了其作为企业主掌管薪金、用人等职责之便。这些职责属于私权利，与公权力没有必然的联系。因此，不能认定张某构成侵犯少数民族风俗习惯罪，但可以侮辱罪定罪处罚。

二十六、侵犯公民个人信息罪

【知识要点】

1. 什么是侵犯公民个人信息罪？该罪的构成要件是什么？

侵犯公民个人信息罪，是指违反国家有关规定，向他人出售或者提供公民个人信息，将在履行职责或者提供服务过程中获得的公民个人信息，出售或者提供给他人的，窃取或者以其他方法非法获取公民个人信息的，情节严重，依法应当追究刑事责任的行为。

本罪的构成要件是：本罪侵犯的直接客体是公民的个人信息权，间接客体是公民的隐私权。同时，本罪还侵犯了国家关于公民的信息管理秩序。犯罪对象为履职或者服务过程中获得的公民个人信息；窃取或者以其他方法非法获取公民个人信息。所谓公民个人信息，是指能够识别公民个人身份的信息，主要包括姓名、年龄、性别、身份证号码、职业、职务、学历、民族状况、婚姻状况等相关信息。但笔者认为，作为侵犯公民个人信息犯罪对象的个人信息不同于普通意义上的个人信息。侵犯公民个人信息犯罪的对象必须是一旦泄露即可能导致公民权利受到严重侵害的信息。客观方面表现为行为人违反国家有关规定，向他人出售或者提供公民个人信息，将在履行职责或者提供服务过程中获得的公民个人信息，出售或者提供给他人，窃取或者以其他方法非法获取公民个人信息的，情节严重的行为。根据《最高人民法院、最高人民检察院、公安部关于依法惩处侵害公民个人信息犯罪活动的通知》规定，对于窃取或者以购买等方法非法获取公民个人信息数量较大，或者违法所得数额较大，或者造成其他严重后果的，应当认定为"情节严重"。

犯罪主体为一般主体，所有的主体都有可能构成侵犯公民个人信息的犯罪主体。主观方面表现为故意。所谓故意，即明知出售或者提供他人信息，窃取或者以其他方法非法获取公民个人信息会侵犯他人的权益和危害社会，却仍然去实施这种行为的心理状态。

2. 侵犯公民个人信息的具体表现有哪些？

其主要表现为违反国家规定，向他人出售或者提供公民个人信息；违反国家有关规定，将在履行职责或者提供服务过程中获得的公民个人信息，出售或者提供给他人；窃取或者以其他方法非法获取公民信息。

（1）"向他人出售或者提供公民个人信息"的行为。该行为意味着只要是出售或者违反规定提供，情节严重的都要追究。这体现出对个人信息有了更大边界的保护，而目的就是要更有效地打击目前严重泛滥的非法出售、非法提供或者违反规定提供个人信息的行为。

（2）"违反国家有关规定，将在履行职责或者提供服务过程中获得的公民个人信息"的行为。首先，有违反国家关于公民个人信息保护的法律规定的行为。其次，实施了出售或非法提供的行为。出售，是指将自己掌握的公民个人信息以一定价格卖与他人，自己从中谋取利益的行为；非法提供，是指违反国家关于保守公民个人信息的规定，将自己履行职务或者提供服务过程中掌握的公民个人信息，以出售以外的方式提供给他人的行为。

（3）"窃取或者以其他方法非法获取公民信息"的行为。"窃取"，是指秘密盗取；"其他方法"，是指"窃取"之外的非法获取手段。"其他方法"具体有哪些表现刑法没有规定，实践中表现形式多样。但不论何种形式，在性质上都应当与窃取具有相当的社会危害性，而且应具有一定的主动性。除窃取（包括偷拍、秘密录音、秘密跟踪调查等）之外，通过骗取、利诱、胁迫、抢夺、抢劫、恐吓、非法侵入他人计算机系统等法律明文禁止的手段而获取的，均可视为"非法获取"。

3. 侵犯公民个人信息案的立案追诉标准是什么？

根据刑法修正案（九），修改后的刑法第二百五十三条之一第一款的规定，违反国家规定，向他人出售或者提供公民个人信息，情节严重的，需要

追究刑事责任。刑法第二百五十三条之一第二、三款的行为依照第一款的规定处罚。也就是说刑法二百五十三条之一规定的犯罪行为只有"情节严重"的情况才追究刑事责任。

出售或提供公民个人信息"情节严重"的情形主要指：出售或提供出售公民个人信息获利较大，出售或者非法提供多人信息，多次出售或者非法提供公民个人信息，以及公民个人信息被非法提供、出售给他人后，给公民造成经济上的损失，或者严重影响到公民个人的正常生活，或者被用于进行违法犯罪活动等情形，应予立案追究。

司法实践中，一般认为非法获取公民个人信息"情节严重"主要是指下列情形：（1）获取的信息用于违法犯罪活动的；（2）给公民造成较大经济损失或恶劣影响；（3）严重干扰被害人的正常生活或严重影响被害人名誉（包括致使受害者精神失常或自杀）；（4）非法获取公民个人信息手段恶劣的；（5）利用所获信息从中获利，数额较大；（6）获取信息数量较大，或是获取信息次数较多的。

4. 对侵犯公民个人信息罪如何处罚？

根据刑法第二百五十三条之一的规定，犯侵犯公民个人信息罪，处3年以下有期徒刑或者拘役，并处或者单处罚金；情节特别严重的，处3年以上7年以下有期徒刑，并处罚金。违反国家有关规定，将在履行职责或者提供服务过程中获得的公民个人信息，出售或者提供给他人的，依照前款的规定从重处罚。窃取或者以其他方法非法获取公民个人信息的，依照第一款的规定处罚。单位犯前三款罪的，对单位判处罚金，并对其直接负责的主管人员和其他直接责任人员，依照各该款的规定处罚。

典型案例

2015年6月起，张某一、张某二因不会通过手机定位，通过互联网搜索到能够帮人手机定位的昵称为"服装批发""飞翔号码通讯""手机G位"的人，与其建立上下线关系，二张遂商定通过手机定位获取非法利益，先由张某一联系需要手机定位的人，通过银行卡转账的方式收取高额费用后，再由需要手机定位的人通过QQ将被定位人的手机号码发

给张某二。张某二收到手机号码后，通过网银或支付宝支付一定费用给上线，并将该号码通过 QQ 发送给上线，上线定位后，遂将手机定位信息发送给张某二，其再转发给需要定位的人。张某一、张某二通过上述方式，非法为他人提供手机定位信息 20 余部次，违法所得共计 1.8 万余元，其中支付给上线费用 7000 余元。后该案被起诉至法院。法院经审理，判决张某一犯非法获取公民个人信息罪，判处有期徒刑 1 年，缓刑 2 年，并处罚金人民币 1.2 万元。张某二犯非法获取公民个人信息罪，判处有期徒刑 9 个月，缓刑 1 年，并处罚金人民币 1 万元。张某一退出的违法所得人民币 1.12 万元，张某二退出的违法所得，予以没收，上缴国库。

【以案释法】

本案中，二张违反相关规定，以买卖方法非法获取手机定位信息进行出售，是否构成侵犯公民个人信息罪，主要争议在于手机定位信息是否属于刑法所保护的公民个人信息，以及以手机定位作为犯罪对象的侵犯公民个人信息罪情节严重如何认定。首先，手机定位信息属于公民个人信息。一般认为，公民个人信息包括姓名、职业、职务、年龄、婚姻状况、学历、专业资格、工作经历、家庭住址、电话号码、信用卡号码、指纹、网上登录账号和密码等能够识别公民个人身份的信息。实际上，个人信息的界定通过列举的方式难以完全涵盖全部类型，应从刑法保护的目的理解个人信息的本质特征。本罪所保护的法益，并不是简单的公民的个人信息所有权和使用权，还有公民的隐私权。隐私是指个人私生活安宁不受他人非法干涉，个人信息保密不受他人非法搜集、刺探或公开，包括私生活安宁和私生活秘密两个方面。手机定位信息是指通过特定的定位技术来获取移动手机的位置信息，在电子地图上标出被定位对象位置的技术或服务。从形式上看，手机定位信息具有动态性，与一般稳固性的静态信息不同，难以与强调身份隐私性与可识别性的公民个人信息相同。但是手机定位信息不仅通过号码与公民个人直接关联可以识别出主体身份，且反映出的公民的活动轨迹，显然是不希望一般

人知晓的，如果被侵害，必然造成对公民个人生活和社会生活的影响。其次，公民个人活动轨迹情况的泄露，相较于其他信息而言，对公民生命、健康、财产安全的威胁可能更大，因为想要获取上述信息的行为人往往早有预谋，行为对象明确，行为目标确定，一旦获知被定位人的所在位置，就会使被定位人处于急迫的危险当中。因此，手机定位信息在实质上不仅具有保护的必要性，而且具有隐私性、识别性特点，属于刑法意义上所保护的公民个人信息。本案中两手机定位信息 20 余部次，有的长达数月之久，将信息出卖给他人且违法所得共计 1.8 万余元。多次获取多个公民个人信息，严重干扰了他人正常生活，应构成情节严重。因此，其行为构成非法获取公民个人信息罪。

二十七、报复陷害罪

【知识要点】

1. 什么是报复陷害罪？该罪的构成要件是什么？

报复陷害罪，是指国家机关工作人员滥用职权、假公济私，对控告人、申诉人、批评人、举报人实行打击报复、陷害，依法应当追究刑事责任的行为。

报复陷害罪的构成要件是：侵犯的客体是复杂客体，包括公民的民主权利和国家机关的正常活动。公民的民主权利，是指公民的批评权、申诉权、控告和举报权。这些权利是我国公民享有的重要的民主权利，是公民行使管理国家权利的一个重要方面，受到国家法律的严格保护。宪法第四十一条规定："中华人民共和国公民对于任何国家机关和国家工作人员，有提出批评和建议的权利；对于任何国家机关和国家工作人员的违法失职行为，有向有关国家机关提出申诉、控告或者检举的权利，但是不得捏造或者歪曲事实进行诬告陷害。对于公民的申诉、控告或者检举，有关国家机关必须查清事实，负责处理。任何人不得压制和打击报复。"为了切实保障宪法赋予公民

的民主权利的实现，刑法对侵犯公民民主权利的行为规定了报复陷害罪。报复陷害是同国家工作人员滥用职权、假公济私联系在一起的，因此，报复陷害行为构成犯罪的，不仅侵犯公民的民主权利，还严重损害国家机关的声誉，破坏国家机关的正常活动。本罪在客观方面表现为国家机关工作人员违背职责的规定而行使职权，以工作为名，为徇私情或者实现个人的目的而滥用职权或假公济私，以种种借口对控告人、申诉人、批评人和举报人进行政治上或经济上的迫害的行为。所谓"滥用职权"，是指国家机关工作人员违背职责的规定而行使职权。所谓"假公济私"，是指国家机关工作人员以工作为名，为徇私情或者实现个人的目的而利用职务上的便利。所谓"报复""陷害"，是指行为人利用手中的权力，以种种借口进行政治上或者经济上的迫害。实施打击报复、陷害的行为，只有情节严重的才构成本罪，即多次或者对多人进行报复陷害、报复陷害手段恶劣、报复陷害造成严重后果等。本罪的犯罪主体是特殊主体，是典型的身份犯，即只有国家机关工作人员才能构成本罪。非国家机关工作人员报复陷害或国家机关工作人员没有利用职权或职务便利报复陷害，构成犯罪的，依照刑法规定的相关罪名定罪处罚。本罪在主观方面只能是故意。

2. 报复陷害的具体表现有哪些?

（1）必须捏造犯罪事实，即无中生有、栽赃陷害、借题发挥把杜撰的或他人的犯罪事实强加于被害人。所捏造的犯罪事实，只要足以引起司法机关追究被害人的刑事责任即可，并不要求捏造详细情节与证据。

（2）必须向国家机关或有关单位告发，或者采取其他方法足以引起司法机关的追究活动，告发方式多种多样，如口头的、书面的、署名的、匿名的、直接的、间接的等。如果只捏造犯罪事实，既不告发，也不采取其他方法引起司法机关追究的，则不构成本罪。

（3）必须有特定的对象。如果没有特定对象，就不可能导致司法机关追究某人的刑事责任，因而不会侵犯他人的人身权利。当然，特定对象并不要求行为人点名道姓，只要告发的内容足以使司法机关确认对象是谁就构成诬告陷害罪。至于被诬陷的对象是遵纪守法的公民，还是正在服刑的犯人，以及是否因被诬告而受到刑事处分，均不影响本罪的成立。诬陷没有达到法定

年龄或者没有辨认或控制能力的人犯罪，属于对象不能犯，仍构成诬告陷害罪。

3. 报复陷害案的立案追诉标准是什么？

国家机关工作人员有报复陷害行为，涉嫌下列情形之一的，应予立案：（1）报复陷害，情节严重，导致控告人、申诉人、批评人、举报人或者其近亲属自杀、自残造成重伤、死亡，或者精神失常的；（2）致使控告人、申诉人、批评人、举报人或者其近亲属的其他合法权利受到严重损害的；（3）其他报复陷害应予追究刑事责任的情形。

4. 对犯报复陷害罪的如何处罚？

根据刑法第二百五十四条的规定，犯报复陷害罪的，处2年以下有期徒刑或者拘役；情节严重的，处2年以上7年以下有期徒刑。

5. 报复陷害罪与诬告陷害罪都是陷害他人，两者有何不同？

（1）客体要件不同。诬告陷害罪侵犯的是公民的人身权利；报复陷害罪侵犯的是公民的民主权利。

（2）犯罪对象不同。诬告陷害罪犯罪对象是一切公民；报复陷害罪犯罪对象是特定的控告人、申诉人、批评人与举报人。

（3）犯罪主体不同。诬告陷害罪是一般主体；报复陷害罪要求必须是国家机关工作人员。由此，诬告陷害案的立案侦查由公安机关负责，而报复陷害案的立案侦查由检察机关负责。

（4）两罪的行为表现不同。诬告陷害罪表现为捏造犯罪事实，作虚假告发；报复陷害罪则表现为滥用职权、假公济私，进行报复陷害。

（5）两罪犯罪目的不同。诬告陷害罪意图使他人受刑事追究；而报复陷害罪是一般报复的目的。如果国家机关工作人员为了报复陷害控告人、申诉人、批评人，利用职权、捏造犯罪事实，并向有关机关告发的，完全符合诬告陷害罪的特征，应定诬告陷害罪，不定报复陷害罪。

（6）处罚刑期不同。犯诬告陷害罪，处3年以下有期徒刑、拘役或者管制；造成严重后果的，处3年以上10年以下有期徒刑。国家机关工作人员犯诬告陷害罪的，从重处罚。犯报复陷害罪的，处2年以下有期徒刑或者拘役；情节严重的，处2年以上7年以下有期徒刑。

6. 如何区分报复陷害罪与打击报复证人罪？

（1）犯罪客体不同。打击报复证人罪侵犯的客体是复杂客体，即国家司法机关的正常活动和公民依法作证的民主权利。证人，是案件得到合法、公正处理的关键性因素之一，有些案件特别是刑事案件，证人的作用尤为重要。

（2）犯罪的客观方面不同。打击报复证人罪的客观表现为对证人进行打击报复的行为。既可以是行为人利用手中职权，假公济私，对证人进行打击报复，也可以是行为人没有利用职权而对证人采用恐吓、行凶、伤害等手段进行报复。打击报复证人罪侵害的对象只能是依法作证的证人。

（3）主观方面不同。两罪的主观特征都表现为直接故意，但行为人具体的故意内容不同。

（4）两者的主体要件不同。打击报复证人罪的主体为一般主体，凡年满16周岁具有刑事责任能力的人都可构成本罪，行为人既可以是国家机关工作人员，也可以是一般的公民；而报复陷害罪的主体则为特殊主体，即只有国家机关工作人员才能构成本罪。

典型案例

　　2007年8月，时任某市某区区委书记的张某收到市政府秘书肖某截留的一封关于检举其受贿、卖官、违法乱纪的举报信，张某根据举报信内容，分析判定举报人就是李某，遂产生报复的念头。其后，张某要求该区检察院检察长汪某加大查处李某的力度，并在得知李某案件进展不大时，严厉斥责汪某并以撤免其检察长职务、卡其单位经费相威胁，要求汪某每天向其汇报李案查处情况。后某日汪某向张某汇报李案查处情况时，张某出示一封举报信并告诉汪某，李某就是举报自己的人。同年8月22日，张某搜集、摘抄了举报李某的人民来信，编造成名为"特大举报！！！"的举报信，并安排区委工作人员将该举报信邮寄给该市及该区的司法、党政机关负责人。为了确保自己能对该举报信签批查处，还安排给自己邮寄一份。8月23日，张某安排曾与李某共事过的该区农委主任王某、区文化局局长宫某编造李某经济问题的材料。8月24日，张某将

"特大举报！！！"信中有关李某所谓"雇凶杀人"的材料交由区公安分局万某查处；安排该区纪委书记赵某调查李某在机构改革中有无受贿问题；安排该区人事局副局长徐某等人调查李某子女违规就业问题。

8月23日晚至8月24日上午，汪某数次召集该区检察院副检察长徐某、反贪局局长郑某等人开会，讨论李某的立案问题，与会人员均认为李某的问题不符合立案条件。汪某为了达到对李某立案的目的，在召开检察委员会前，授意案件承办人员提出立案意见。在检察委员会上，汪某又作了区委领导十分重视该案的引导性发言，致使检察委员会形成对李某立案并采取强制措施的一致意见。8月26日，区检察院抓捕了李某，汪某即安排公诉科长王某审查逮捕李某。王某屈于汪某旨意，违心提出逮捕李某的审查意见。11月下旬，张某将区人事局调查的李某子女违规就业的有关材料交给汪某，指令汪某单独提讯李某，向其施加压力，要李某说出幕后举报人，并要求李某不再举报张某，否则将清退李某子女的工作。汪某还建议张某责令公安机关查处李某所谓伪造公文、印章问题，以实现张某对李某重判的要求。张某遂安排区公安分局查处此案。区公安分局迫于张某的压力，于2008年1月7日对李某以伪造国家机关公文、印章罪立案侦查；1月18日，区公安分局侦查终结，移送区检察院审查起诉。1月25日，李某案移送审查起诉后，汪某要求公诉科长王某尽快结案起诉。在检察委员会会议上，汪某不顾承办人和其他检察委员会委员对定性、犯罪数额有异议的意见，最终以移送《起诉意见书》认定的罪名和数额，决定对李某提起公诉。3月4日，区检察院以李某构成贪污罪，受贿罪，伪造国家机关公文、印章罪，伪造公司印章罪为由，向区人民法院提起公诉。3月6日，李某在收到区人民法院送达的起诉书后，于3月13日在监狱医院自缢死亡。经该省人民检察院刑事科学技术鉴定，李某为机械性窒息死亡（缢死）。2008年4月8日，区人民法院依法裁定对李某案件终止审理。后经省、市检察院调卷审查认为，区检察院指控李某涉嫌贪污94.3万元、受贿11.15万元以及涉嫌伪造国家机关公文、印章罪，伪造公司印章罪，除了受贿5.9万元可以认定外，其他罪均不能认定。

2009 年 11 月 19 日，法院依法组成合议庭，公开审理了此案。2010 年 2 月 8 日，法院依法判决：张某犯受贿罪，判处死刑，缓期 2 年执行，剥夺政治权利终身，并处没收个人全部财产；犯报复陷害罪，判处有期徒刑 7 年。决定执行死刑，缓期 2 年执行，剥夺政治权利终身，并处没收个人全部财产。判决汪某犯报复陷害罪，判处有期徒刑 6 年。对张某受贿犯罪所得予以追缴，上缴国库。张某、汪某不服一审判决，向省高级法院提出上诉。省高级法院依法裁定驳回张某、汪某的上诉，维持原判。

【以案释法】

本案中，张某、汪某具有国家机关工作人员身份，并且分别是所在行政区党委及检察院的负责人。在张某主使下，二人对李某采取了打击报复手段，并致李某自杀身亡。那么，本案中，二人报复李某的行为应当认定为报复陷害罪还是诬告陷害罪呢？

刑法将诬告陷害罪归类在侵犯公民人身权利犯罪，而将报复陷害罪归入侵犯公民民主权利犯罪。可见，二者的本质区别是犯罪侵害客体及犯罪对象的不同。如果行为人的犯意指向的是公民的民主权利，则应定性为报复陷害罪；如果犯意指向的是人身权利，则应定性为诬告陷害罪。但事实上，民主权利和人身权利是密不可分的。本案中更为复杂的情节是，张某、汪某意图侵犯李某民主权利的目的行为借助了侵犯李某人身权利的方法行为，二人的行为同时构成了诬告陷害罪和报复陷害罪，属想象竞合犯，依照刑法理论应择一重处，即以诬告陷害罪定罪处罚。同时，依照刑法第二百四十三条第二款的规定，作为国家机关工作人员的张某、汪某犯诬告陷害罪的，从重处罚。

法院之所以认定张、汪二人构成报复陷害罪而不构成诬告陷害罪，主要依据就是因为本案的起因是李某向有关部门进行的关于张某违法乱纪的举报，这是李某行使其宪法赋予的民主权利。但是张某、汪某打击报复的对象其实不限于举报人李某本人，还有非举报人的李某两名近亲属。对这两名李某的近亲属而言，张某、汪某的打击报复则完全属于诬告陷害，应构成诬告

陷害罪。从两罪犯罪目的不同。诬告陷害罪意图使他人受刑事追究；而报复陷害罪是一般报复的目的。张某、汪某作为国家机关工作人员为报复陷害举报人李某，利用职权、捏造犯罪事实，并向有关机关告发的，意图使李某及两名近亲属受到刑事追究，而不是一般报复的目的，完全符合诬告陷害罪的特征，应定诬告陷害罪，不应认定为报复陷害罪，法院判决虽然已经发生法律效力，但从理论上讲仍有待商榷。

二十八、破坏选举罪

【知识要点】

1. 什么是破坏选举罪？该罪的构成要件是什么？

破坏选举罪，是指在选举各级人民代表大会代表和国家机关领导人员时，以暴力、威胁、欺骗、贿赂、伪造选举文件、虚报选举票数等手段破坏选举或者妨害选民和代表自由行使选举权和被选举权，情节严重，依法应当追究刑事责任的行为。

本罪的构成要件是：侵犯的客体是选举权、被选举权以及我国各级人民代表大会代表和国家机关领导人员的选举管理制度。选举权和被选举权是宪法赋予公民（人大代表）参加国家管理的基本政治权利，它体现了人民群众在国家中的主人翁地位。破坏选举的行为，侵犯了人民管理国家的权利，应当受到法律的制裁。本罪所破坏的选举活动，必须是各级人民代表大会代表和国家机关领导人员的选举活动，包括依照全国人民代表大会组织法、地方各级人民代表大会和地方各级人民政府组织法、全国人民代表大会和地方各级人民代表大会选举法、关于县级以下人民代表大会代表直接选举的若干规定等有关法律进行的选举各级人民代表大会代表和国家机关领导人员过程中的选民登记、提出候选人、投票选举、补选、罢免等各项选举活动。本罪在客观方面表现为在选举各级人民代表大会代表和国家机关领导人员时，以暴力、威胁、欺骗、伪造选举文件、虚报选举票数等手段破坏选举或者妨害选

民和代表自由行使选举权和被选举权，情节严重的行为。本罪的犯罪主体是一般主体，凡达到刑事责任年龄、具有刑事责任能力的自然人均可构成本罪。行为人既可以是有选举权和被选举权的人，也可以是无选举权和被选举权的人；既可以是选举工作人员，也可以是选民或者代表。本罪在主观方面只能表现为故意并且是直接故意。因过失影响选举工作的，如由于工作疏忽而漏发选票或者误计选票等，不构成本罪。

2. 破坏选举的具体表现有哪些？

其在客观方面表现为在选举各级人民代表大会代表和国家机关领导人员时，以暴力、威胁、欺骗、伪造选举文件、虚报选举票数等手段破坏选举或者妨害选民和代表自由行使选举权和被选举权的行为。"暴力"，是指对选民、各级人民代表大会代表、候选人、选举工作人员等进行殴打、捆绑等人身打击或者实行强制，或者以暴力故意捣乱选举场所、破坏选举设备，使选举工作无法正常进行等情况。"威胁"，是指以杀害、伤害、毁坏财产、破坏名誉等进行要挟，迫使选民、各级人民代表大会代表、候选人、选举工作人员等不能正常履行组织和管理的职责。"欺骗"，是指捏造事实、颠倒是非，并加以散播、宣传，以虚假的事实扰乱正常的选举活动，影响选民、各级人民代表大会代表、候选人自由地行使选举权和被选举权。这里的"欺骗"，必须是编造严重不符合事实的情况，或者捏造对选举有重大影响的情况等，对于在选举活动中介绍候选人或者候选人在介绍自己时对一些不是很重要的事实有所夸大或者隐瞒，不致影响正常选举的行为，不能认定为以欺骗手段破坏选举。"贿赂"，是指用金钱或者物质利益收买选民、各级人民代表大会代表、候选人、选举工作人员，使其违反自己的真实意愿参加选举或者在选举工作中进行舞弊活动。"伪造选举文件"，是指采用伪造选民证、选举票数等选举文件的方法破坏选举。"虚报选举票数"，是指选举工作人员对于统计出来的选票数、赞成票数、反对票数进行虚报、假报（包括多报或者少报）的行为。

3. 破坏选举案的立案追诉标准是什么？

国家机关工作人员利用职权破坏选举，涉嫌下列情形之一的，应予立案：（1）以暴力、威胁、欺骗、贿赂等手段，妨害选民、各级人民代表大会

代表自由行使选举权和被选举权，致使选举无法正常进行，或者选举无效，或者选举结果不真实的；（2）以暴力破坏选举场所或者选举设备，致使选举无法正常进行的；（3）伪造选民证、选票等选举文件，虚报选举票数，产生不真实的选举结果或者强行宣布合法选举无效、非法选举有效的；（4）聚众冲击选举场所或者故意扰乱选举场所秩序，使选举工作无法进行的；其他情节严重的情形。

非国家机关工作人员破坏选举案，可以参照上述标准立案追诉。

4. 对犯破坏选举罪的如何处罚？

根据刑法第二百五十六条的规定，犯破坏选举罪的，处 3 年以下有期徒刑、拘役或者剥夺政治权利。

典型案例

2006 年 10 月 4 日中午，玉某邀韦某等 3 人到县某饭店吃饭。席间，玉某讲到某乡换届选举时，叫这 3 人选本地人莫某当乡长，并让朋友回去分头和其他村代表联系，要求统一其他村代表的思想都选莫某当乡长。商量好后，玉某拿出现金 1000 元交给韦某，让韦某借机请其他人大代表吃饭，让代表们统一思想。饭后，玉某用其私家车搭乘这 3 人专程前往外地游玩。韦某等 3 人接受玉某的授意后，于 2006 年 10 月 8 日联络几个村委的主要领导和人大代表蓝某等 9 人，包车到饭店吃饭。席间，韦某首先讲话，要在座各位不但要统一好思想，回去后还要负责做好本村人大代表的思想工作，要选本地人莫某为本届政府乡长。在座的代表均一一作了赞同表态。当天的就餐费及包车费等费用共花去了 580 元，均由韦某从玉某给的活动经费 1000 元中开支，剩余的 420 元，韦某分得 220 元。由于在乡人代会召开前有了串联拉选票的非法活动，致使 2006 年 10 月 11 日在该乡第十届人大第一次会议的人大、政府班子的换届选举中，参加会议代表 54 名，莫某获得 36 票的最高赞成票这一不真实的选举结果。由于 4 被告的行为，造成该乡第十届人民政府乡长这一职位长时间空缺的严重后果。

法院经审理，认为玉某、韦某无视国家法律，在选举国家机关领导人员时，采用贿赂人大代表的手段，破坏选举，妨害代表自由行使选举权和被选举权，情节严重，其行为已触犯我国刑法，构成破坏选举罪。其中，玉某在共同犯罪中起主要作用，是主犯，应当按照其所参与的全部犯罪处罚。韦某及其他2人在共同犯罪中起次要作用，是从犯，应当从轻处罚。判决玉某犯破坏选举罪，判处有期徒刑1年；韦某犯破坏选举罪，判处拘役6个月，缓刑6个月；其他2人犯破坏选举罪，剥夺政治权利1年。

【以案释法】

　　破坏选举罪，是指在选举各级人民代表大会代表和国家机关领导人员时，以暴力、威胁、欺骗、贿赂、伪造选举文件、虚报选举票数等手段破坏选举或者妨害选民和代表自由行使选举权和被选举权，情节严重的行为。本案中，行为人玉某请韦某等3人吃饭，并预支1000元活动经费，让3行为人请其他代表吃饭，要求统一思想，选莫某当乡长，主观上具有直接破坏选举的故意，客观上实施了以金钱或者其他物质利益贿赂选民、人大代表，使他们违反自己的真实意愿参加选举，即刑法第二百五十六条破坏选举罪中的"贿选"行为，严重破坏了公民的选举权、被选举权，侵犯了公民的选举权利和国家的选举制度，并且造成了该乡政府乡长长期空缺，严重影响了各项工作的正常开展，可以认定为情节严重。因此，应以破坏选举罪追究刑事责任。玉某等人属于共同犯罪，应当根据共同犯罪人在犯罪中的地位、角色分别依法给予刑事处罚。

二十九、暴力干涉婚姻自由罪

【知识要点】

1. 什么是暴力干涉婚姻自由罪？该罪的构成要件是什么？

暴力干涉婚姻自由罪，是指以暴力手段干涉他人恋爱、结婚和离婚自由的行为。

本罪的构成要件是：侵犯的客体是他人的婚姻自由权利和身体自由权。需要注意的是，本罪中侵犯身体权利的暴力行为只限于作为实施干涉婚姻自由的手段。客观方面表现为使用暴力干涉他人婚姻自由的行为。实施暴力不是为了干涉婚姻自由的，或者仅有干涉行为而没有实施暴力的，不构成本罪；仅以暴力相威胁进行干涉的，也不构成本罪；暴力极为轻微的（如打一耳光），不能视为本罪的暴力行为。暴力行为致被害人重伤或伤害致死的，应按照处理牵连犯或想象竞合犯的原则，从一重论处；一贯以暴力进行干涉，其中一次或几次暴力致被害人重伤的，则应实行数罪并罚。犯罪主体为一般主体，凡达到刑事责任年龄且具备刑事责任能力的自然人均能构成本罪。包括父母、兄弟姐妹、族人以及奸夫、情妇、被害人所在单位的领导人等，其中以父母干涉子女婚姻自由的居多数。犯罪主观方面表现为直接故意，即明知自己的行为就是为了干涉他人的婚姻自由。犯罪动机多种多样：出于贪图金钱、高攀权势进行干涉；出于维护封建的旧习俗不准改嫁；等等。动机不影响本罪的构成，仅在量刑时具有参考意义。

2. 暴力干涉婚姻自由的具体表现是什么？

首先，要求行为人实施暴力行为，即实施捆绑、殴打、禁闭、抢掠等对人身行使有形的行为；其次，实施暴力行为是为了干涉他人婚姻自由，干涉婚姻自由主要表现为强制他人与某人结婚或者离婚，禁止他人与某人结婚或者离婚，这里的某人包括行为人与第三者。

3. 暴力干涉婚姻自由案的立案追诉标准是什么？

暴力干涉婚姻自由罪属于自诉案件，只有被害人告诉的才处理。但如果被害人是因为受到强制、威吓无法告诉的，人民检察院及被害人的近亲属可

以告诉。致使被害人死亡的，为公诉案件。

4. 对犯暴力干涉婚姻自由罪的如何处罚？

根据刑法第二百五十七条第一款的规定，犯暴力干涉婚姻自由罪的，处2年以下有期徒刑或者拘役。

根据本条第二款的规定，犯暴力干涉婚姻自由罪，致使被害人死亡的，处2年以上7年以下有期徒刑。

根据本条第三款的规定，犯本罪的，告诉的才处理。所谓告诉的才处理，是指被害人要向人民法院提出控告，人民法院才处理，不告诉不处理。但是，根据刑法第九十八条的规定，如果被干涉者受强制、威吓等而无法向人民法院起诉的，人民检察院可以提起公诉。被干涉者的近亲属也可以控告，青年、妇女群众组织和有关单位也可以向人民检察院检举揭发干涉者，由人民检察院查实后提起公诉。犯本罪引起被害人死亡的不适用告诉才处理的规定。

5. 如何理解构成本罪的"暴力"？

本罪中的暴力一般是指行为人采用捆绑、禁闭、殴打、强抢等对被害人人身实施打击和强制的行为。但是，这里的暴力是有一个限度的，其既不是非暴力手段，如中断财物供给、断绝亲情关系、辱骂、虐待或者以自杀相威胁等，也不能是轻伤害以上的暴力，比如重伤害甚至杀害。非暴力手段干涉婚姻自由的，不构成本罪。行为人公然以故意杀人、重伤、强奸等方式，干涉他人婚姻自由，其侵犯人身权利的社会危害远远超过了对婚姻自由的干涉，就不应当再以暴力干涉婚姻自由罪论处，而应以侵犯公民人身权利罪中所触犯的具体罪名定罪处罚。

6. 对以非法拘禁方式干涉他人婚姻自由的行为怎么处理？

如果以非法拘禁干涉他人婚姻自由，尚未造成严重后果，且被害人未向司法机关告发的，不宜追究被告人的刑事责任。由于暴力干涉婚姻自由属于告诉才处理的犯罪，如果当事人未告诉，就不宜按通常的处理原则适用非法拘禁罪；如果当事人已告诉，则应按想象竞合犯处理，以非法拘禁罪论处。

如果以非法拘禁方法干涉他人婚姻自由，引起被害人死亡的，应以想象

竞合犯的原则追究被告人的刑事责任。这是因为，暴力干涉他人婚姻自由引起被害人死亡的，不在"告诉的才处理"之列。因此，出现这种情况的，应以想象竞合犯的原则处理。以非法拘禁方法干涉他人婚姻自由，致人重伤的，应视当事人是否告诉而分别处理：当事人向司法机关告诉的，应按想象竞合犯的原则，以非法拘禁罪的基本构成的法定刑追究被告人的刑事责任；如果当事人未告诉的，就不应追究行为人的刑事责任。

典型案例

　　被告人肉某的父母和自诉人阿某的父母商定让自诉人阿某与被告人肉某成亲，为此肉某的父母给自诉人家送去了礼品。因自诉人阿某不同意与被告人肉某结婚，退回了礼品。2005 年 8 月 23 日晚，自诉人阿某和姐姐坐畜力车从姑姑家回家时，被告人肉某及其朋友在中途阻止，不顾自诉人阿某极力反抗，用摩托车、汽车强行把自诉人阿某带到外地，强迫自诉人阿某同意与被告人肉某结婚。在实施强抢过程中，阿某右腿被摩托车排气管烫伤。自诉人的父母闻讯后向公安机关报案。当月 25 日凌晨，公安人员解救了自诉人阿某，并将被告人肉某抓获。法院经审理认为，公民享有婚姻自主权，禁止买卖、包办婚姻和其他干涉婚姻自由的行为。被告人肉某明知其父母给自诉人家送去礼品后，自诉人阿某不同意与被告人结婚，退回了礼品，仍伙同他人强行将自诉人带到外地，强迫自诉人同意与其结婚，其行为构成暴力干涉婚姻自由罪。判决被告人肉某犯暴力干涉婚姻自由罪，判处有期徒刑 6 个月。

【以案释法】

　　婚姻自由是我国宪法赋予公民的一项基本民主权利，是我国婚姻法的一项基本原则，是社会主义婚姻制度的一个重要特征。所谓婚姻自由，是指男女双方缔结或者解除婚姻关系，在不违背国家法律的前提下，有权按照本人的意愿，自主地决定自己的婚姻问题，不受任何人的强制和干涉。暴力干涉婚姻自由罪，一般以干涉自由结婚为多，实践中也存在大量的干涉他人离婚

自由的案子，但是进入司法程序的很少。保障公民的结婚自由和离婚自由，对于巩固社会主义婚姻家庭制度，同样具有重要意义。

　　暴力干涉婚姻自由罪，是行为人以暴力手段干涉他人结婚和离婚自由的行为。暴力手段包括捆绑、殴打、禁闭和强抢等对人身实施打击和强制的行为。其目的既包括阻止他人与第三人自由地结婚或离婚，也包括逼迫他人与自己或第三人结婚或离婚。必须强调的是，这里的"他人"应该是行为人暴力干涉婚姻自由所指向的与其有特定关系的人，如子女、父母、兄弟姊妹、心爱之人，等等。为什么要强调这一点呢？2006年12月17日上午，陕西省发生过一个案子，即"横山抢婚案"。某县某村一娶亲车队行进到村里十字路口时，突然出现十几个年轻人手持大刀，砸烂车玻璃，打伤迎亲人员，抢走了新娘马某。警方调查后查明，组织抢婚者崔某，与新娘马某早于半年多前就相识相爱。同时，马某3年前已经与新郎郑某订婚。马某在上学期间曾得到郑家不少资助。二人结婚前，马某表示了对这桩婚姻的反对，但迫于父母的压力及诸多因素的干扰，还是与郑某办理了结婚手续，双方定于12月17日举办婚礼。在成婚前一晚，马某用手机与崔某联系，让他在次日郑某迎亲时将自己抢走，并告诉崔某结婚车队行走的时间、路线等。有观点就认为，崔某与马某合谋，采用抢婚手段，干涉了郑某的婚姻自由权利，应该认定为暴力干涉他人婚姻自由罪。也有观点认为，郑某与马某已经领取了结婚证，只不过没有办喜事，在法律上已经形成夫妻关系，不存在干涉郑某婚姻自由的问题。这里抛开其他不谈，就暴力干涉婚姻自由罪而言，崔某的抢婚行为并不指向郑某，即使换了张某、王某，只要马某是新娘，他都可能实施抢婚的行为。如果马某自愿与第三人结婚，崔某抢婚，刑法的立法本意上侧重保护的也是其干涉行为所指向的马某，虽然抢婚的行为同时构成了对第三人婚姻自由权利的侵害，这时崔某构成本罪的受害人只是马某，因为崔某主观上没有侵害郑某的直接故意（应为间接故意）。因此，就"横山抢婚案"而言，崔某抢婚行为针对的是马某，即使马某与郑某没有领取结婚证，只要崔某的行为事实上没有干涉马某的婚姻自由权利，就不能认定为暴力干涉婚姻自由罪。

　　本案也是一起典型的抢婚行为，但情况与"横山抢婚案"大相径庭。被害人阿某不愿意嫁给肉某。但是肉某自恃两家有父母之命且已送过彩礼，在

阿某反抗的情况下采用强抢手段，抢走阿某，并以限制人身自由等方式逼迫阿某与自己结婚，应当以暴力手段干涉婚姻自由罪定罪处罚。

不过，在有的少数民族地区，抢婚是一种结婚的风俗，是烘托喜庆氛围的一种形式。对于这种抢婚，自然不能作为犯罪来处理。但对于违背女方意志，采取暴力手段将妇女强行抢到家中，强迫与行为人结婚的行为，则不能听之任之，构成犯罪的，应以暴力干涉婚姻自由罪追究刑事责任。对于以故意伤害的手段强迫妇女结婚的，如果行为已构成故意伤害罪，应按照故意伤害罪和暴力干涉婚姻自由罪的想象竞合犯处理，从一重处罚；对于以非法拘禁的方式强迫妇女结婚的，如果行为已构成非法拘禁罪，亦应按照非法拘禁罪和暴力干涉婚姻自由罪的想象竞合犯的处理原则，从一重处罚；对于以强行发生性关系的手段强迫妇女结婚的，因强奸罪的量刑明显高于暴力干涉婚姻自由罪，故一般以强奸罪追究刑事责任。

三十、重婚罪

【知识要点】

1. 什么是重婚罪？该罪的构成要件是什么？

重婚罪，是指自己有配偶而与他人结婚，或者明知他人有配偶而与之结婚的行为。

本罪的构成要件是：侵犯的客体是一夫一妻制的婚姻关系。一夫一妻制是我国婚姻法规定的原则，重婚行为破坏了我国社会主义婚姻、家庭制度，必须予以刑事处罚。客观方面表现为有配偶而重婚，或者明知他人有配偶而与之结婚的行为。所谓有配偶而重婚，是指男有妻、女有夫，且此种法律关系未经法律程序解除尚在存续的状态的，又与第三人结婚的行为。所谓明知他人有配偶而与之结婚，是指自己虽然没有结婚，但是明知对方已经结婚而与其结婚的行为。这两种行为，都构成重婚罪。犯罪主体为一般主体。犯罪主观方面由直接故意构成。如果有配偶的一方隐瞒已结

婚的真相，使无配偶一方受骗上当而与之结婚的，对无配偶一方而言不构成重婚。

2. 重婚的具体表现有哪些？

（1）两个法律婚姻。即前婚和后婚都是经过婚姻登记机关登记，依法取得结婚证明的婚姻。显然，后婚中结婚登记的取得带有明显的欺骗性质，隐瞒了前一婚姻关系存在的事实，实际上损害了婚姻登记的公信力，是对一夫一妻制度的公然损害，必然构成重婚罪无疑。

（2）两个事实婚。重叠的两个事实婚，其婚姻关系视当时的婚姻法而定是否受法律保护，并在此基础上决定是否构成重婚。湖南省发生过一个案子：1977年，王某与本村女青年李某未办结婚登记即以夫妻名义共同生活，并生育一子。1989年，二人闹矛盾后李某负气远走他乡。1990年，王某与本乡另一女青年张某未办结婚登记亦以夫妻名义共同生活，并生育一女。1997年，李某回到本村后得知此事，遂状告王某重婚罪。

（3）先法律婚再事实婚。前婚是符合结婚的法定实质要件和形式要件的合法婚姻，后婚却是未经登记，符合事实婚标准的事实婚姻。在这种情形下，后一个事实婚的重婚行为，侵犯的直接客体是前一个合法婚姻，而间接客体则是一夫一妻的婚姻制度。

（4）先事实婚再法律婚。前婚是未经登记的事实婚，未获得国家婚姻登记机关的认可。后婚是经过婚姻登记机关登记的法律婚。对于婚姻法承认的事实婚而言，后婚所形成的法律婚就侵犯了前边的事实婚姻，从而构成重婚罪。

3. 重婚案的立案追诉标准是什么？

行为人涉嫌下列情形之一的，应予立案：（1）与配偶登记结婚，与他人又登记结婚而重婚，也即两个法律婚的重婚。有配偶的人又与他人登记结婚，有重婚者欺骗婚姻登记机关而领取结婚证的，也有重婚者和登记机关工作人员互相串通作弊领取结婚证的。（2）与原配偶登记结婚，与他人没有登记却以夫妻关系同居生活而重婚，此即为先法律婚后事实婚型。（3）与配偶和他人都未登记结婚，但与配偶和他人曾先后或同时以夫妻关系同居而重婚，此即两个事实婚的重婚。（4）与原配偶未登记而以夫妻关系共同生活，

后又与他人登记结婚而重婚，此即先事实婚后法律婚型。（5）没有配偶，但明知对方有配偶而与其登记结婚或以夫妻关系同居而重婚。

4. 对犯重婚罪的如何处罚？

根据刑法第二百五十八条的规定，犯重婚罪的，处 2 年以下有期徒刑。

5. 我国法律及司法解释对于事实婚的规定有哪些？

我国存在着历史悠久的事实婚，新中国成立后婚姻法又将结婚登记作为婚姻成立的唯一合法的形式要件。但是，面对客观存在的事实婚，法律曾一度妥协予以认可或附条件认可。根据法律及司法解释的规定，可以把事实婚的主要经历和规定作如下划分：

（1）承认事实婚姻（新中国成立后至 1989 年 11 月 20 日）。1950 年婚姻法规定，结婚登记是婚姻成立的唯一合法的形式要件，但是事实婚姻仍大量存在。1953 年 3 月 19 日中央人民政府法制委员会在《有关婚姻问题的若干解答》中指出：对事实上已结婚而仅欠缺结婚登记手续者，仍认为是夫妻关系，可不必补办登记。1958 年 3 月 3 日《最高人民法院关于"事实上婚姻关系"应如何予以保护和一方提出离婚应如何处理问题的复函》中指出：由事实婚姻而产生的家庭中的各种权利义务，……与由于登记结婚的婚姻关系一样，法律应给予相同的保护。此后的 20 年间司法界对于事实婚的态度都是遵循此批复。

（2）附条件承认事实婚的效力（1989 年 11 月 21 日至 1994 年 2 月 2 日）。1989 年 11 月 21 日最高人民法院印发《关于人民法院审理未办理结婚登记而以夫妻名义同居生活案件的若干意见》规定：1986 年 3 月 15 日《婚姻登记办法》施行前没有配偶的男女，未办理结婚登记手续即以夫妻名义同居生活，群众也认为是夫妻关系的，一方向人民法院起诉"离婚"，如起诉时双方均符合结婚的法定条件，可认定为事实婚姻关系；如起诉时双方或一方不符合结婚的法定条件，应认定为非法同居关系。1986 年 3 月 15 日《婚姻登记办法》施行之后没有配偶的男女，未办理结婚登记手续即以夫妻名义同居生活，群众也认为是夫妻关系的，一方向人民法院起诉"离婚"，如同居时双方均符合结婚的法定条件，可认定为事实婚姻关系；如同居时双方或一方不符合结婚的法定条件，应认定为非法同居关系。该意见附条件承认事

实婚姻，即要求"双方均符合结婚的法定条件"。但是所承认的事实婚姻以
1986年3月15日《婚姻登记办法》的施行为分水岭实行不同的起算点：施
行前的事实婚姻要求"起诉时"双方均符合结婚法定条件即可；施行后的事
实婚姻则要求"同居时"就要符合结婚法定条件。换言之，之前男女双方
同居时一方未达法定年龄但起诉时达到，事实婚姻从同居时开始计算；之
后男女双方同居时一方未达法定年龄但起诉时达到，就不能认定为事实婚
姻，而是非法同居关系。如1987年张先生与邓女士举行了婚礼，但没进
行婚姻登记，当时邓女士差1岁不够法定结婚年龄；1994年因邓女士有外
遇张先生向法院起诉离婚，邓女士对张先生父母遗留下的财产提出分割要
求。那么根据该意见，两人是在《婚姻登记办法》施行之后同居，同居时
女方未达法定婚龄，因此应认定为非法同居关系，女方无权主张男方的
遗产。

（3）不承认事实婚的效力（1994年2月1日至2001年4月28日）。
1994年2月1日民政部《婚姻登记管理条例》第二十四条规定，符合结婚条
件的当事人未经结婚登记即以夫妻的名义同居的，其婚姻关系无效，不受法
律保护。《最高人民法院关于适用新的〈婚姻登记管理条例〉的通知》规
定，自1994年2月1日起，没有配偶的男女未办理结婚登记即以夫妻名义
共同生活的，按非法同居关系处理。自此，事实婚姻的效力被完全否决，对
于非法同居关系的"离婚"案件，就被认定为无效婚姻，男女双方不具有婚
姻关系，所生的子女为非婚生子女，同居期间的财产也不能认定为夫妻共同
财产。

（4）相对不承认事实婚的效力（2001年4月28日至今）。2001年4月
28日修订的婚姻法第八条规定："……未办理结婚登记的，应当补办登记。"
2001年12月24日《最高人民法院关于适用〈中华人民共和国婚姻法〉若
干问题的解释（一）》第五条规定，1994年2月1日民政部《婚姻登记管理
条例》公布实施以前，男女双方已经符合结婚实质要件的，按事实婚姻处
理；1994年2月1日民政部《婚姻登记管理条例》公布实施以后，男女双方
符合结婚实质要件的，人民法院应当告知其在案件受理前补办结婚登记；未
补办结婚登记的，按解除同居关系处理。男女双方根据婚姻法第八条规定补

办结婚登记的，婚姻关系的效力从双方均符合婚姻法所规定的结婚的实质要件时起算。也就是说，法律承认 1994 年 2 月 1 日以前符合结婚实质要件婚姻的法律效力，对于 1994 年 2 月 1 日以后的事实婚则是相对不承认，但是一旦补办了结婚登记就有了效力，这时法律婚姻关系的起算点为男女双方均符合结婚的实质要件时。

6. 司法实践中哪些情形不以重婚罪论处？

实践之中，一般认为以下行为属于一般重婚行为，不构成重婚罪：因遭受自然灾害外流谋生而重婚的；因配偶长期外出下落不明，造成家庭生活严重困难，又与他人结婚的；被拐卖被绑架后再婚的；婚后受虐待或摆脱强迫、包办婚姻，被迫逃往外地而与他人结婚的。其法理上的依据是，行为人受客观条件所迫，主观上没有危害社会的罪过，故不应以重婚罪论处。不过，时过境迁，随着交通的迅猛发展、科技的发达普及，以及社会保障体系已经基本消除了为了谋生不得不重婚。另外，对于涉台地区婚姻的事实婚重婚问题，由于历史原因造成的复杂情况，也不宜认定为重婚罪。民政部、司法部于 1988 年联合发布《关于去台人员与其留在大陆的配偶之间的婚姻关系问题处理意见的通告》规定，在处理去台人员与其留在大陆的配偶之间的婚姻纠纷时，既要根据婚姻法规定的原则处理，又应根据实际情况分别对待：双方分离后，无论哪一方再婚的，均不以重婚论处。

典型案例

　　1992 年，被告人王某与许某在民政所登记结婚，后因感情不和，许某离家出走。2002 年被告人王某在没有与许某解除婚姻关系的情况下，又与李某以夫妻名义共同生活至案发，并于 2007 年生育一男孩。其间被告人王某冒用许某的名字为李某办理了身份证，2010 年 3 月 10 日被告人王某与李某冒用许某的名字在民政局补办了结婚证。2013 年 2 月经人举报案发。法院经审理，认为被告人王某有配偶而与他人以夫妻名义生活的事实清楚，证据确实、充分，其行为已构成重婚罪。依法判决被告人王某有期徒刑 10 个月，并解除被告人王某与李某的非法婚姻关系。

【以案释法】

所谓重婚罪，是指自己有配偶而与他人结婚，或者明知他人有配偶而与之结婚的行为。王某于1992年与许某在民政所登记结婚，二人的婚姻自此具有法律效力，对此没有争议。那么，王某与李某以夫妻名义同居生活的行为是否构成刑法第二百五十八条规定的"有配偶而与他人结婚"呢？刑法第二百五十八条的结婚，根据相关司法解释和司法实践，应当理解为既包括经婚姻登记机关登记而形成的法定婚姻，又包括以夫妻名义长期、稳定地同居生活，即事实婚姻。这一理解，与《最高人民法院关于适用〈中华人民共和国婚姻法〉若干问题的解释（一）》规定的"1994年2月1日民政部《婚姻登记管理条例》公布实施以后，男女双方符合结婚实质要件的，人民法院应当告知其在案件受理前补办结婚登记；未补办结婚登记的，按解除同居关系处理"相冲突。不过，1994年12月14日《最高人民法院在关于〈婚姻登记管理条例〉施行后发生的以夫妻名义非法同居的重婚案件是否以重婚罪定罪处罚的批复》中明确规定，《婚姻管理条例》（1994年2月1日民政部发布）发布施行后，有配偶的人与他人以夫妻名义同居生活的，或者明知他人有配偶而与之以夫妻名义同居生活的，仍应按重婚罪定罪处罚。尽管该批复自2013年1月18日起已经被最高人民法院废止，但在司法实践中仍然在参照执行该批复的有关精神。之所以这样处理，出发点在于保护一夫一妻的婚姻制度。那么对于李某而言是否构成重婚罪呢？如果李某知道王某与许某的婚姻关系尚未解除，即构成"明知他人有配偶而与之以夫妻名义同居生活"，根据上述批复精神，应该认定为重婚罪。否则，则不能认定犯重婚罪。

根据婚姻法第十条的规定，在法院判决王某与李某犯重婚罪后，两人的婚姻关系应当解除。

三十一、破坏军婚罪

【知识要点】

1. 什么是破坏军婚罪？该罪的构成要件是什么？

破坏军婚罪，是指明知他人是现役军人的配偶而与之同居或者结婚的行为。

本罪的构成要件是：侵犯的客体是现役军人的婚姻家庭关系。所谓"现役军人"，是指中国人民解放军和人民武装警察部队的现役军官、警官、文职干部、士兵及具有军籍的学员，不包括复员军人、退伍军人、转业军人、人民警察以及在军队、人民武装警察部队中工作但没有军籍的工作人员。客观方面表现为与现役军人的配偶同居或者结婚的行为。所谓"现役军人的配偶"，是指现役军人的妻子或丈夫，不包括仅与现役军人有婚约关系的未婚夫或未婚妻。所谓与现役军人的配偶"结婚"，是指与军人配偶采取欺骗手段正式向政府登记结婚，或者虽然没有履行结婚登记，但是以夫妻名义共同生活的事实婚姻行为。犯罪主体为一般主体，既可以为男性，也可以为女性。犯罪主观方面由直接故意构成。如果军人的配偶隐瞒了事实真相，致使他人受骗而与之同居或结婚的，则不构成破坏军婚罪。但如果军人的配偶只隐瞒了军婚真相而没有隐瞒已婚真相，行为人仍然与之结婚或者以夫妻名义同居的话，双方都构成重婚罪。

2. 破坏军婚具体表现为哪些行为？

破坏军婚主要有三种类型：（1）重婚型破坏军婚罪，即明知是现役军人的配偶而与其办理结婚登记手续，骗取结婚的；明知是现役军人的配偶而与之以夫妻名义同居生活，群众也认为是夫妻关系的。（2）同居型破坏军婚罪，即明知是现役军人的配偶，却较长时间公开地或秘密地在一起共同生活，这种关系不仅以不正当的两性关系为基础，往往有经济和其他生活方面的特殊关系，而不同于一般的通奸关系。（3）通奸型破坏军婚罪，即明知是现役军人的配偶而与之长期通奸，情节恶劣或者造成夫妻关系破裂严重后果，包括长期通奸情节恶劣表现为致现役军人的配偶怀孕或者生育的；造成

军人夫妻关系破裂的。严重后果主要表现为：被告人挑拨、唆使现役军人的配偶闹离婚；现役军人的配偶严重虐待现役军人；通奸行为发生后，现役军人的配偶或现役军人提出离婚的。

3. 破坏军婚案的立案追诉标准是什么？

根据刑法第二百五十九条的规定，明知是现役军人的配偶而与之同居或者结婚的，应当立案。本罪是属于行为犯，只要行为人明知是现役军人的配偶而与之同居或者结婚的，原则上就构成犯罪，应当立案侦查。

4. 对犯破坏军婚罪的如何处罚？

根据刑法第二百五十九条的规定，犯破坏军婚罪的，处3年以下有期徒刑或者拘役。利用职权、从属关系，以胁迫手段奸淫现役军人的妻子的，依照刑法第二百三十六条的规定以强奸罪定罪处罚。

5. 破坏军婚罪中，对现役军人的配偶怎么处罚？

根据刑法第二百五十九条的规定，破坏军婚罪中行为人破坏军婚的方式是与现役军人的配偶结婚或者同居，即就本罪而言，现役军人的配偶不可能是犯罪主体。但有观点认为，在破坏军婚罪的案件中，绝大多数男女双方在主观方面不但明知自己有配偶，而且互知对方婚姻情况，在客观方面男女双方共同实施了同居、结婚的行为，完全符合共同犯罪的特征。因此破坏军婚案件中军人的配偶应以破坏军婚罪的共犯论处。而且，如果同案不同罚，则会出现以下情况：对破坏军婚者处以破坏军婚罪，法定刑是3年以下有期徒刑；对军人的配偶处以重婚罪，法定刑是2年以下有期徒刑。反对者认为，立法上在重婚罪之外制定破坏军婚罪，本身就是对与军人配偶重婚的行为的特别规定和加重打击，是为了体现法律对现役军人家庭婚姻关系的倾斜性保护。军人的配偶是军人家庭婚姻关系的主体，其即使与第三人发生重婚行为，在犯罪故意上也只是重婚的故意，而没有破坏军婚的故意，因此只能以重婚罪论处。实践中，对军人的配偶是否一律追究刑事责任应当具体情况具体分析，如果破坏军婚所造成的社会危害不大，情节一般，军人本人不愿声张追究的，可以不作处理，但要严厉批评教育，不准重犯。相反，如果军人配偶不能真诚与军人保持婚姻关系，而且其行为已构成犯罪，军人一方又坚决要求追究其刑事责任的，则应依法追究。

典型案例

　　2000 年 7 月，结婚 1 年的王某与身为现役军人的丈夫田某发生家庭纠纷，遂独自从北京回到上海。后打电话与堂姐夫李某谈心，李某的理解与安慰感动了王某，两人当晚即发生了性关系。2001 年 4 月，王某生下一子。后王某背着田某与李某秘密同居。2004 年 5 月 30 日，田某因怀疑王某有婚外情便带着孩子作亲子鉴定，结果显示孩子不是自己亲生。同年 8 月，田某向公安机关报案。2005 年 5 月，检察机关向法院提起公诉。法院经审理后认为，被告人李某明知田某是现役军人，而与田某配偶王某秘密同居并生育一子，其行为已构成破坏军婚罪，依法判处李某有期徒刑 2 年。

【以案释法】

　　所谓破坏军婚罪，是指明知他人是现役军人的配偶而与之同居或者结婚的行为。本案中，争议焦点在于李某与王某未以夫妻名义共同生活，而是长期秘密同居、保持婚外性关系。如果王某的丈夫不是现役军人的话，则因两人的关系不能认定为事实婚姻从而不能认定为重婚罪。但是，"不幸"的李某偏偏遇到了身为现役军人配偶的王某这个"红颜知己"，并发展为同居关系且诞下一子。虽然是王某投怀送抱，但是李某明知王某是现役军人的情况下"接受"这份感情的行为还是严重破坏了田某的家庭婚姻关系，从而构成破坏军婚罪。法律在此时此地是冷面无情的，拒绝讨论"真情真爱"。它只为超越道德束缚的、对社会具有严重危害的行为进行评价，同时也是引导。

三十二、虐待罪

【知识要点】

1. 什么是虐待罪？该罪的构成要件是什么？

虐待罪，是指对共同生活的家庭成员以打骂、捆绑、冻饿、限制自由、凌辱人格、不给治病或者强迫过度劳动等方法，从肉体上和精神上进行摧残迫害，情节恶劣的行为。

本罪的构成要件是：侵犯的是复杂客体，主要是家庭成员之间的平等权利，由于虐待行为所采取的方法，同时也侵犯了受害者的人身权利。犯罪对象只能是共同生活的家庭成员，包括基于血缘关系、婚姻关系、收养关系等成为家庭成员的情形。客观方面表现为经常虐待家庭成员，情节恶劣的行为。2001年修正后的婚姻法第五章专门对实施家庭暴力或者虐待家庭成员的救助措施和法律责任作了规定。所谓"虐待"，是指行为人以殴打、捆绑、残害、强行限制人身自由或者其他手段，给其家庭成员的身体、精神等方面造成一定伤害后果的行为。所谓"情节恶劣"，是指虐待动机卑鄙、手段残酷、持续时间较长、屡教不改的，被害人是年幼、年老、病残者、孕妇、产妇等。对于一般家庭纠纷的打骂或者曾有虐待行为，但情节轻微，后果不严重，不构成虐待罪。犯罪主体为特殊主体，必须是共同生活的同一家庭的成员，相互之间存在一定的亲属关系或者扶养关系。如夫妻、父母、子女、兄弟姐妹，等等。虐待者都是具有一定的扶养义务，在经济上或者家庭地位中占一定优势的成员。非家庭成员，不能成为本罪的主体。犯罪主观方面表现为故意，即故意地对被害人进行肉体上和精神上的摧残和折磨。虐待的动机不论。

2. 虐待的具体表现有哪些？

虐待罪中所指的虐待，具体表现为经常以打骂、冻饿、捆绑、强迫超体力劳动、限制自由、凌辱人格等各种方法，从肉体、精神上迫害、折磨、摧残共同生活的家庭成员的行为。虐待行为有别于偶尔打骂或者偶尔的体罚行为的明显特点是：经常甚至一贯进行，且具有相对连续性。这里所说的"家

庭成员"，是指在同一家庭中共同生活的成员。非家庭成员间的虐待行为，不构成本罪。

3. 虐待案的立案追诉标准是什么？

根据刑法第二百六十条的规定，有虐待家庭成员行为，虐待动机卑鄙、手段残酷、持续时间较长、屡教不改的、被害人是年幼、年老、病残者、孕妇、产妇等，被虐待人可以直接向人民法院提起诉讼。本罪属于告诉才处理的自诉案件，一般采取不告不理的原则，但被害人没有能力告诉，或者因受到强制、威吓无法告诉的除外。此外，对于虐待家庭成员，致使被害人重伤、死亡的，则属于公诉案件，公安机关应当立案侦查。

4. 对犯虐待罪的如何处罚？

根据刑法第二百六十条的规定，犯虐待罪的，处2年以下有期徒刑、拘役或者管制；致使被害人重伤、死亡的，处2年以上7年以下有期徒刑。犯本罪而没有致人重伤、死亡的，只有被害人向司法机关控告的，才予以处理，但被害人没有能力告诉，或者因受到强制、威吓无法告诉的除外。控告后撤诉的，也应予准许。但是虐待行为导致被害人重伤、死亡的不在此限。

5. 我国法律规定的家庭成员包括哪些人？

根据我国有关法律的规定，家庭成员主要由以下三部分成员构成：第一部分是由婚姻关系的形成而出现的最初的家庭成员，即丈夫和妻子，此为拟制血亲关系。继父母与继子女间如果形成收养关系的，也成为家庭关系，互为家庭成员。第二部分是由血缘关系而出现的家庭成员。包括由直系血亲关系而联系起来的父母、子女、孙子女、曾孙子女以及祖父母、曾祖父母、外祖父母等，以及由旁系血亲而联系起来的兄、弟、姐、妹、叔、伯、姑、姨、舅等家庭成员。不过，后者之间随着成家立业且与原家庭经济上的分开，而丧失原家庭成员的法律地位。但原由旁系血亲抚养的，如原由兄姐抚养之弟妹，不因结婚而丧失原家庭成员的资格。第三部分是由收养关系而发生的家庭成员，即养父母与养子女之间。另外，还存在一种既区别于收养关系、血亲关系，又区别于婚姻关系而发生的家庭成员之间的关系。如张三无儿无女年事已高，李四自愿对张三履行非法律意义上的赡养义务，则张三就成为李四家的一名成员。

6. 对虐待家庭成员致人重伤、死亡的情况如何定罪处罚？

长期虐待家庭成员，致使被虐待的家庭成员出现死亡、重伤情形的，应首先查明行为人的行为意图。如果行为人的行为意图是使被虐待者在肉体上、精神上受摧残和折磨，但并不想直接造成被害人死亡或者伤害结果的，不能认定为故意杀人罪、故意伤害罪论处；如果行为人在虐待过程中犯意发生变化，故意对被害人加以杀害、伤害的，则同时构成虐待罪与故意杀人罪、故意伤害罪。

典型案例

2008年被告人王某与董某开始恋爱。2008年年底，在被告人的恐吓下，董某被迫与其登记结婚。恋爱期间，王某就曾殴打过董某五六次。结婚后更是变本加厉地对被害人董某进行殴打、摧残、折磨。因不堪忍受摧残和折磨，董某多次提出离婚但遭王某拒绝，数次逃离又被抓回，并被关押起来继续对其进行殴打、折磨。2009年7月后的一个多月里，被告人在屋里打了董某七八回。2009年8月12日董某因伤势严重入院，被医生诊断为"多发性外伤；腹膜后巨大血肿；右肾受压变形萎缩性改变；头面部多发挫伤；右耳耳甲血腥囊肿；双眼部挫伤淤血；多发性肋骨骨折；胸腔积液；肺挫裂伤；腰椎1—4双侧横突骨折；贫血、四肢多发性挫伤。"2009年10月19日，董某在医院死亡，死亡原因为多发性外伤；腹膜后巨大血肿、多脏器功能衰竭。

2010年1月12日，公安机关以犯罪嫌疑人王某涉嫌故意伤害罪将本案移送至检察机关审查起诉。但检察院经审查后认为，应按虐待罪追究王某的刑事责任，并于2010年4月1日向法院提起公诉。公诉意见是，王某在夫妻关系存续期间，长期殴打被害人，其在主观上并不是出于杀害或伤害被害人的故意，而是因感情纠纷而对被害人进行肉体和精神的摧残和折磨。综合在案证据，无法认定王某具有杀害或伤害被害人的主观故意。从客观上来说，被害人董某是在被王某最后一次殴打完两个月后在住院期间死亡，医护人员的证言及王某的供述均证实被害人死亡的后

果系王某长期殴打的行为所导致，鉴定结论亦证实被害人系殴打导致感染后脏器衰竭死亡。也就是说，被害人之死非系王某最后一次殴打行为所直接造成，而是因长期遭受殴打、虐待而导致。因此，王某的行为符合虐待罪的犯罪构成，应以虐待罪致人死亡追究其刑事责任，而不宜定故意伤害罪致人死亡或故意杀人罪。2010 年 7 月，法院一审以虐待罪判处王某有期徒刑 6 年 6 个月。

【以案释法】

虐待罪、非法拘禁罪，还是故意伤害罪？本案自宣判以来在定性问题上就存在很大争议，法学专家和司法机关各执一词。网民更是称"虐待罪"为"丈夫打死妻子可以不偿命的行为"。那么，如何更为理性、准确地来看待本案呢？

在分析案件性质之前，首先来看看王某与董某二人的婚姻效力。婚姻法第十一条规定："因胁迫结婚的，受胁迫的一方可以向婚姻登记机关或人民法院请求撤销该婚姻。受胁迫的一方撤销婚姻的请求，应当自结婚登记之日起一年内提出。被非法限制人身自由的当事人请求撤销婚姻的，应当自恢复人身自由之日起一年内提出。"本案中，董某是被王某胁迫结婚的，根据规定，其有权提出撤销婚姻的请求；婚姻一旦撤销的，自始无效。但是董某可能因为是不太熟悉婚姻法，或者至少不知道婚姻法的第十一条，她只知道离婚这一条路，但仍因为被告人的持续胁迫没有实现。作为婚姻法规定的唯一提出撤销婚姻效力的请求权人，如果在她去世前向婚姻登记机关或人民法院提出撤销婚姻的请求并被核准的，那么其就自始不再具有被告人配偶的身份，被告人对其进行的殴打、禁闭、折磨等行为定性为虐待罪也就不再符合"犯罪对象必须为家庭成员"这一条件，那么就不宜再认定为虐待罪，而应当以故意伤害致死定罪，适用刑法第二百三十四条第二款的规定进行处罚，即"犯前款罪，致人重伤的，处 3 年以上 10 年以下有期徒刑；致人死亡或者以特别残忍手段致人重伤造成严重残疾的，处 10 年以上有期徒刑、无期徒刑或死刑……"

本案中，被告人王某长期使用殴打、捆绑、禁闭、辱骂等手段，对妻子进行摧残和折磨，情节恶劣，显然构成刑法第二百六十条第一款规定的虐待罪。其中，被告人还多次将被害人关起来，限制其人身自由，有时长达1个月，并在关押期间对其使用暴力，显然同时构成非法拘禁罪。被告人的非法拘禁行为是虐待行为的手段行为，两者构成牵连犯，除法律另有规定外，应择一重罪处。那么两罪何为重罪呢？根据刑法第二百六十条第二款的规定，犯虐待罪，致使被害人重伤、死亡的，处2年以上7年以下有期徒刑；根据刑法第二百三十八条第二款的规定，犯非法拘禁罪，致人重伤的，处3年以上10年以下有期徒刑。使用暴力致人伤残、死亡的，依照刑法第二百三十四条、第二百三十二条的规定，以故意伤害罪或故意杀人罪定罪处罚。非法拘禁罪虽然在本案中是方法行为，但其侵犯的客体是他人人身自由的权利，从致死情节的法定刑来看，非法拘禁罪法定最高刑是10年，而虐待罪的法定最高刑为7年，择一重罪处的话显然应定非法拘禁罪。而且，就非法拘禁而言，如果行为人有使用暴力致人伤残、死亡的，只要证明其犯罪故意，即可以故意伤害罪或者故意杀人罪定罪处罚。很显然，刑法之所以对非法拘禁罪的法定最高刑设置的比虐待罪高，是因为对人身自由权利的保护价值高于对家庭成员之间平等权利的保护。因此，只要有证据证明被告人非法拘禁并致被害人重伤的，即可以非法拘禁罪论处，并因情节特别恶劣，在3年以上10年以下的法定刑幅度内从重处罚。法院最后以刑法第二百六十条第二款的规定，判处被告人犯虐待罪，有致使被害人死亡情节，判处有期徒刑6年6个月，显然值得商榷。

三十三、虐待被监护、看护人罪

【知识要点】

1. 什么是虐待被监护、看护人罪？

虐待被监护、看护人罪是指对未成年人、老年人、患病的人、残疾人等负有监护、看护职责的人，虐待被监护、看护的人，情节恶劣的行为。本罪

是《刑法修正案（九）》新设罪名。

我国刑法中的虐待罪的主体原仅限于家庭成员之间，对非家庭成员之间的虐待行为没有规定为犯罪，这就使得大量非家庭成员之间存在的被监护、看护人遭受虐待的现象不能定罪处罚。对此，《刑法修正案（九）》通过新设罪名，将非家庭成员之间的虐待行为纳入刑法保护的范围。

我国刑法第二百六十条之一规定："对未成年人、老年人、患病的人、残疾人等负有监护、看护职责的人虐待被监护、看护的人，情节恶劣的，处三年以下有期徒刑或者拘役。

单位犯前款罪的，对单位判处罚金，并对其直接负责的主管人员和其他直接责任人员，依照前款的规定处罚。

有第一款行为，同时构成其他犯罪的，依照处罚较重的规定定罪处罚。"

2. 虐待被监护、看护人罪的构成要件是什么？

本罪的犯罪主体为特殊主体，系对未成年人、老年人、患病的人、残疾人等负有监护、看护职责的人，且监护、看护人与被监护、被看护人不具有家庭成员的关系。自然人和单位都可以构成本罪的犯罪主体。

本罪在主观方面表现为故意，即行为人明知自己虐待被监护、看护人会造成他们肉体上和精神上损害的后果，而希望或者放任这种后果的发生。

本罪侵犯的客体是被监护人、被看护人的人身权利。

本罪在客观方面表现为负有监护、看护职责的行为人违背监护、看护职责，对被监护、看护的人等实施虐待，情节恶劣的行为。虐待，主要是指行为人违反监护、看护职责，对被监护、看护人进行打骂、捆绑、冻饿、限制自由、凌辱人格、强迫吃安眠药、不进行必要的看护、救助等方法，从肉体上和精神上进行摧残迫害。情节恶劣，是指行为人虐待动机卑鄙、手段残酷、持续时间较长、虐待频率高、造成被害人重伤、死亡或者精神抑郁等情形。此外，对情节恶劣的认定，还要结合被害人的身体、精神状况综合考虑。

本罪的犯罪对象是被监护、看护的人，包括未成年人、老年人、患病的人、残疾人等。负有监护、看护职责，是指因为合同关系或者其他法律规定等关系使行为人具有了监护、看护职责。如幼儿园老师对儿童的看护，养老

机构的工作人员对老人、残疾人的看护，医院的医生、护士对病人的看护等等。

3. 虐待被监护、看护人罪与虐待罪有什么区别？

两罪在客观方面和主观方面都有极大的相似性，两罪存在以下区别：

（1）犯罪客体不同。本罪侵犯的客体是被监护人、被看护人的人身权利；而虐待罪侵害的是复杂客体，既侵害了受害者的人身权利，也侵害了家庭成员之间的亲密关系。

（2）犯罪主体不同。本罪的犯罪主体是对未成年人、老年人、患病的人、残疾人等负有监护、看护职责的非家庭成员，且单位也可以成立本罪的主体；而虐待罪的犯罪主体是同一家庭的成员，彼此之间存在一定的亲属关系或者扶养关系，且只有自然人可以成为虐待罪的犯罪主体。

（3）量刑不同。犯本罪的，处三年以下有期徒刑或者拘役；犯虐待罪的，处二年以下有期徒刑、拘役或者管制。可见，本罪比虐待罪的处罚要重，因为本罪的社会危害性更大。

4. 虐待被监护、看护人罪与其他罪如何适用？

行为人因虐待致被害人重伤、死亡的，同时构成其他犯罪，如故意杀人罪、故意伤害罪，或者过失致人重伤、死亡罪等。此时，应当根据处罚较重的犯罪进行定罪处罚，不进行数罪并罚。

典型案例

2013 年初，肖某将女儿小路寄宿在佳佳学园全托管。2015 年 6 月份，由于佳佳学园（民办幼儿园）停办全托管业务，原佳佳学园负责孩童接送的工作人员陈某从佳佳学园辞职，并以该区家家托管所的工作人员的名义，劝说肖某将女儿小路转到其负责的全托管机构（实际属于私人家庭寄养）。在征得肖某同意后，陈某将小露带至其父单位所分配的房子进行寄养。2016 年 2 月 1 日，陈某将小路送至肖某住处交给肖某。肖某发现小路体表多处受伤，陈某称小露的伤情系孩子自己跌倒所致。随后，肖某将小路送往福建省医科大学附属第一医院治疗并报警。2016 年 2 月 3 日下午，民警将犯罪嫌疑人陈某传唤至公安机关接受调查。当晚联

系法医对受害人小路的伤情进行鉴定。通过警方多方调查取证，有证据表明受害人小路在被托管期间曾多次遭到犯罪嫌疑人陈某的打骂及体罚。因犯罪嫌疑人陈某涉嫌虐待被监护人、看护人罪，根据刑法相关规定，警方于2016年2月4日依法对犯罪嫌疑人陈某予以刑事拘留。

【以案释法】

本案中，陈某的行为涉嫌虐待被监护、看护人罪。虐待被监护、看护人罪是指对未成年人、老年人、患病的人、残疾人等负有监护、看护职责的人，虐待被监护、看护的人，情节恶劣的行为。肖某将小路交给陈某，在陈某负责的全托管理机构进行寄养，陈某对小路负有监护、看护职责。根据警方的调查，有证据表明受害人小路在被托管期间曾多次遭到犯罪嫌疑人陈某的打骂及体罚，陈某明知成其打骂和体罚其行为会对幼儿造成伤害而为之，主观上出于故意，多次实施打骂和体罚且小路体表多处受伤，情节恶劣，因此陈某的行为涉嫌虐待被监护、看护人罪。

三十四、遗弃罪

【知识要点】

1. 什么是遗弃罪？该罪的构成要件是什么？

遗弃罪，是指对于年老、年幼、患病或者其他没有独立生活能力的人，负有扶养义务而拒绝扶养，情节恶劣的行为。

本罪具有以下构成要件：

（1）侵犯的客体是被害人在家庭成员中的平等权利。对象一般限于年老、年幼、患病或者其他没有独立生活能力的家庭成员。我国婚姻法明确禁止家庭成员间的虐待和遗弃，并对家庭成员之间应履行的扶养义务作了规定。有负担能力而拒不履行扶养义务，就侵犯了年老、年幼、患病或者没有

独立生活能力的人在家庭中的平等权利，同时往往也给被害人的生命、健康权利造成威胁。

（2）客观方面表现为对年老、年幼、患病或者其他没有独立生活能力的家庭成员，应当扶养而拒不扶养，情节恶劣的行为。根据司法实践经验，遗弃行为情节恶劣，是指由于遗弃而致被害人重伤、死亡的；被害人因被遗弃而生活无着，流离失所，被迫沿街乞讨的；因遗弃而使被害人走投无路被迫自杀的；行为人屡经教育，拒绝改正而使被害人的生活陷于危难境地的；遗弃手段十分恶劣的等情形。

（3）犯罪主体为特殊主体，必须是对被遗弃者负有法律上的扶养义务而且具有抚养能力的人。如果在法律上不负有扶养义务，相互间不存在扶养关系，也就不发生遗弃的问题。

（4）犯罪主观方面表现为故意。即明知自己应履行扶养义务而拒绝扶养。拒绝扶养的动机是各种各样的，如有的把老人视为累赘而遗弃；有的借口已离婚对所生子女不予抚养；有的为创造再婚条件遗弃儿童；有的为了逼迫对方离婚而遗弃妻子或者丈夫等。动机不影响犯罪的构成。

2. 遗弃的具体表现有哪些？

（1）遗弃针对的必须是特定的对象，即年老、年幼、患病或者其他没有独立生活能力的家庭成员。具体而言，是指家庭成员中具有以下几种情况的人：因年老、伤残、疾病等原因，丧失劳动能力，没有生活来源；虽有生活来源，但因病、老、伤残，生活不能自理的；因年幼或智力低下等原因，没有独立生活能力的。除了对于具有这类情况的家庭成员外，不发生遗弃的问题。

（2）构成遗弃，要求行为人必须负有扶养义务，这是构成遗弃的前提条件。行为人如无扶养义务则不构成遗弃。

（3）行为人能够负担却拒绝扶养。"能够负担"，是指有独立的经济能力，并有能够满足本人及子女、老人的最低生活标准。"拒绝扶养"，是指行为人拒不履行长辈对晚辈的抚养义务，晚辈对长辈的赡养义务以及夫妻之间的扶养义务，等等。具体表现为不提供扶助、离开被扶养人或把被扶养人置身于自己不能扶养的场所等。在行为内容上，拒绝扶养不仅指不提供经济供

应，还包括对生活不能自理者不给予必需的生活照料。"拒绝扶养"从客观方面揭示了本罪表现为不作为的犯罪行为方式，即消极地不履行所负有的扶养义务，如儿女对失去劳动能力又无经济来源的父母不承担经济供给义务，子女对生活不能自理的父母不予照料等。

3. 遗弃案的立案追诉标准是什么？

负有对年老、年幼、患病或者其他没有独立生活能力的人有扶养义务而拒绝扶养，且情节恶劣的，应予立案追究。

4. 对犯遗弃罪的如何处罚？

根据刑法第二百六十一条的规定，犯遗弃罪的，处 5 年以下有期徒刑、拘役或者管制。

5. 如何区别本罪与虐待罪？

（1）客体要件不同。遗弃罪侵犯的客体是家庭成员之间相互扶养的权利义务关系；而虐待罪侵犯的客体则是复杂客体，既侵犯共同生活的家庭成员在家庭生活中享有合法权益，也侵犯了被害人的身体健康。

（2）犯罪侵犯的对象不同。遗弃罪的犯罪对象，只限于年老、年幼、患病或者其他没有独立生活能力的人；而虐待罪的犯罪对象可以是任何家庭成员。

（3）犯罪客观方面不同。遗弃罪的客观方面，表现为对没有独立生活能力的家庭成员，具有扶养义务而拒绝扶养的行为；而虐待罪的客观方面，则表现为经常或连续折磨、摧残家庭成员身心健康的行为。

（4）主体要件不同。遗弃罪的主体，必须是对被遗弃者负有法律扶养义务而且具有履行义务能力的人；而虐待罪的主体，必须是在一个家庭内部共同生活的成员。

（5）犯罪主观方面不同。两罪在主观方面虽均是故意，但其故意的内容不同。遗弃罪的故意，即行为人明知自己应当履行扶养义务，也有实际履行扶养义务能力而拒绝扶养；而虐待罪的故意是行为人有意识地对被害人进行肉体摧残和精神折磨。

6. 如何区别本罪与故意伤害罪？

一是，二者侵犯的客体不同。遗弃罪侵犯的客体是家庭成员之间相力扶

养的权利义务关系；而故意伤害罪侵犯的客体是他人的身体健康权利。二是，犯罪客观方面不同。遗弃罪在客观方面表现为对没有独立生活能力的家庭成员，具有扶养义务而拒绝扶养的行为；而故意伤害罪的客观方面则表现为非法损害他人身体健康的行为。三是主体要件不同。遗弃罪的主体必须是对被遗弃人负有法律上扶养义务而且具有履行义务能力的人；故意伤害罪的主体为一般主体。四是主观方面故意的内容不同。遗弃罪的故意，即行为人明知自己应当履行扶养义务，也有实际履行扶养义务能力而拒绝扶养；而故意伤害罪的故意，则是行为人具有损害他人身体的故意。

7. 对遗弃行为致人死亡的情况怎么处理？

遗弃罪是履行扶养义务的行为人企图通过遗弃达到逃避或向他人转嫁由自己承担的扶养义务的目的；故意杀人罪的主观故意则是剥夺他人的生命。如果行为人通过遗弃达到向他人转嫁本由自己承担的扶养义务的目的，则其行为构成遗弃罪；如果行为人企图以不履行扶养义务的行为方式达到杀害婴儿或神志不清、行动不便的老人的目的，则其行为构成故意杀人罪。实践中，遗弃罪的具体表现一般是将被害人遗弃于能够获得救助的场所，如他人家门口、车站、街口等人多而又发生危险可能性较小的地方。如果行为人将婴儿或行动困难的老人放置于不能或不便获得救助的地方，或者危险性很高的地方，致使被害人饿死、冻死、被野兽攻击死亡的，则应以间接故意杀人罪论处。

典型案例

1996年至1999年8月间，某精神病福利院院长王某指派该院工作人员刘某、田某、沙某、于某等人，将28名病人带出福利院，遗弃在沿途的火车站、汽车站甚至野外。在被遗弃的数十人中，既有80多岁的老人，也有10多岁的孩子。截至案发时，只有1名被遗弃的病人安全回到家中，其他27人下落不明。法院经审理认为：被告人王某、刘某、田某、沙某、于某等人身为福利院的工作人员，对依赖于福利院生存、救助的"无家可归、无依可靠、无生活来源"（以下称"三无"）的公费病人，负有特定扶养义务，应当依据其各自的职责，积极履行监管、扶养

义务，而不应将被扶养中的 28 名病人遗弃，拒绝监管和扶养，构成遗弃罪。法院依照刑法相关规定，依法判处王某犯遗弃罪，判处有期徒刑 2 年缓刑 3 年；刘某犯遗弃罪，判处有期徒刑 1 年缓刑 2 年；沙某犯遗弃罪，判处有期徒刑 1 年缓刑 2 年；于某犯遗弃罪，判处有期徒刑 1 年缓刑 2 年。

【以案释法】

如何看待本案对被告人判处遗弃罪有一定的争议。争议焦点在于，怎样准确理解刑法第二百六十一条（遗弃罪）中的"负有扶养义务"。即，遗弃罪侵犯的客体是法律规定的扶养义务，这种义务是否仅限于家庭成员之间？医院、孤儿院、养老院、精神病院等机构与其医疗、监护、扶养、救助的病人、孤儿、老人、精神病人之间是否具有法律规定的扶养关系？如果答案是肯定的，那么上述机构的负责人员可以构成遗弃罪的犯罪主体；如果答案是否定的，则上述机构的负责人员不能构成遗弃罪的犯罪主体。

本案中，法院是持肯定态度的。其认为，遗弃罪的主体是指法律上对被遗弃者有扶养义务的人。本案中的被告人依据国家法律、行政法规，担负着对精神病福利院公费病人的监护、扶养的义务，与病人之间已形成了监护、扶养与被监护、被扶养的关系，具备特定的扶养义务主体资格，因此可以对其判处遗弃罪。

但是也有不同意见，认为应对类似行为不定遗弃罪而定过失致人死亡罪的。如，2003 年 11 月 2 日，新郑市某医院收治 1 名因车祸受重伤的男子，该男子不能说话写字，无法落实其真实身份，院方称其为无名氏。后因无名氏无力支付医疗费用，经时任院长苗某、科主任刘某商量，决定将无名氏送到临近的长葛市境内，让当地 120 将其接走。11 月 18 日下午，在苗某、刘某安排下，医院司机唐某驾车，协同实习医生杨某、护士武某等人，将无名氏拉至长葛市老城镇某村东丁字路口抛弃。唐某给长葛市 120 打电话让其出车拉病人，随后返回新郑。11 月 19 日 6 时许，该村村民发现无名氏已被冻死。该医院院长、科主任以及参与遗弃患者行为的有关当事人均被新郑市人

民法院以过失致人死亡罪判处有期徒刑、缓期执行。

可见，司法实践中，对发生在非家庭成员之间，具有监护、救助、扶养等关系的遗弃行为是否构成遗弃罪意见仍然没有统一。不过，从刑法的历史沿革来看，我国旧刑法典将本罪规定在妨害婚姻家庭罪中；1997 年刑法在没有单列妨害婚姻家庭罪的情况下，将本罪列入侵犯公民人身权利、民主权利罪中，与暴力干涉婚姻自由罪、重婚罪、破坏军婚罪、虐待罪等婚姻家庭罪名并列，立法者的意图比较明显，即虽然没有明文规定遗弃罪的行为对象是家庭成员，但应当作此理解。

三十五、拐骗儿童罪

【知识要点】

1. 什么是拐骗儿童罪？该罪的构成要件是什么？

拐骗儿童罪，是指用蒙骗、利诱或者其他方法使不满 14 周岁的未成年人，脱离家庭或者监护人的行为。

本罪的构成要件是：侵犯的客体是他人的家庭关系和儿童的合法权益。拐骗的对象是不满 14 周岁的未成年人。客观方面表现为采用蒙骗、利诱或者其他方法，使儿童脱离自己的家庭或者监护人的行为。所谓拐骗，可以是直接对儿童实行，也可以是对儿童的家长或者监护人实行。使用各种手段拐骗儿童脱离家庭或者监护人，是拐骗儿童罪在客观方面的重要特征。犯罪主体为一般主体。凡达到刑事责任年龄且具备刑事责任能力的自然人均能构成本罪。犯罪主观方面表现为故意。其目的大多是将拐骗的儿童收养为自己的子女；也不排除有的是供其使唤、奴役。

2. 拐骗儿童的具体表现有哪些？

一是拐骗儿童脱离家庭，即指使儿童脱离与父母或者其他亲属共同生活的处所；二是拐骗儿童脱离监护人，即指使儿童脱离依法对其人身、财产及其他合法权益负责监督和保护的人。

3. 拐骗儿童案的立案追诉标准是什么？

根据刑法第二百六十二条的规定，拐骗不满 14 周岁的未成年人，脱离家庭或者监护人的，应当立案。本罪是行为犯，只要行为人实施了拐骗行为，将不满 14 周岁的未成年人带走，从而使该未成年人脱离家庭或者监护人的，原则上就构成本罪，应当立案追究。

4. 对犯本罪的怎么处罚？

根据刑法第二百六十二条的规定，犯拐骗儿童罪的，处 5 年以下有期徒刑或者拘役。

5. 如何区别本罪与拐卖妇女、儿童罪？

一是客体要件不同。拐骗儿童罪侵犯的客体是他人的家庭关系和儿童的合法权益，而拐卖妇女、儿童罪侵犯的客体是他人的人身自由权利，因而性质不同。二是犯罪对象不同。拐骗儿童罪的对象只限于不满 14 周岁的未成年人，而拐卖妇女、儿童罪的对象范围广，既可以是成年妇女，也可以是儿童。三是犯罪目的不同。拐骗儿童罪，主要是为了收养或者使唤、奴役，而拐卖妇女、儿童罪则是贪图钱财，贩卖牟利。如果拐骗儿童是为了贩卖牟利，则应以拐卖妇女、儿童罪论处。如果拐骗儿童是为了扣作人质，以此向儿童的家长或者监护人勒索钱财的，则不是拐骗儿童罪，应依本法第二百三十九条之规定，以绑架罪论处。

典型案例

2013 年，陈某（21 岁）经人介绍到外地一机砖厂打工。2013 年 5 月，陈某在打工期间与未满 14 周岁的袁某相识，双方产生好感进而交往密切。袁某的母亲发现后，以袁某年纪尚幼对双方进行劝阻。2013 年 7 月 2 日晚，陈某经事先预谋，利用袁某对自己的信任，诱使袁某私自离家与自己一同前往外地共同生活。袁某的父母发现后立即报案。次日，陈某在列车上被公安机关抓获。法院经审理，以拐骗儿童罪判处被告人陈某拘役 3 个月。

【以案释法】

拐骗儿童罪，根据刑法第二百六十二条的规定，是拐骗不满 14 周岁的未成年人，脱离家庭或者监护人的行为。本罪是行为犯，没有情节或后果要求，行为人一旦实施了拐骗不满 14 周岁的未成年人脱离其家庭或者监护人的行为的，即构成犯罪。从立法意图上讲，设立本罪主要考量的是儿童身心发育尚未成熟，对周围事物缺乏判断能力和自我保护能力，因此，宪法、婚姻法、未成年人保护法、收养法等及相关司法解释都给予了特殊保护。拐骗儿童的行为，不仅给受害儿童的家庭造成精神上的极大痛苦，而且会严重威胁、损害儿童的身心健康。

实践中，认定拐骗儿童罪，要注意把握罪与非罪的界限。首先，对一些形式上发生了带离儿童脱离家庭或者监护人的行为，但经综合考虑行为人与被受害人家庭、受害儿童的特殊关系等因素，可以认为情节显著轻微，危害不大的，不认定为犯罪。比如，刚满 16 周岁的表哥瞒着家人带不满 14 周岁的表妹"流浪天涯"的情形，就不能认定为拐骗。其次，认定拐骗儿童罪，仅要求行为人主观上具有直接故意即可，至于心理动机则不影响犯罪的成立，仅供量刑时进行参考。本案即属于此类情形。即使陈某与袁某是真心相爱，但其作为已满 21 周岁的成年人，以"私奔"为目的，在不做任何形式通知的情况下，秘密带离不满 14 周岁的未成年人袁某脱离家庭，应该以拐骗儿童罪定罪处罚。

需要强调的是，本案中陈某是明知袁某为未满 14 周岁的未成年人。如果陈某不知袁某未满 14 周岁并且袁某刻意欺瞒年龄，因其身体发育情况一般人从外部特征上很难判断其尚未成年的话，则不能认定陈某为拐骗儿童罪。

三十六、组织残疾人、儿童乞讨罪

【知识要点】

1. 什么是组织残疾人、儿童乞讨罪？该罪的构成要件是什么？

组织残疾人、儿童乞讨罪，是指以暴力、胁迫手段组织残疾人或者不满14周岁的未成年人乞讨，依法应当追究刑事责任的行为。

本罪的构成要件是：侵犯的客体是复杂客体，既侵犯了残疾人的人格尊严、未成年人的身心健康，也侵犯了社会正常的管理秩序。同时，虽然乞讨可以是公民自由意志决定的一项生活自救手段，但是有预谋、有组织的团体性乞讨会对正常的社会秩序造成一定的影响。客观方面表现为以暴力、胁迫手段，组织残疾人与未成年人进行乞讨的行为。犯罪主体为一般主体，即年满16周岁具有刑事责任能力的人都可以构成本罪，单位不构成本罪的犯罪主体。本罪只处罚组织者，也即在乞讨团体中起组织、策划、指挥、领导作用的人，其本人可以参与乞讨行为，也可以不参与。但是，单纯的乞讨行为并不是犯罪，只是进行乞讨的行为人并不符合本罪的主体特征。本罪的主体可以是一个人，也可以是几个人，关键要看其在组织乞讨活动中是否起组织的作用。犯罪主观方面表现为直接故意，即明知道自己是在组织未成年人与残疾人乞讨，这种行为会发生危害社会的后果，并且希望这种危害结果的发生。间接故意和过失不能构成本罪。需要注意的是，本罪不要求行为人具有非法获取利益的目的。

2. 组织残疾人、儿童乞讨的具体表现是什么？

组织残疾人、儿童乞讨具体表现为以暴力、胁迫手段组残疾人或者不满14周岁的未成年人进行乞讨的行为。组织，是指行为人实施了组织、策划和指挥的行为。组织，是指把分散的乞讨人员集中起来控制，并在乞讨活动中起组织作用的行为；策划，是指从事了为组织乞讨活动制定计划、筹谋布置的行为；指挥，是指在实施组织未成年人与残疾人乞讨的活动中起到领导、核心作用，如分配任务、决定行为等。指挥是直接实施策划行为方案、执行组织意图的实行行为，对于具体的实施乞讨活动往往具有直接的决定作用，

211

可以说是乞讨组织的具体执行人。例如，带领乞讨人员到预定的不同的地点进行乞活动，在具体的乞讨行为过程中给予行乞人员以"诀窍"与"鼓励"，负责收取乞讨所得财物，等等。上述组织、策划、指挥都是组织乞讨的行为，行为人只要具备了其中的一种或数种就可以认定其实施了组织乞讨行为。所谓"暴力"，是指对被组织乞讨的残疾人、未成年人的身体实施打击和强制，如殴打、捆绑、非法拘禁、非法限制其人身自由等。但是行为人采取的暴力手段以造成被害人轻伤为其上限，如果故意造成重伤或死亡结果的便属于组织残疾人、儿童乞讨罪与故意伤害罪、故意杀人罪的想象竞合犯，按照择一重处的原则，应以故意伤害罪或故意杀人罪论处。所谓"胁迫"，是指对被组织乞讨的残疾人、未成年人威胁、恐吓，达到精神上的强制手段。如，扬言对被害人行凶、加害被害人亲属和关系亲密的人，以及利用被害人孤立无援的环境条件采取以饿冻相威胁的方法迫使残疾人、未成年人服从组织者的指派，使其不敢反抗。暴力手段与胁迫手段的主要区别在于，暴力手段是直接的人身强制，而胁迫更多的是精神强制。但两种手段行为的目的都是迫使残疾人与未成年人服从组织者的安排，为其获取非法收益而乞讨。当被害人由开始的自愿被组织乞讨到后来想离开组织而被组织者以暴力、胁迫手段加以制止的，也应以本罪论处。暴力、胁迫行为也不必由组织者亲自实施，其安排其他人员包括其他被组织乞讨的人员对被害人实施暴力、胁迫的，也构成本罪。

3. 组织残疾人、儿童乞讨案的立案追诉标准是什么？

以暴力、胁迫的手段，组织残疾人、未满 14 周岁的未成年人从事乞讨的，应当立案。本罪为行为犯，不需要造成乞讨人身伤害或其他严重后果，只要行为人实施了暴力、胁迫的手段组织乞讨，就应当立案予以追究。

4. 对犯组织残疾人、儿童乞讨罪的如何处罚？

根据刑法第二百六十二条之一的规定，犯组织残疾人、儿童乞讨罪的，处 3 年以下有期徒刑或者拘役，并处罚金；情节严重的，处 3 年以上 7 年以下有期徒刑，并处罚金。

需要强调的是，本罪的处罚对象即犯罪主体仅限于以暴力、胁迫手段组织乞讨的组织者，包括幕后操纵者、指挥者和具体执行者。对于一般参与乞

讨的人员不以犯罪论处。

5. 本罪对被组织的对象有人数限制吗？

有观点认为构成本罪，被组织乞讨的残疾人、未成年人人数应当是多人，此观点有待商榷。首先，刑法第二百六十二条之一没有写明被组织乞讨的人员必须是多人。其次，组织乞讨，行为人可能一下组织多名残疾人、未成年人，也可能一而二、二而三地由无到有，由少到多。如果立法的原意是保护残疾人的人格尊严、未成年人的身心健康和社会正常的管理秩序，不应该也不能等到乞讨队伍的扩大、乞讨活动规模化。换言之，一群人的权利应当被保护，一个人的权利也不容践踏。不过，如果行为人只针对自己的未成年子女、成年残疾子女使用暴力、胁迫手段，迫使其乞讨的，即使人数超过3人，一般也不宜以犯罪论处。

6. 对于以暴力、胁迫手段组织假冒残疾人乞讨的行为如何处理？

实践中，有的人有轻微残疾但本人对外声称不残疾，也有的人不残疾却办理了残疾证明声称残疾。被害人不是残疾人，而组织者却误以为其是残疾人而以暴力、胁迫手段迫使其乞讨的，属于刑法中认识错误中的对象不能犯，应当以本罪（未遂）论处。被害人是残疾人（轻微残疾，普通人不易察觉），但组织者不知道而以暴力、胁迫手段迫使其乞讨的，由于缺乏直接故意犯罪心态中的认识要件，一般不按本罪论处。

7. 本罪与一般组织乞讨行为的区别是什么？

治安管理处罚法第四十一条明确规定，"胁迫、诱骗或者利用他人乞讨的"构成治安违法行为，将被"处十日以上十五日以下拘留，可以并处一千元以下罚款。反复纠缠、强行讨要或者以其他滋扰他人的方式乞讨的，处五日以下拘留或者警告。"将组织残疾人、儿童乞讨罪的规定与治安管理处罚法的相关规定进行比较，二者存在以下差异：一是治安管理处罚法的保护对象为任何人，而非仅限于残疾人或者未成年人。而组织乞讨罪明确要求，只有残疾人与未满14周岁的未成年人方能构成本罪的犯罪对象。二是治安管理处罚法处罚的对象也更加广泛，非但组织者，所有实施了胁迫、诱骗或者利用他人乞讨的行为人和乞讨方式违法的乞讨行为人都是行政处罚的对象。而组织乞讨罪的处罚对象却只限于组织乞讨者。三是治安管理处罚法规定的

行为方式也比组织乞讨罪广泛，只要是利用他人进行乞讨的行为，不论何种手段均构成违反治安处罚的违法行为。而组织乞讨罪仅限于使用暴力与胁迫的手段。总之，治安管理处罚法的处罚范围是包容了组织残疾人、儿童乞讨罪的规定，因此在具体认定本罪时，除了要把握两者从性质上不同的行为方式差异之外，还要注意同样是组织残疾人与未满 14 周岁的未成年人乞讨行为时，何种情况下适用治安管理处罚法，何种情况下适用组织残疾人、儿童乞讨罪。

8. 组织残疾人、儿童乞讨，存在故意伤害行为的，如何处罚？

如果组织乞讨者利用暴力的手段致残疾人或者未满 14 周岁的未成年人人身受到伤害，则属于一行为触犯数个罪名的想象竞合犯。依照通说应当按照择一重罪论处，而不是数罪并罚。在组织乞讨的暴力行为仅致残疾人或未满 14 周岁的未成年人轻伤时，组织残疾人、儿童乞讨罪的法定刑幅度是高于故意伤害罪的，因此，应当依照组织残疾人、儿童乞讨罪定罪处罚。而当非法组织的暴力手段致人重伤时，故意伤害罪的法定刑是 3 年以上 10 年以下有期徒刑，较之情节严重时的组织残疾人、儿童乞讨罪处以 3 年以上 7 年以下有期徒刑，并处罚金的法定刑是相对较重的，此时应当依照故意伤害罪定罪处罚。至于行为人故意伤害致人死亡或者以特别残忍的手段致人重伤或造成严重残疾时，同样适用故意伤害罪定罪处罚。有的组织乞讨者为了使被组织者更容易乞讨，故意致被组织者伤残的行为构成故意伤害罪。如果同时符合组织残疾人、儿童乞讨罪的，应数罪并罚。

9. 组织残疾人、儿童乞讨的过程中发生非法拘禁的情形如何处理？

一般而言，非法拘禁是组织残疾人、儿童乞讨行为的方法行为。如果行为人的行为同时符合非法拘禁罪和组织残疾人、儿童乞讨罪的，构成牵连犯，根据刑法通说应当择一重罪论处。一般情况下，因为两罪的法定刑都是 3 年以下有期徒刑或者拘役（非法拘禁罪还有管制刑），应当以目的犯即组织残疾人、儿童乞讨罪论处；但是，致人重伤、死亡的情况下，非法拘禁罪的法定刑是高于组织残疾人、儿童乞讨罪的法定刑的，因此，应当以非法拘禁论处。

典型案例

2009年，刘某偕妻子张某和三弟及弟妹，从老家将盛某等4名会拉二胡的盲人带到北京，采用殴打、辱骂、言语威胁等方式，迫使4名盲人常年在公共场所进行乞讨，并每天收缴乞讨收入。2012年4月30日，公安机关接到举报后将刘某等人抓获。法庭认为，刘某等4人为达到非法牟利的目的，共同谋划并以金钱诱惑，将残疾人带到北京，用暴力、胁迫手段对被害人的人身加以限制乃至侵害，已构成组织残疾人乞讨罪，判决分别判处刘某等4人2年2个月至2年6个月不等的有期徒刑，并分处1.5万元至2万元不等的罚金。

【以案释法】

组织残疾人、儿童乞讨罪，是指以暴力、胁迫手段组织残疾人或者不满14周岁的未成年人乞讨的行为。该罪是2006年6月29日《刑法修正案（六）》第十七条新增的罪名，被列入刑法第二百六十二条之一，立法目的是维护残疾人、儿童的人身权利和其他合法权利，维护社会正常秩序的需要。

本罪是行为犯，只要行为人实施了以暴力、胁迫手段组织残疾人、儿童乞讨的，即可构成犯罪。认定犯本罪，要综合考虑组织者的故意内容和行为手段。就故意内容而言，一般不影响本罪的犯罪构成。但是，如果组织者不具有为自己非法牟利的目的，因生活、工作等需要，组织残疾人、儿童乞讨，暴力、胁迫手段轻微的，不宜认定为犯罪。比如，张某自小父母双亡，结婚后育3个孩子，现被诊断出身患癌症（误诊），妻子闻悉后离家出走。为了让3个孩子在自己死后不至于挨饿挨冻，张某联系了一家福利院。不过张某还是不放心，就开始强迫孩子跟自己到公共场所进行乞讨，对因嫌丢人不愿意乞讨的孩子，张某就使用暴力或胁迫手段逼其就范。张某的行为已经符合本罪的主客观方面构成要件，但综合考虑后可以认为情节显著轻微、危害不大，根据刑法第十三条"但书"的规定，不认为是犯罪。不过，张某的

行为仍然涉嫌违法，应该给予治安处罚并进行批评教育。

本罪是选择性罪名，行为人只要实施了以暴力、胁迫手段组织残疾人或者儿童进行乞讨其中的一种行为即构成本罪，罪名依照被组织对象进行确定，如果被组织者既包括残疾人又包括儿童的，仍为一罪，不实行数罪并罚。

本案中，刘某等人以牟利为目的，采取殴打、辱骂、侮辱等方式迫使4名盲人长期在公共场所乞讨，应当认定为组织残疾人乞讨罪，根据刑法第二百六十二条之一的规定进行处罚。该条规定的"情节严重"是加重处罚情节。所谓"情节严重"，一般是指多次组织或组织多名残疾人、儿童进行乞讨的；屡教不改，长时间组织的，在社会上造成恶劣影响的等情形。刘某因不具有以上规定的"情节严重"情形，因此，法院判其构成本罪并处以3年以下有期徒刑。

三十七、组织未成年人进行违反治安管理活动罪

【知识要点】

1. 什么是组织未成年人进行违反治安管理活动罪？该罪的构成要件是什么？

组织未成年人进行违反治安管理活动罪，是指组织未成年人进行盗窃、诈骗、抢夺、敲诈勒索等违反治安管理活动，依法应当追究刑事责任的行为。

本罪的构成要件是：侵犯的客体是未成年人的身心健康和社会管理秩序。犯罪对象是不满18周岁的未成年人。客观方面表现为组织未成年人实施盗窃、诈骗、抢夺、敲诈勒索等违反治安管理活动的行为。犯罪主体为一般主体，即凡年满16周岁、具有刑事责任能力的人都可以构成本罪。犯罪主观方面表现为故意，既包括组织者明知自己是组织未成年人实施违反治安管理的行为的直接故意，也包括组织者可以按照普通人的理解推断出是未成

年人而仍旧组织其进行违反治安管理的活动的间接故意。如果行为人在实施组织行为时并不知道对象是未成年人，但是在实施行为之后的某个时刻了解了对象的年龄，但却没有停止行为，仍让进行组织活动，也应当认定行为人主观上是故意。

2. 组织未成年人进行违反治安管理活动的具体表现是什么？

首先，行为人必须实施了组织行为。所谓组织，通常表现为组织、策划或者指挥。其次，被组织的对象必须是或者包含未成年人。再次，组织未成年人所实施的必须是违反治安管理活动。根据治安管理处罚法的规定，违反治安管理活动是指进行了扰乱公共秩序，妨害公共安全，侵犯人身权利、财产权利，妨害社会管理等活动，包括但不限于盗窃、诈骗、抢夺、敲诈勒索等违反治安管理活动。

3. 组织未成年人进行违反治安管理活动案的立案追诉标准是什么？

组织未成年人进行盗窃、诈骗、抢夺、敲诈勒索等违反治安管理活动的，对组织者应当立案侦查。

4. 对犯组织未成年人进行违反治安管理活动罪的如何处罚？

根据刑法第二百六十二条之二的规定，犯组织未成年人进行违反治安管理活动罪的，处3年以下有期徒刑或者拘役，并处罚金；情节严重的，处3年以上7年以下有期徒刑，并处罚金。该条规定的"情节严重"是加重处罚情节。司法实践中，一般是多次、大量组织未成年人进行违反治安管理活动，给社会造成恶劣影响的；长期以暴力、胁迫等手段组织未成年人进行违反治安管理活动，给未成年人的身心健康造成严重危害的；因组织未成年人进行违反治安管理活动给当地社会治安秩序造成严重后果的等情形。

5. 对一般的组织未成年人违反治安管理活动的行为如何处理？

根据刑法第二百六十二条之二的规定，本罪是行为犯，在客观方面没有情节或后果要求，只要行为人有组织未成年人进行违反治安管理活动的行为，即可以本罪论处。但是，一些情节显著轻微、危害不大的组织行为，如果符合刑法第十三条的"但书"规定的，则不构成犯罪。比如，高年级的学生搞恶作剧，或者简单模仿古惑仔之类的电影情节，教唆未成年人勒索同学小额财物的，如危害不大，不宜以犯罪论处。违反治安管理处罚法的，依法

进行治安管理处罚，并与家长或者学校联系，及时进行批评教育。

6. 对犯本罪的同时构成其他犯罪的情形如何处理？

组织未成年人进行违反治安管理活构成本罪，又构成其他犯罪的，要视情况分别进行处理。第一种情况，两行为之间是牵连关系的，应择一重罪处罚。为实施本罪，其方法行为又构成拐骗儿童罪、故意伤害罪（轻伤）的，行为人的先行的拐骗、伤害行为是后续的组织行为的手段，而后续的组织行为则是目的行为，且在行为人的主观上具有牵连性，因此，构成牵连犯，应当按照牵连犯的处断原则，择一重罪处罚：在案件不具有严重情节时，对行为人应分别以拐骗儿童罪和本罪处罚；反之，如果拐骗儿童并组织实施违反治安管理活动情节严重的，应以本罪定罪处罚，而组织未成年人进行违反治安管理活动时使用暴力方法造成未成年人重伤、死亡或者特别残忍手段致使未成年人重伤造成严重残疾的，应以故意伤害罪定罪处罚。但当行为人拐骗14周岁至18周岁的未成年人，又组织他们进行违反治安管理的活动时，只能构成组织未成年人进行违反治安管理活动罪。第二种情况，两行为相互独立的，应分别定罪、数罪并罚。如，行为人实施拐骗儿童行为的时候并不是以组织其进行违反治安管理活动为目的，而是在将未成年人拐骗到手后起意，组织未成年人实施违反治安管理活动的行为，则显然分别构成两个罪名，应当以拐骗儿童罪与组织未成年人进行违反治安管理活动罪并罚。行为人在胁迫或威吓未成年人实施违反治安管理活动的过程中，由于未成年人不愿服从或企图逃跑而心生杀意，杀害未成年人的，应当以故意杀人罪和组织未成年人进行违反治安管理活动罪两罪并罚。

典型案例

2010年3月9日，被告人张某带领李某、刘某2名未成年人以及白某到石家庄某小区实施盗窃，在撬掀居民牛某家窗户时被人发现逃走。随后，张某等人又到路某家撬窗入室行盗时被人发现，张某、李某、刘某被群众抓获，白某逃走。经查，是由被告人张某指使李某、刘某两名未成年人以及白某实施盗窃活动，并约定由该3人实施盗窃，张某负责望风、保管所盗赃物并负责3人平日的衣食住行。法院经审理认为：被告

人张某组织 2 名未成年人实施盗窃，且负责他们的衣食住行等开销，其所盗财物由张某保管，张某已触犯刑法，构成组织未成年人进行违反治安管理活动罪。判决张某有期徒刑 1 年，罚金 1 万元。

【以案释法】

组织未成年人进行违反治安管理活动罪，是指组织未成年人进行盗窃、诈骗、抢夺、敲诈勒索等违反治安管理活动，依法应当追究刑事责任的行为。该罪是 2009 年 2 月 28 日颁布的《刑法修正案（七）》第八条增设的罪名。认定本罪，关键在于准确理解"组织未成年人""违反治安管理活动"并厘清本罪与教唆犯、间接正犯之间的关系。

首先，对组织者身份和组织行为的认定是适用本罪的前提。就组织者而言，可以是 1 人，也可以是多人；对被组织者而言，刑法及相关司法解释都没有明确规定，司法实践中一般理解为 2 人或以上，这一点与组织残疾人、儿童乞讨罪不同，因为如果被组织者只为 1 人，有些情况不能对组织者适用本罪，直接认定为教唆犯或间接正犯。

其次，界定"违反治安管理活动"。《刑法修正案（七）》第八条对本罪的罪状采用的是列举加归纳的方式。这种罪状描述既符合立法技术要求，又防止列举不尽，符合一般的立法习惯。实际上，本条"违反治安管理活动"不限于条文所列举的盗窃、诈骗、抢夺、敲诈勒索这四种行为，还包括其他违反治安管理处罚法的行为。根据治安管理处罚法第二条的规定，违反治安管理活动是指实施了扰乱公共秩序、妨害公共安全、侵犯人身权利、财产权利、妨害社会管理秩序，尚未够刑事处罚的行为。

再次，厘清本罪与教唆犯、间接正犯。如前所述，在实施本罪的过程中教唆不满 14 周岁的未成年人犯罪的，由于不满 14 周岁的未成年人不是刑法规定的犯罪主体，所以组织者（教唆者）是间接正犯，被组织者（被教唆者）不构成犯罪，教唆者构成本罪和所教唆的其他犯罪，数罪并罚。在实施本罪的过程中教唆已满 14 周岁不满 16 周岁的未成年人犯故意杀人、故意伤害致人重伤或者死亡、强奸、抢劫、贩毒、放火、爆炸、投毒 8 种罪的，组

织者与被组织的未成年人构成共同犯罪；如果被组织者实施的犯罪不属于上述 8 种犯罪，则因不到刑事责任年龄而不构成犯罪，但要追究组织者（教唆者）间接正犯的刑事责任，即按实行犯处。此时组织者（教唆者）同时还构成本罪，按照牵连犯的理论，应择一重罪处罚，不实行数罪并罚。在实施本罪的过程中教唆已满 16 周岁不满 18 周岁的未成年人犯罪的，组织者（教唆者）与被组织者（教唆者）可能构成共同犯罪，构成共同犯罪的，应按照各自在共同犯罪中的作用进行处罚。教唆不满 18 周岁的未成年人犯罪的，应从重处罚。

本案中，被告人张某实施了组织 2 名未成年人盗窃的行为，张某在盗窃中是组织者，而李某、刘某、白某都是被组织者；张某的组织未成年人进行违反治安管理活动的行为不仅损害了国家对未成年人的保护机制，也扰乱了正常的社会管理秩序，构成了组织未成年人进行违反治安管理活动罪。

第二章 侵犯财产罪

一、抢劫罪

【知识要点】

1. 什么是抢劫罪？该罪的构成要件是什么？

抢劫罪，是指以非法占有为目的，对公私财物的所有人或使用人、占有人、管理人当场使用暴力、胁迫或者其他方法，迫使被害人当场交出财物或将财物抢走，依法应当追究刑事责任的行为。

本罪的构成要件是：侵犯的是复杂客体，包括公私财产所有权和他人人身权利。犯罪对象是公私财产和他人人身权利，这里所说的财产一般限于动产，但若把不动产强行拆解分离，也可构成抢劫罪。客观方面表现为具体实施的抢劫行为，即对他人实施暴力、胁迫或其他方法的强制行为，使其不敢、不能或不知反抗，从而当场取走他人财物的行为。犯罪主体是一般主体，根据刑法第十七条第二款的规定，已满 14 周岁未满 16 周岁的人犯抢劫罪的，也要负刑事责任。犯罪主观方面只能是为故意，并具有非法占有公私财物的目的。行为人为抢回自己被人骗去或者其他被非法占有的财物，不构成抢劫罪。

2. 抢劫的具体表现有哪些？

构成抢劫，表现为行为人当场使用暴力、胁迫或者其他方法，强制性抢取财物。强制行为是构成抢劫罪的基本条款。其中，"暴力"表现为对被害人实施殴打、捆绑、伤害、搂抱等行为，足以使其身体受到强制，从而处于

不能反抗或者不敢反抗的状态；"胁迫"表现为对被害人（若反抗或不配合）以立即实施暴力相威胁的行为，足以使其精神受到强制，从而产生恐惧、不敢反抗；"其他方法"一般表现为犯罪分子利用对被害人进行身体强制和精神强制以外的，使被害人不知反抗或者失去抗拒能力的方法，如在饮料中下迷魂药等。同时，使用暴力、胁迫或者其他方法，与被害人不敢、不能、不知反抗之间必须具有因果关系。行为人为了非法占有他人的随身财物而故意将其灌醉，然后取走财物的，则构成以其他方法当场将财物抢走的抢劫行为。但是如果行为人无此目的，而是趁他人酒醉取走其财物的，只能认定为盗窃。

3. 抢劫案的立案追诉标准是什么？

抢劫罪是行为犯，刑法对构成抢劫罪没有规定数额、情节限制，只要行为人当场以暴力、胁迫或者其他方法，实施了抢劫公私财物的行为，无论是否抢到钱财，也不论实际抢到钱财的多少，原则上都构成抢劫罪既遂，公安机关应当立案侦查。但这并不意味凡具有抢劫性质的行为都要入罪。根据刑法第十三条的规定，情节显著轻微、危害不大的抢劫行为，可以不认为是犯罪。如，青少年以恶作剧的方式抢劫少量财物，强抢其他同学的零食、玩具，行为很有节制，数额极为有限的，不能认定为抢劫罪。

实践中，有些抢劫行为因自身特殊性不能认定为抢劫罪：（1）《最高人民法院关于审理抢劫、抢夺刑事案件适用法律若干问题的意见》第七条第二款规定，抢劫赌资、犯罪所得的赃款赃物的，以抢劫罪定罪，但行为人仅以其所输赌资或所赢赌资为抢劫对象的，一般不以抢劫罪定罪处罚。构成其他犯罪的，依照刑法的相关规定处罚。（2）因为婚姻家庭纠纷，一方抢回彩礼、陪嫁物，或者强行分割并拿走家庭共有财产的，即使抢回、拿走财物比应得数额较多，也不以抢劫罪论处。（3）民事纠纷中，债权人以债权数额为参照，强行取走债务人对价财物的行为，因不具有非法强占他人财物的目的，不能认定构成抢劫罪。

4. 对犯抢劫罪的如何处罚？

根据刑法第二百六十三条的规定和《最高人民法院关于常见犯罪的量刑指导意见》，犯抢劫罪的，处3年以上10年以下有期徒刑，并处罚金。其

中，抢劫一次的，可以在 3 年至 6 年有期徒刑幅度内确定量刑起点。有下列情形之一的，可以在 10 年至 13 年有期徒刑幅度内确定量刑起点：入户抢劫的；在公共交通工具上抢劫的；抢劫银行或者其他金融机构的；抢劫三次或者抢劫数额达到数额巨大起点的；抢劫致一人重伤的；冒充军警人员抢劫的；持枪抢劫的；抢劫军用物资或者抢险、救灾、救济物资的。依法应当判处无期徒刑以上刑罚的除外。在量刑起点的基础上，可以根据抢劫情节严重程度、抢劫次数、数额、致人伤害后果等其他影响犯罪构成的犯罪事实增加刑罚量，确定基准刑。

5. 对哪些抢劫行为构成犯罪的要从重处罚？

根据刑法第二百六十三条的规定，犯抢劫罪有下列情形之一的，要从重处罚，即处 10 年以上有期徒刑、无期徒刑或者死刑，并处罚金或者没收财产：

（1）入户抢劫的。入户抢劫是指为实施抢劫行为而进入他人生活的与外界相对隔离的住所，包括封闭的院落、牧民的帐篷、渔民作为家庭生活场所的渔船、为生活租用的房屋等进行抢劫的行为。集体宿舍、旅店宾馆、临时搭建的工棚等不具有生活场所性质的，不宜认定为"户"。入户时没有非法目的，入户后临时起意抢劫的，不宜认定为入户抢劫。对于入户盗窃，因被发现而当场使用暴力或者以暴力相威胁的行为，应当认定为入户抢劫。除此之外，对于入户诈骗、抢夺而当场使用暴力或者以暴力相威胁的，或者以抢劫目的入户后，使用暴力使被害人离开"户"进而强取财物的，以及以抢劫目的侵入甲的住宅，抢劫在甲的住宅停留的乙的财物的，均应认定为入户抢劫。

（2）在公共交通工具上抢劫的。在公共交通工具上抢劫既包括在从事旅客运输的各种公共汽车，大、中型出租车，火车、船只、飞机等正在运营中的机动公共交通工具上对旅客、司售、乘务人员实施的抢劫，也包括对运行途中的机动公共交通工具加以拦截后，对公共交通工具上的人员实施的抢劫。小型出租车不应视为公共交通工具。在未运营的大、中型公共交通工具上针对司售、乘务人员抢劫的，不属于在公共交通工具上抢劫。

（3）抢劫银行或者其他金融机构的。抢劫银行或者其他金融机构是指抢劫银行或者其他金融机构的经营资金、有价证券和客户的资金等。抢劫正在

使用中的银行或者其他金融机构的运钞车的，视为抢劫银行或者其他金融机构。

（4）多次抢劫或者抢劫数额巨大的。多次抢劫指3次以上抢劫；抢劫数额巨大的认定标准，参照各地确定的盗窃罪数额巨大的认定标准执行。对抢劫博物馆、重要文物的，应作为抢劫数额巨大处理。

（5）抢劫致人重伤、死亡的。抢劫致人重伤、死亡，既包括行为人的暴力等行为过失致人重伤、死亡，也包括行为人为劫取财物而预谋故意杀人，或者在劫取财物过程中，为制伏被害人反抗而故意杀人。只要是抢劫罪的任何组成行为导致重伤、死亡的，就都属于抢劫致人重伤、死亡。在事后抢劫中，暴力等行为导致抓捕者等人重伤、死亡的，也应认定为致人重伤、死亡。

（6）冒充军警人员抢劫的。冒充军警人员抢劫的是指冒充军人或警察抢劫财物。

（7）持枪抢劫的。持枪抢劫是指行为人使用枪支或者向被害人显示持有、佩戴的枪支进行抢劫的行为。"枪支"的概念和范围，适用枪支管理法的规定。这里的"枪"仅限于能发射子弹的真枪，不包括仿真手枪与其他假枪；但不要求枪中装有子弹。

（8）抢劫军用物资或者抢险、救灾、救济物资的。所谓军用物资仅限于武装部队（包括武警部队）使用的物资，不包括公安警察使用的物资。所谓抢险、救灾、救济物资是指已确定用于或者正在用于抢险、救灾、救济的物资。

6. 什么是"准抢劫罪"？

所谓"准抢劫罪"，是指行为人的盗窃、诈骗、抢夺等行为本来不属于刑法第二百六十三条规定的抢劫罪，但是由于侵害他人人身权利行为的出现，使其具备了与抢劫罪同等的侵害客体和犯罪对象，法律规定以抢劫罪论处的犯罪。由于这些行为并非典型意义上的抢劫罪，因而在理论上被称为"准抢劫罪"。根据刑法第二百六十九条、第二百六十七条的规定，准抢劫罪主要包括三种情形。

第一种情形是，根据刑法第二百六十九条的规定，行为人犯盗窃、诈骗、抢夺罪，为窝藏赃物、抗拒抓捕或者毁灭罪证而当场使用暴力或者以暴

力相威胁的，应当以抢劫罪定罪处罚。首先，行为人实施了盗窃、诈骗、抢夺行为，这里并不要求行为人事实上已经构成盗窃、诈骗、抢夺罪的既遂，而是指行为人有犯盗窃罪、诈骗罪、抢夺罪的故意与行为；其次，必须当场使用暴力或者以暴力相威胁，即行为人在实施盗窃、诈骗、抢夺行为的现场以及被追捕的整个过程中，对抓捕者或者阻止其窝藏赃物、毁灭罪证的人使用暴力或者以暴力相威胁；再次，行为人使用暴力或者以暴力相威胁的目的是窝藏赃物、抗拒抓捕或者毁灭罪证。窝藏赃物，是指保护已经取得的赃物不被恢复应有状态；抗拒抓捕，是指拒绝司法人员的拘留、逮捕和一般公民的扭送；毁灭罪证，是指毁坏、消灭本人的犯罪证据。如果行为人在实行盗窃、诈骗、抢夺过程中，尚未取得财物时被他人发现，为了非法取得财物，而使用暴力或者以暴力相威胁的，应直接认定为抢劫罪。

第二种情形是，根据刑法第二百六十七条第二款的规定，携带凶器抢夺的，以抢劫罪定罪处罚。首先，行为人必须实施了抢夺行为，实施其他犯罪如盗窃、诈骗等，不能按此种情况处理。其次，行为人必须携带了凶器，但是否使用或准备使用不论。所谓凶器，是指在性质上或者用法上，足以杀伤他人的器物。凶器必须是用于杀伤他人的物品，与犯罪工具不是等同概念。凶器分为性质上的凶器与用法上的凶器。性质上的凶器，是指枪支、管制刀具等本身用于杀伤他人的物品；用法上的凶器，是指从使用的方法来看，可能用于杀伤他人的物品，如家庭使用的菜刀。认定携带凶器抢夺，应综合考虑物品的杀伤机能的高低、物品供杀伤他人使用的可能性大小、一般社会观念对该物品所具有的对生命、身体的危险感的程度等因素。抢夺罪的共同犯罪中有人携带凶器的，要根据有无共同的故意来认定抢夺罪是否向抢劫罪转化：携带凶器抢夺属于共同犯罪故意的，全部共犯按抢劫罪论处；携带凶器抢夺不属于共同犯罪故意的，携带凶器行为是共同犯的实行过限行为（指共同犯罪中的实行犯实施了超出共同犯罪故意的行为），抢夺罪转化为抢劫罪的后果由携带凶器者自己承担，对携带凶器行为没有共同故意的原共同犯罪人，不认定为抢劫罪。

第三种情形是，根据《最高人民法院、最高人民检察院关于办理抢夺刑事案件适用法律若干问题的解释》第六条的规定，驾驶机动车、非机动车夺

取他人财物，夺取他人财物时因被害人不放手而强行夺取的；驾驶车辆逼挤、撞击或者强行逼倒他人夺取财物的；明知会致人伤亡仍然强行夺取并放任造成财物持有人轻伤以上后果的，应当以抢劫罪定罪处罚。

7. 盗窃、诈骗、抢夺较小数额财物不单独构成犯罪的行为可以转化为抢劫罪吗？

司法实践中，行为人实施盗窃、诈骗、抢夺行为，未达到"数额较大"，为窝藏赃物、抗拒抓捕或者毁灭罪证当场使用暴力或者以暴力相威胁，情节较轻、危害不大的，一般不以犯罪论处。但是，具有下列情节之一，为窝藏赃物、抗拒抓捕或者毁灭罪证当场使用暴力或者以暴力相威胁的，可依照刑法第二百六十九条的规定，以抢劫罪定罪处罚：盗窃、诈骗、抢夺接近"数额较大"标准的；入户或在公共交通工具上盗窃、诈骗、抢夺后在户外或交通工具外实施上述行为的；使用暴力致人轻微伤以上后果的；使用凶器或以凶器相威胁的；具有其他严重情节的。

8. 如何界定抢劫罪的既遂与未遂？

根据刑法第二百六十三条的规定，抢劫行为可以分为一般情节和结果加重情节。对一般情节而言，具备劫取财物或者造成他人轻伤以上后果之一的，均属抢劫既遂；既未劫取财物，又未造成他人人身伤害后果的，属抢劫未遂。对结果加重情节而言，无论行为人是否抢到财物，均构成犯罪既遂。

9. 对抢劫致人死亡的行为如何处罚？

抢劫罪与故意杀人罪是两个性质不同的犯罪，前者主要属于侵犯财产犯罪，后者属于侵犯人身权利犯罪。对于抢劫致人死亡的行为，应当根据实际情况依法定罪处罚：

如果行为人事先只有非法剥夺他人生命的故意而无抢劫他人财物的故意，杀人以后见财起意，将被害人财物拿走的，应以故意杀人罪和盗窃罪定罪，数罪并罚。

如果行为人为抢劫财物而杀人，即在抢劫财物过程中，先将财物的所有人、经管人杀死，然后取走财物的，杀人行为应当认定为抢劫的手段行为，此时应以抢劫罪定罪，杀人行为属于法定加重处罚情节。

如果行为人抢劫以后又起意杀人，即抢劫财物后，为了保护赃物、抗拒逮

捕、毁灭罪证，当场又杀人的，或者为杀人灭口而杀死被害人的，其杀人行为与抢劫没有内在联系，应认定同时构成抢劫罪和故意杀人罪，数罪并罚。

10. 如何区分抢劫罪与绑架罪？

绑架罪中存在以勒索财物为目的而绑架他人的情况，抢劫罪中的暴力也可能是绑架行为，故容易混淆。区别二者的关键在于前者只能是向被绑架人的近亲属或者其他有关人勒索财物；后者是直接迫使被绑架人交付财物，而不是向第三者勒索财物。行为人使用暴力、胁迫手段非法扣押被害人或者迫使被害人离开日常生活处所后，仍然向该被害人勒索财物的，只能认定为抢劫罪，不应认定为绑架罪。

11. 如何区分抢劫罪与强迫交易罪？

从事正常商品买卖、交易或者劳动服务的人，以暴力、胁迫手段迫使他人交出与合理价钱、费用相差不大的钱物，情节严重的，以强迫交易罪定罪处罚；以非法占有为目的，以买卖、交易、服务为幌子采用暴力、胁迫手段迫使他人交出与合理价钱、费用相差悬殊的钱物的，以抢劫罪定罪处刑。在具体认定时，既要考虑超出合理价钱、费用的绝对数额，还要考虑超出合理价钱、费用的比例，加以综合判断。

12. 行为人抢劫信用卡后消费的如何计算抢劫犯罪数额？

抢劫信用卡后使用、消费的，其实际使用、消费的数额为抢劫数额；抢劫信用卡后未实际使用、消费的，不计数额，根据情节轻重量刑。如果行为人抢劫的信用卡信用额度巨大，但没有实际使用、消费或者使用、消费的数额未达到巨大标准的，不适用"抢劫数额巨大"的法定刑。

13. 行为人抢劫毒品、假币、淫秽物品等违禁品的如何处罚？

行为人抢劫毒品、假币、淫秽物品等违禁品的，以抢劫罪定罪；抢劫的违禁品数量作为量刑情节予以考虑。如果行为人抢劫违禁品后又以违禁品实施其他犯罪的，则应以抢劫罪与具体实施的其他犯罪实行数罪并罚。

14. 行为人冒充警察强抢财物的行为如何定性？

冒充正在执行公务的警察等国家机关工作人员，以各自冒充对象职权范围内的事项为名，非法占有他人财物的，以招摇撞骗罪处罚（冒充警察招摇撞骗的，从重处罚）。但如果行为人在实施招摇撞骗的过程中，使用暴力或者以暴力相威胁的，应认定为抢劫罪。行为人冒充治安联防队员等非国家机关工作人员招摇撞骗的，以敲诈勒索罪定罪处罚；在实施招摇撞骗行为中使用暴力或者以暴力相威胁的，以抢劫罪定罪处罚。

典型案例

2011年8月8日20时50分许，被告人胡某经事先联系，同被害人程某（系未成年人）一起至某宾馆325房间从事卖淫嫖娼活动。其间，被告人胡某对程某进行殴打，后当面拿走被害人程某随身携带的100元人民币、价值人民币1083元的纯银唐草款打火机1个及手机1部。另查明，被告人在拿取财物时，被害人因刚刚遭受殴打，坐视财物被拿而未做出任何反抗表示。事后，被告人将获取的手机予以变卖，将获取纯银唐草款打火机置于家中，后被公安人员缴获，退还被害人。公诉机关认为，被告人胡某以非法占有为目的，采取暴力手段强行劫取他人财物，应当以抢劫罪追究其刑事责任。被告人胡某到案后如实供述自己的犯罪行为，依法可以从轻处罚。

法院经审理认为，被告人胡某以非法占有为目的，采用暴力、胁迫方法劫取他人财物，其行为已构成抢劫罪。被告人胡某到案后如实供述自己的犯罪行为，依法可以从轻处罚。为维护社会秩序，保护公民人身权利及财产权利不受侵犯，依照刑法第二百六十三条、第六十七条第三款的规定，以抢劫罪判处被告人胡某有期徒刑4年，并处罚金人民币8000元。一审宣判后，被告人不服，以犯罪行为定性不准，量刑过重为由提出上诉。二审法院认为，尽管上诉人胡某与被害人在殴打的起因上各执一词，但胡某对自己殴打过被害人，之后拿过现金100元及被害人的手机和打火机没有异议。上诉人胡某不仅拿取了被害人手机，还拿取了被害人价值1083元的打火机，之后又将被害人手机变卖，胡的行为反映了其主观上具有非法占有他人财物的故意。客观上，胡在对被害人实施殴打后，在被害人处于不敢反抗的情形下，强行拿取被害人财物，其行为仍构成抢劫罪。据此，裁定驳回上诉，维持原判。

【以案释法】

本案中，胡某主观上具有非法占有他人财物的故意，客观上实施了致使被害人不敢反抗的殴打行为，并当面取走被害人财物，且不具有刑法第十三条规定的情节显著轻微情形，依法应认定为抢劫罪。那么，为什么不定故意伤害罪而定抢劫罪呢？这是因为，与故意杀人、故意伤害等暴力犯罪中的暴力行为不同，一方面，抢劫罪中的暴力行为尽管在行为外观上也具有人身伤害性，但不以伤害为目的；另一方面，仅有人身伤害性还不足以认定为抢劫罪构成要件中所指的暴力。抢劫罪中的暴力是行为人为获取财物而实施的、目的在于压制被害人的反抗的行为，以便顺利获取财物。该暴力是行为人达到非法占有他人财物的手段和方式，是服务于获取财物目的的手段行为，其目的并不在于损害被害人的身体健康或者剥夺被害人的生命。根据《最高人民法院关于抢劫过程中故意杀人案件如何定罪问题的批复》，行为人为劫取财物而预谋故意杀人，或者在劫取财物过程中，为制伏被害人反抗而故意杀人的，以抢劫罪定罪处罚。行为人实施抢劫后，为灭口而故意杀人的，以抢劫罪和故意杀人罪定罪，实行数罪并罚。正因如此，行为人实施杀人行为之后，当场取得被害人财物的，应当评价为故意杀人罪和盗窃罪。

被告人在实施殴打被害人的行为后当面取走被害人财物，而被害人因殴打行为未敢做出反抗表示。可以理解为，正是被告人实施的殴打行为在客观上导致被害人陷入不敢反抗的恐惧状态，为被告人顺利劫取财物提供了便利条件。正是基于被告人殴打行为形成的暴力威慑，在被告人当面夺取被害人手中的手机并取走被害人现金及打火机时，被害人程某未敢做出反抗表示。而抢劫罪客观要件所要求的行为不仅包括使被害人不能反抗的暴力行为，还包括足以使被害人不敢反抗的暴力胁迫。本案中，无论被告人基于何种原因对被害人实施殴打，该殴打行为都已经构成了对被害人的暴力胁迫，使其不敢反抗，坐视个人财物被劫取。因此，被告人当场实施暴力行为致被害人不敢反抗，并当场劫取被害人财物，其行为符合抢劫罪的客观要件。这里需要补充说明的是，即使被告人在殴打被害人之前或殴打过程中没有形成劫走被害人财物的犯意，但在殴打结束、已经形成被害人不敢反抗的恐惧状态后，

胡某临时起意，"拿"走被害人财物的，也已经满足认定抢劫罪所要求的构成要件。

二、抢夺罪

【知识要点】

1. 什么是抢夺罪？该罪的构成要件是什么？

抢夺罪，是指以非法占有为目的，直接夺取他人即时占有的数额较大的公私财物，依法应当追究刑事责任的行为。

本罪的构成要件是：侵犯的客体是公私财物的所有权；犯罪对象是公私财物。但是，抢夺特定的财物，如枪支、弹药、爆炸物或者公文、证件、印章等，应当依照刑法的有关规定论处，不构成本罪。客观方面表现为直接夺取他人即时占有的数额较大的财物的行为。抢夺的对象仅限于他人占有的动产，而且应是数额较大的公私财物。如果抢夺财物的数额不大，但情节严重的，可以按抢夺未遂论处。犯罪主体是一般主体，即凡年满16周岁、具有刑事责任能力的自然人均可构成本罪。犯罪主观方面只能是故意，并具有非法占有目的。

2. 抢夺的具体表现有哪些？

抢夺表现为乘人不备、出其不意，公然、直接对财物实施暴力，夺取他人数额较大财物的行为。行为人在被害人当场可以得知财物被抢的情况下实施抢夺行为，被害人可以当场发觉但通常来不及抗拒。

3. 抢夺案的立案追诉标准是什么？

抢夺公私财物，数额较大的，应当立案。所谓"数额较大"，根据2013年10月22日《最高人民法院、最高人民检察院关于办理抢夺刑事案件适用法律若干问题的解释》（以下简称《抢夺解释》）第一条的规定，是指抢夺公私财物价值1000元至3000元以上的。各省、自治区、直辖市高级人民法院、人民检察院可以根据本地区经济发展状况，并考虑社会治安状况，在前

230

款规定的数额幅度内，确定本地区执行的具体数额标准，报最高人民法院、最高人民检察院批准。

4. 对犯抢夺罪的如何处罚？

根据刑法第二百六十七条的规定，犯抢夺罪的，处 3 年以下有期徒刑、拘役或者管制，并处或者单处罚金；数额巨大或者有其他严重情节的，处 3 年以上 10 年以下有期徒刑，并处罚金；数额特别巨大或者有其他特别严重情节的，处 10 年以上有期徒刑或者无期徒刑，并处罚金或者没收财产。

根据《抢夺解释》，行为人抢夺公私财物价值 1000 元至 3000 元以上、3 万元至 8 万元以上、20 万元至 40 万元以上的，应当分别认定为刑法第二百六十七条规定的"数额较大""数额巨大"和"数额特别巨大"。但是，抢夺公私财物，具有下列情形之一的，"数额较大"的标准按照 500 元至 1500 元确定：曾因抢劫、抢夺或者聚众哄抢受过刑事处罚的；1 年内曾因抢夺或者哄抢受过行政处罚的；1 年内抢夺 3 次以上的；驾驶机动车、非机动车抢夺的；组织、控制未成年人抢夺的；抢夺老年人、未成年人、孕妇、携带婴幼儿的人、残疾人、丧失劳动能力人的财物的；在医院抢夺病人或者其亲友财物的；抢夺救灾、抢险、防汛、优抚、扶贫、移民、救济款物的；自然灾害、事故灾害、社会安全事件等突发事件期间，在事件发生地抢夺的；导致他人轻伤或者精神失常等严重后果的。

抢夺公私财物，具有下列情形之一的，应当认定为刑法第二百六十七条规定的"其他严重情节"：导致他人重伤的；导致他人自杀的；具有《抢夺解释》第二条第三项至第十项规定的情形之一，即 1 年内抢夺 3 次以上的；驾驶机动车、非机动车抢夺的；组织、控制未成年人抢夺的；抢夺老年人、未成年人、孕妇、携带婴幼儿的人、残疾人、丧失劳动能力人的财物的；在医院抢夺病人或者其亲友财物的；抢夺救灾、抢险、防汛、优抚、扶贫、移民、救济款物的；自然灾害、事故灾害、社会安全事件等突发事件期间，在事件发生地抢夺的；导致他人轻伤或者精神失常等严重后果的，同时数额达到 1.5 万元至 4 万元的。

抢夺公私财物，具有下列情形之一的，应当认定为刑法第二百六十七条规定的"其他特别严重情节"：导致他人死亡的；具有《抢夺解释》第二条

第三项至第十项规定的情形之一，即1年内抢夺3次以上的；驾驶机动车、非机动车抢夺的；组织、控制未成年人抢夺的；抢夺老年人、未成年人、孕妇、携带婴幼儿的人、残疾人、丧失劳动能力人的财物的；在医院抢夺病人或者其亲友财物的；抢夺救灾、抢险、防汛、优抚、扶贫、移民、救济款物的；自然灾害、事故灾害、社会安全事件等突发事件期间，在事件发生地抢夺的；导致他人轻伤或者精神失常等严重后果的，同时数额达到10万元至20万元的。

5. 抢夺罪与抢劫罪有哪些区别？

抢夺行为主要表现为直接对物使用暴力（对物暴力），行为人实施抢夺行为时被害人通常来不及抗拒，而不是被暴力压制不能抗拒，也不是受胁迫不敢抗拒，这是抢夺罪与抢劫罪的关键区别。携带凶器抢夺的；行为人驾驶车辆，逼挤、撞击或者强行逼倒他人以排除他人反抗，乘机夺取财物的；驾驶车辆强抢财物时，因被害人不放手而采取强拉硬拽方法劫取财物的；明知其驾驶车辆强行夺取他人财物的手段会造成他人伤亡的后果，仍然强行夺取并放任造成财物持有人轻伤以上等后果的，应当认定为抢劫罪。

6. 抢夺致人伤亡的行为如何处罚？

根据《抢夺解释》第三条、第四条的规定，实施抢夺公私财物行为，构成抢夺罪，同时造成被害人重伤、自杀或死亡等后果的，以抢夺罪定罪，重伤、自杀或死亡结果作为量刑情节，不再认定过失致人重伤罪、过失致人死亡罪。

典型案例

2009年10月18日，唐某邀约王某抢夺他人财物，并作出具体分工，由唐某负责寻找抢夺目标并直接实施抢夺，王某负责驾驶摩托车接应逃离作案现场。当日，2人来到一家商场附近，见被害人张某从商场购物出来，进入停靠在路边的轿车内放置东西准备启动离去，唐某趁被害人张某不备拉开轿车副驾驶座位车门，抢走放置在座位上的手提包，随即，乘坐王某驾驶的摩托车逃离现场。被害人张某见状立刻驾车追赶，并在附近将2人驾驶的摩托车撞倒，追回被抢提包并当即报警。经公安人员清点，包内共有人民币10万元。

法院经审理认为，唐某、王某以非法占有为目的，相互伙同，趁他人不备夺取他人财物，数额特别巨大，其行为均已构成抢夺罪（未遂）。判处唐某犯抢夺罪，判处有期徒刑8年，并处罚金人民币6万元；王某犯抢夺罪，判处有期徒刑6年，并处罚金人民币4万元。一审宣判后，唐某、王某以量刑过重提出上诉；公诉机关以原判决适用法律确有错误、量刑畸轻为由，提出抗诉。抗诉理由主要为2人的抢夺犯罪形态应属于犯罪既遂。二审法院经审理，判决撤销一审法院刑事判决；判唐某犯抢夺罪，判处有期徒刑10年，并处罚金人民币6万元；判王某犯抢夺罪，判处有期徒刑7年，并处罚金人民币4万元。

【以案释法】

本案中，唐某、王某主观上具有非法占有他人财物的目的，客观上经过共同谋划、分工，由唐某趁被害人张某不备，拉开张某轿车副驾驶座位车门夺取座位上放置的手提包，并搭乘王某驾驶的摩托车逃离，已经着手实施并完成了夺取行为。但是，本案的特殊之处在于，被害人张某为挽回财物损失，当场驾车追赶并最终将唐某、王某所驾乘的摩托车撞倒，追回了自己的财物。由此就产生了一个问题，即检察机关的抗诉理由之一：唐某、王某完成的抢夺行为是否由于被害人张某的当场追赶而仍在继续？换言之，该抢夺行为是既遂还是未遂？如果说该抢夺行为仍在继续，则因被害人成功追回被抢财物而"任务失败"，应当认定抢夺未遂；如果说该抢夺行为已经"任务完成"，被害人的当场追赶并成功追回只是由于犯罪人意志外的因素导致的未能逃脱，则应当认定为抢夺既遂，赃物被追回系被害人张某实施的自救行为，不影响抢夺犯罪既遂的成立。很明显，抢夺行为具有突发性、偷袭性、即时性、非暴力性的特征，其要么在瞬间完成，要么失败。而一旦完成，即符合抢夺罪的构成要件，成立抢夺罪。换个角度看，如果抢夺人抢夺财物后逃跑成功则构成既遂，而逃跑不成功则构成未遂，就意味着被害人在财物被抢后的奋力自救行为反而不受鼓励，很明显这不符合刑法的立法意图。因此，二审法院判决是正确、合理的。

三、聚众哄抢罪

【知识要点】

1. 什么是聚众哄抢罪？该罪的构成要件是什么？

聚众哄抢罪，是指以非法占有为目的，聚集多人公然夺取公私财物，数额较大或者有其他严重情节，依法应当追究刑事责任的行为。

本罪的构成要件是：侵犯的客体是公私财产所有权，犯罪对象是各种各样的公私财物。客观方面表现为聚众哄抢公私财物，数额较大，情节严重的行为。犯罪主体为一般主体，即凡达到刑事责任年龄、具有刑事责任能力的人，均可成为本罪的主体，构成本罪。但并非对所有参加哄抢的行为人都认定为聚众哄抢罪，根据我国刑法规定，聚众哄抢构成犯罪的，只有首要分子或积极参加者才能成为本罪主体。犯罪主观方面表现为故意，即具有聚众哄抢的故意，目的是非法占有公私财物。以非法占有为目的，包括自己占有或者第三者占有。没有非法占有公私财物的目的，不能定本罪。

2. 聚众哄抢的具体表现有哪些？

聚众哄抢，主要表现为三人或者三人以上联合起来，"蜂拥而上"抢夺公私财物。第一，必须是"聚众"哄抢，即从人数上来看，必须是三人或者三人以上，有时可能达上百人，二人或者二人以下构不成"聚众"。第二，必须是行为人联合行动，虽然人数众多但是不联合行动而是单独行动的，不构成聚众。

3. 聚众哄抢案的立案追诉标准是什么？

聚众哄抢公私财物，达到数额较大，或者有情节严重的行为，应对首要分子和积极参加的人予以立案追究。

所谓数额较大，一般可依据盗窃罪的认定数额。所谓"其他严重情节"，通常是指参与哄抢人数较多；哄抢较重要的物资；社会影响很坏；哄抢一般历史文物；哄抢数额不大，但次数较多的，等等。

4. 对犯聚众哄抢罪的如何处罚？

根据刑法第二百六十八条的规定，犯聚众哄抢罪的，处以 3 年以下有期徒刑、拘役或者管制，并处罚金；数额巨大或者有其他特别严重情节的，处

3 年以上 10 年以下有期徒刑，并处罚金。所谓"其他特别严重情节"，主要是指哄抢重要军事物资；哄抢抢险、救灾、救济、优抚等特定物资；哄抢珍贵出土文物；煽动大规模、大范围哄抢活动，后果严重；由于哄抢行为造成公私财产巨大损失；由于哄抢行为造成大中型企业停产、停业；由于哄抢导致被害人精神失常、自杀的；等等。这里需要再次强调的是，聚众哄抢，构成犯罪的，仅对首要分子和积极参加者进行定罪处罚。所谓首要分子，是指在聚众哄抢中起组织、策划、指挥作用的人员。所谓积极参加者，是指在聚众哄抢中，积极出主意，起骨干带头作用，哄抢财物较多的人员。对于一般参与者或哄抢数额不大，情节一般的，不以犯罪论处。关于具体处罚标准，目前并没有全国统一的司法解释。但各地都结合实际制定了本地标准。如，北京市高级人民法院规定，聚众哄抢公私财物价值在 4000 元以上不足 4 万元的，认定为聚众哄抢"数额较大"；聚众哄抢公私财物 4 万元以上的，认定为聚众哄抢"数额巨大"。江苏省高级人民法院规定，聚众哄抢公私财物价值人民币 3000 元以上的，为"数额较大"；聚众哄抢公私财物价值人民币1 万元以上的，为"数额巨大"。

5. 聚众哄抢罪的犯罪对象仅限于动产吗？不动产是否可以成为该罪的犯罪对象？

聚众哄抢罪的犯罪对象一般是具有经济价值的财物，既包括动产也包括不动产。一般来说，对动产成为本罪的犯罪对象没有疑问。动产的范围十分广泛，包括一切可以移动的生产资料和消费资料，如机器设备、牛马、原材料，以及柴米油盐等，而不动产上的可移动部分，如房屋上的门窗，果树上结的果实，以及证明不动产产权的文契等，都属于动产范围。对于不动产是否可成为本罪的犯罪对象存在争议。有观点认为，哄抢财物意味着财物发生转移，即从所有者、保管者的控制之下转移到哄抢者手中，而不动产一般是不能用上述方法转移的，因此不能成为聚众哄抢罪的犯罪对象。但实践中，不能排除发生以贪利动机侵犯不动产的可能性。《最高人民法院关于审理破坏森林资源刑事案件具体应用法律若干问题的解释》第十四条明确规定，哄抢林木（生长中的树木）达到一定数额的，可以认定为聚众哄抢罪。考虑到刑法也未明确规定哄抢只限于动产，因此，不动产也可以成为本罪的犯罪对象。

6. 如何区分聚众哄抢罪与聚众"打砸抢"行为？

聚众哄抢罪属侵犯财产类犯罪，而聚众"打砸抢"属于妨害社会管理秩序类犯罪，且并非独立罪名。刑法第二百八十九条规定，聚众"打砸抢"，致人伤残、死亡的，依照本法第二百三十四条故意伤害罪、第二百三十二条故意杀人罪的规定定罪处罚。毁坏或抢走公私财物的，除判令退赔外，对首要分子依照本法第二百六十三条以抢劫罪定罪处罚。抢劫罪，要求行为具有对人身产生暴力或胁迫的作用。而抢夺罪与聚众哄抢罪共通的是公然的抢夺行为，欠缺的是聚众性。所谓聚众，要求3人以上。实践中，对于3人以上实施抢夺的，并非一概认定为聚众哄抢罪，需要根据行为人构成是否随机组成、行为起意是否临时动意而定，对于犯罪行为人相互之间熟悉且长期结合作案的，实施聚众性质的抢夺行为，应认定抢夺罪的共同犯罪。在聚众哄抢过程中，有的行为人遇到被害人阻挠，实施暴力行为抢得财物的，属于实行过限，应认定为抢劫罪。

典型案例

1999年2月，身为某县某村六组组长的邓某及村民小组代表之一的吕某等人擅自将本村五组从1980年以来一直耕种的50余亩稻田分给了本组村民耕种。之后，县、镇两级政府发出文件和通告：要求六组对五组停止侵权。五组也向法院状告了六组侵占土地经营权的行为，并申请了先予执行。法院依法先予执行，将六组擅自栽种的秧苗全部除掉，再由五组找来秧苗补种上。1999年5月，法院判决六组对五组的土地停止侵占。同年8月13日晚，邓某、吕某等人召集本组部分村民开会决定收割五组的稻谷，并决定各人割到各人要，邓某是组长不出面；五组的人来了就跑；谷子成熟一块割一块。次日早晨，吕某及王某等村民小组代表纠集了本组村民20余人，有的站岗看人，有的下田，收割了五组几亩稻田里已成熟的谷穗。之后此种抢割行为连续十几日，截至同年8月27日，五组耕种的52.21亩稻田中的谷穗被抢割一空，造成损失稻谷25374公斤，价值人民币28926.36元。法院经审理，判决邓某犯聚众哄抢罪，判处有期徒刑3年，并处罚金500元；吕某犯聚众哄抢罪，判处有期徒刑3年，并处罚金500元。

【以案释法】

本案中，邓某、吕某主观上具有非法占有的故意，客观上实施了组织六组村民开会决定抢割五组的谷子，并实施了抢割行为，造成损失2万多元，严重侵犯了五组村民的财产所有权，造成了一定的社会混乱，扰乱了社会正常管理秩序。邓某在抢割稻谷前，组织本组村民开会，策划、决定收割稻谷，虽然没有亲自参与抢割稻谷，但在本案中起到了组织、策划、决定作用，可以认定为首要分子。吕某作为村民小组代表，积极参与策划抢割稻谷，又亲自参与抢割，且表现积极，抢割的稻谷也较多，在本案中起到了骨干和带头作用，可以认定为积极参加者。根据刑法第二百六十八条的规定，二人构成聚众哄抢罪。

那么，为什么不定抢劫罪呢？根据刑法第二百六十三条的规定，构成抢劫罪，行为人必须使用暴力或者因为邓某、吕某等组织抢割稻谷时，没有实行以暴力、威胁或其他使被害人不知反抗、不能反抗或不敢反抗的手段。如果邓某、吕某采用殴打、恐吓等手段，使被害人因恐惧不敢提出反对意见，则应当以抢劫罪论处。

四、敲诈勒索罪

【知识要点】

1. 什么是敲诈勒索罪？该罪的构成要件是什么？

敲诈勒索罪，是指以非法占有为目的，对他人施以暴力或言语威胁，索取公私财物数额较大或者多次索取公私财物，依法应当追究刑事责任的行为。

本罪的构成要件是：犯罪客体是公私财物所有权。客观方面表现为威胁他人，使之因恐惧而违背真实意愿处分财产，从而使行为人索得数额较大的公私财物，或者多次向他人索取公私财物。所谓威胁，是指以对被害人不利相要挟，迫使被害人按行为人指示处分财产。此要挟需意思表达清楚，即要让被害

人知道，其如果不按照行为人的指示处分财产，就会当场或在将来的某个时间遭受不利。这种不利既包括对被害人本人的不利，也包括对被害人亲属等人的生命、身体、自由、名誉等方面的不利。这里的威胁要足以使他人产生恐惧心理，但不要求现实上使被害人产生了恐惧心理。犯罪主体是年满16周岁、具有刑事责任能力的自然人。犯罪主观方面只能是故意，并具有非法占有目的。

2. 敲诈勒索的具体表现有哪些？

敲诈勒索具体表现为行为人采用威胁、要挟、恫吓等手段，迫使被害人交出财物的行为。所谓"威胁"，是指以恶害相通告迫使被害人处分财产，即如果不按照行为人的要求处分财产，就会在将来的某个时间遭受恶害。威胁内容的种类没有限制，包括对被害人及其亲属的生命、身体自由、名誉等进行威胁，威胁行为只要足以使他人产生恐惧心理即可，不要求现实上使被害人产生了恐惧。威胁的内容是将由行为人自己实现，还是将由他人实现在所不问，威胁内容的实现也不要求自身是违法的，例如，行为人知道他人的犯罪事实，向司法机关告发是合法的，但行为人以向司法机关告发进行威胁索取财物的，也成立敲诈勒索罪。威胁的方法没有限制，既可能是明示的，也可能是暗示的；既可以使用语言文字，也可以使用动作手势；既可以直接通告被害人，也可以通过第三者通告被害人。威胁的结果，是使被害人产生恐惧心理，然后为了保护自己更大的利益而处分自己的数额较大的财产，进而行为人取得财产。被害人处分财产，并不限于被害人直接交付财产，也可以是因为恐惧而默许行为人取得财产，还可以是与被害人有特别关系的第三者基于被害人的财产处分意思交付财产。行为人敲诈勒索数额较小的公私财物的，不以犯罪论处。所谓"要挟"，是指抓住被害人的某些把柄或者制造某种迫使其交付财物的借口，如以揭发贪污、盗窃等违法犯罪事实或生活作风腐败等相要挟。一般来说，威胁、要挟内容的实现不具有当场、当时性。但行为人取得财物可以是当场、当时，也可以是在限定的时间、地点。

3. 敲诈勒索案的立案追诉标准是什么？

涉嫌敲诈勒索公私财物数额较大或者多次索取的，应予立案追究。所谓"数额较大"，根据2013年4月23日《最高人民法院、最高人民检察院关于办理敲诈勒索刑事案件适用法律若干问题的解释》第一条的规定，敲诈勒索

公私财物价值 2000 元至 5000 元以上的，应当认定为刑法第二百四十七条规定的"数额较大"。

4. 对犯敲诈勒索罪的如何处罚？

根据刑法第二百七十四条的规定，犯敲诈勒索罪的，处 3 年以下有期徒刑、拘役或者管制，并处或者单处罚金；数额巨大或者有其他严重情节的，处 3 年以上 10 年以下有期徒刑，并处罚金；数额特别巨大或者有其他特别严重情节的，处 10 年以上有期徒刑，并处罚金。根据《最高人民法院、最高人民检察院关于办理敲诈勒索刑事案件适用法律若干问题的解释》，敲诈勒索公私财物价值 2000 元至 5000 元以上、3 万元至 10 万元以上、30 万元至 50 万元以上的，应当分别认定为刑法第二百七十四条规定的"数额较大""数额巨大""数额特别巨大"。

5. 以掌握他人犯罪证据向有关部门举报为由索取财物的行为构成敲诈勒索罪吗？

从理论上讲，公民合法权利的行使必须在该权利的范围之内，并且其方法不能超过法律容忍的程度。如果行为人以举报违法犯罪等事由索取财物，目的是获取合法或正当利益的，不宜以敲诈勒索罪论处；如果行为人图谋获取非法利益的，则构成敲诈勒索罪。如，行为人得知他人的犯罪事实后以向公安机关或检察机关告发进行威胁索取财物的，成立敲诈勒索罪；他人的违法犯罪活动造成行为人损失，行为人在未明显超出其损失范围内主张财产性权利的，则不宜认定为敲诈勒索罪。

6. 如何正确界定敲诈勒索罪的既遂与未遂？

刑法第二百七十四条规定的敲诈勒索罪，是指以非法占有为目的，使用威胁或者要挟的方法，强行索取公私财物的行为。关于本罪的既遂，比较好确认，即当被害人基于恐惧心理处分财物而行为人取得财物时，就可以认定敲诈勒索罪的既遂。那么，如何确认本罪的未遂呢？一般认为，如果行为人实施了敲诈勒索的行为，但最终得到的财物没有达到构成敲诈勒索罪的数额标准的，属于由于犯罪分子意志以外的原因导致犯罪未得逞，应当依照刑法第二十三条的规定，以敲诈勒索犯罪未遂处理。如甲勒索乙 10 万元，但后来到手的只有 1000 元，此时甲敲诈勒索的大部分财物因为意志以外的原因

没有得到（比如乙用假钞欺骗甲，或者乙报案后公安机关及时将甲抓获），就只能认定为敲诈勒索罪的犯罪未遂。司法实践中敲诈勒索罪的未遂案件占有较大的比重。实践中还有一种情况是，被害人不是基于恐惧心理，而是基于怜悯心理提供财物，或者为了配合警察逮捕行为人而按约定时间与地点交付行为人财物的，对行为人只能认定为敲诈勒索罪的未遂。

7. 如何区分敲诈勒索罪与抢劫罪？

以胁迫、威胁的方法实施抢劫行为的抢劫罪与敲诈勒索罪有许多相似之处：二者侵犯的客体均为复杂客体，即除侵犯了财产所有权外，还侵犯了被害人的人身权利；二者的犯罪主体均为一般主体；二者在犯罪主观方面均以非法占有公私财物为目的；二者在犯罪客观方面也出现了一些重合和交叉的情况。二者的区别在于：

（1）从行为实施的内容来看，抢劫罪以当场实施暴力或以暴力相威胁为其行为内容；敲诈勒索罪威胁的内容不只是暴力，还包括非暴力威胁。（2）从犯罪行为方式来看，抢劫罪的威胁当着被害人的面实施，一般用言语或动作来表示；敲诈勒索罪的威胁可以是当着被害人的面，也可以是通过第三者来实现；可以用口头的方式来表示，也可以通过书信的方式来表示。（3）从非法取得财物的时间来看，抢劫罪是当场取得财物；敲诈勒索罪可以是当场，也可以是在实施威胁、要挟之后取得他人财物。（4）二者威胁的对象不同，抢劫行为人为了当场劫取财物，其所威胁的对象只是在场的财物所有者、管理者；而敲诈勒索行为人威胁的对象则不限于在场者，也可以是不在场的其他人。（5）抢劫行为人对被害人的劫取财物没有具体数额要求，仅限于在场的财物；而敲诈勒索行为人对被害人强索财物有具体数额要求，不仅包括在场财产，而且也可以是不在场的财物或财产利益。

典型案例

2005年5月，被害人王某欠同村村民王某山"六合彩"赌债人民币3.8万元。被告人蒋某替其朋友王某山向被害人王某催讨该款无果后，心中不满，便萌生了以催讨该款为由非法占有被害人王某钱财的念头。2006年8月4日晚10时许，被告人蒋某以向被害人王某讨债为由，指使

其他5人（均被取保候审，另案处理）到王某家附近守候。次日零时许，被害人王某驾驶福特嘉年华小轿车回家时，被其他5人挟持上该小轿车。后开至某中学路边，被告人蒋某驾驶自己所有的小轿车随后赶到。被告人蒋某为了开房和防止被害人王某报警，拿走被害人王某的人民币210元及诺基亚6270型手机1部（价值人民币2340元）。随后，将被害人王某带到某宾馆（用该笔款以捡来的身份证进行住宿登记），并用手铐将被害人王某铐在靠背椅上。被告人蒋某驾驶小轿车随后赶到该房。在该房内，被告人蒋某以王某欠王某山"六合彩"赌债为由，让被害人王某按事先拟好的内容写下1张向石某借款人民币8万元的借据，并扣下王福特嘉年华小轿车（价值人民币82280元）作抵押，要王某两天内还清欠款才将该车归还。后被告人蒋某指使傅某等5人留在325号客房看住被害人王某，自己先行离开。当日凌晨4时许，被害人王某乘傅某等人熟睡之机，逃出该客房并报警。被告人蒋某于当日被抓获归案。案发后，公安机关缴获了福特嘉年华小轿车1辆、诺基亚6270型手机1部、手铐1副、借条、合约等物及作案工具小轿车，并已将福特嘉年华小轿车辆、诺基亚6270型手机1部发还被害人。本案在审理过程中，被告人蒋某的亲属为其退出违法所得人民币210元。

法院经审理认为，被告人蒋某以非法占有为目的，采用威胁、要挟手段，强行索取他人钱财人民币8万元，其行为已构成敲诈勒索罪，且数额巨大；由于其意志以外的原因而未得逞，是犯罪未遂；归案后，能坦白交代，认罪态度较好，对被告人蒋某予以比照既遂犯从轻处罚。依法判处：（1）被告人蒋某犯敲诈勒索罪，判处有期徒刑3年，缓刑5年；（2）被告人蒋某已退出的违法所得人民币210元，发还被害人；（3）公安机关暂扣的被告人蒋某的作案工具小轿车1辆、手铐1副，予以没收。

【以案释法】

本案的主要争议在于被告人蒋某的行为是抢劫还是敲诈勒索。

以胁迫、威胁的方法实施抢劫行为的抢劫罪与敲诈勒索罪有许多相似之

处。一是它们侵犯的客体均为复杂客体即除侵犯了财产所有权外，还侵犯了被害人的人身权利；二是二者的犯罪主体均为一般主体；三是犯罪主观方面均以非法占有公私财物为目的；四是犯罪客观方面也出现了一些重合和交叉的情况。两罪的主要区别在于：从行为实施的内容来看，抢劫罪以当场实施暴力或以暴力相威胁为其行为内容；敲诈勒索罪威胁的内容不只是暴力，还包括非暴力威胁。从犯罪行为方式来看，抢劫罪的威胁当着被害人的面实施，一般用言语或动作来表示；敲诈勒索罪的威胁可以是当着被害人的面，也可以是通过第三者来实现；可以用口头的方式来表示，也可以通过书信的方式来表示。从非法取得财物的时间来看，抢劫罪是当场取得财物；敲诈勒索罪可以是当场，也可以是在实施威胁、要挟之后取得他人财物。二者威胁对象不同。抢劫行为人为了当场劫取财物，所以他所威胁的对象只是在场的财物所有者、管理者。而敲诈勒索行为人威胁的对象则不限于在场者，也可以是不在场的其他人。抢劫行为人对被害人的劫取财物没有具体数额要求，仅限于在场的财物；而敲诈勒索行为人对被害人强索财物有具体数额要求，不仅包括在场财产，而且也可以是不在场的财物或财产利益。

本案中蒋某的行为应定性为敲诈勒索罪。理由是：

首先，抢劫罪作为一种重罪，其实施的暴力威胁行为应有一定的程度要求。对于抢劫罪而言，其必须是以非法占有为目的，采取暴力、胁迫或其他方法，使用被害人不敢反抗、不能反抗或不知反抗的方式当场强行劫取公私财物的行为。相较于敲诈勒索而言，抢劫罪使用暴力、胁迫以及其他方法对被害人所造成的精神强制以及身体强制应当是明显的。在被害人受到的精神强制和身体强制不够明显的情况下，或者被害人受到的精神强制与身体强制并非来源于外界使用暴力、胁迫或其他方法所致的情况下，均不应认定为抢劫罪。从本案看，地点发生在宾馆，被害人在被告人等人开房时完全可以报警，被告人蒋某等人并没有采取暴力，不足以使被害人在身体上受到强制，达到使被害人不能反抗、不敢抗拒的地步。被害人完全可以利用当时的环境采取求救、报警等方式进行抗拒。故从犯罪行为实施的内容来看本案，对被害人威胁强度没有达到使被害人不能、不敢反抗的地步，相反被害人因欠赌债有自认为理亏的一面。我们不能因为被害人面对非暴力威胁造成的精神强

制而不抗拒，来认定行为人的行为构成抢劫罪。所以本案不能简单地因为被告人当场使用了威胁手段来认定行为人的行为构成抢劫罪。相反，本案中被告人蒋某的行为在更大程度上是一种以威胁的方法强索公私财物的犯罪行为。

其次，抢劫罪作为一种严重的侵犯财产性的犯罪，对非法取得财物的时间有一定的要求。抢劫罪与敲诈勒索罪均属侵犯财产性的犯罪，犯罪行为人自然是以占有财产为行为指向的，但二者非法取得财物的时间也有所区别。抢劫罪必须是当场劫取财物或使被害人交付财物；而敲诈勒索罪可以是使被害人当场，也可以是在实施威胁、要挟之日后取得他人财物。本案中，被告人蒋某拿走被害人王某人民币 210 元及诺基亚 6720 型手机 1 部（无充分证据证明被告人蒋某主观上具有非法占有目的，因此公诉机关没有将此部分计入被告人蒋某的犯罪数额），是为了开房和防止被害人报警，之后，又让被害人王某写下数额为人民币 8 万元的借条，并让被害人两天内还清欠款。本案被告人蒋某采用威胁手段迫使被害人在一定期限内交付财物的行为更符合敲诈勒索罪的特征。本案被告人不仅当场取得了财物，还威胁迫使被害人在一定限期交付财物的行为更符合敲诈勒索罪的特征。蒋某以非法占有为目的，采用威胁手段引起被害人的心里产生恐惧的精神强制方法，限期索取被害人财物且其勒索数额巨大的行为，更符合敲诈勒索罪的犯罪特征，应当以敲诈勒索罪论处。

五、盗窃罪

【知识要点】

1. 什么是盗窃罪？该罪的构成要件是什么？

盗窃罪，是指以非法占有为目的，窃取公私财物数额较大，或者多次盗窃、入户盗窃、携带凶器盗窃、扒窃，依法应当追究刑事责任的行为。

本罪的构成要件是：侵犯的客体是公私财产权，犯罪对象是不为行为人

所有或占有的他人财物。不动产一般不能成为以移动为必要的盗窃罪的犯罪对象，但行为人采用秘密方法将可以从不动产上分离的物品取走，可以构成本罪；电力、煤气等无形财产可以成为本罪的犯罪对象，但是技术秘密、技术成果以及枪支、弹药、公文、印章等物品不能成为本罪的犯罪对象，而应以此类犯罪认定。盗接他人通信线路、复制他人电信号码或者明知是盗接、复制的电信设备、设施而使用的行为，按盗窃罪定罪处罚；盗窃信用卡并使用的，或者盗窃增值税专用发票或者可以用于骗取出口退税、抵扣税款的其他发票的，依照盗窃罪定罪处罚。客观方面表现为窃取公私财物数额较大，或者多次盗窃、入户盗窃、携带凶器盗窃、扒窃的行为。犯罪主体只能是已满16周岁，具有刑事责任能力的自然人。主观方面只能表现为故意，即以非法占有为目的，明知自己的盗窃行为会发生侵害公私财产的结果，而希望或者放任这种结果的发生。行为人必须认识到自己所盗窃的是他人占有的财物，如误认为是自己占有的财物而转移的，则不成立本罪。但是，如果虽是自己所有的财产，倘若处于他人合法占有的状态，行为人窃取该财物的，也成立盗窃罪。

2. 盗窃的具体表现是什么？

盗窃即秘密窃取，主要表现为行为人采取自认为不为财物的所有者、保管者或者经手者发觉的方法，暗中将财物取走的行为。（1）秘密窃取，是指在取得财物的过程中没有被发现，是在暗中进行的。如果正在取财的过程中，就被他人发现阻止，而仍强行拿走的，则因不是秘密窃取，不构成本罪，应以抢夺罪或抢劫罪论处。如果取财时没有发觉，但财物窃到手后即被发觉，尔后公开携带财物逃跑的，仍属于秘密窃取，要以盗窃论处；如果施用骗术，转移被害人注意力，然后在其不知不觉的情况下取走财物的仍构成秘密窃取；如果事先乘人不备，潜入某一场所，在无人发现的过程中秘密取财的，也为秘密窃取。（2）秘密窃取是针对财物所有人、保管人、经手人而言的，即为财物的所有人、保管人、经手人没有发觉。在窃取财物的过程中，只要财物的所有人、保管人、经手人没有发觉，即使被其他人发现的，也应是盗窃罪的秘密窃取。（3）秘密窃取，是指行为人自认为没有被财物所有人、保管人、经手人发觉。如果在取财过程中，事实上已为被害人发觉，

但被害人由于种种原因未加阻止，行为人对此也不知道被发觉，把财物取走的，仍为秘密窃取。如果行为人已明知被他人发觉，即使被害人未阻止而仍取走的，行为带有公然性，这时就不再属于秘密窃取，构成犯罪的也要据其行为的性质以抢夺罪或抢劫罪论处。至于其方式则多种多样，有的是采取撬锁破门、打洞跳窗、冒充找人等入室盗窃；有的是在公共场所割包掏兜、顺手牵羊进行盗窃；等等。

3. 盗窃案的立案追诉标准是什么？

盗窃行为具有下列情形的，应予立案：

（1）盗窃公私财物，数额较大。所谓数额较大，根据《最高人民法院、最高人民检察院关于办理盗窃刑事案件适用法律若干问题的解释》（以下简称《2013年盗窃罪司法解释》）第一条的规定，盗窃公私财物价值1000元至3000元以上的，应当分别认定为刑法第二百六十四条规定的"数额较大"。但盗窃公私财物接近"数额较大"的起点，具有以破坏性手段盗窃造成私财产损失，盗窃残疾人、孤寡老人或者丧失劳动能力人的财物的，或者造成严重后果或者具有其他恶劣情节的，也可以追究刑事责任。盗窃公私财物虽已达到"数额较大"，但情节轻微，属于未成年人作案的、全部退赃退赔的、主动投案的、被胁迫参加盗窃活动但没有分赃或者获赃较少的以及其他情节轻微、危害不大的情形的，可以不追究刑事责任。

（2）多次盗窃，即二年内盗窃三次以上。

（3）入户盗窃，即非法进入他人生活的与外界相对隔离的住所进行盗窃的行为。

（4）携带凶器盗窃，即实施盗窃时，将凶器带在身上或者置于身旁附近。对被害人使用凶器从而取得财物的，成立抢劫罪。携带凶器盗窃构成盗窃罪，没有盗窃数额或者盗窃次数的限定。

（5）扒窃，即在公共场所窃取他人随身携带的财物。

4. 对犯盗窃罪的如何处罚？

根据刑法第二百六十四条等相关条款的规定，犯盗窃罪的，处3年以下有期徒刑、拘役或者管制，并处或者单处罚金；数额巨大或者有其他严重情节的，处3年以上10年以下有期徒刑，并处罚金；数额特别巨大或

者有其他特别严重情节的，处10年以上有期徒刑或者无期徒刑，并处罚金或者没收财产。根据2013年《最高人民法院 最高人民检察院关于办理盗窃刑事案件适用法律若干问题的解释》的规定，盗窃公私财物价值1000元至3000元以上、3万元至10万元以上、30万元至50万元以上的，应当分别认定为刑法第二百六十四条规定的"数额较大""数额巨大""数额特别巨大"。

5. 如何区分盗窃罪的既遂与未遂？

关于盗窃罪的既遂标准，理论上有接触说、转移说、隐匿说、失控说、控制说、失控加控制说等不同观点。一般认为，只要被害人失去了对财物的实际控制，同时行为人实际控制了被害人的财物，即成立盗窃既遂。这种实际控制可以是现实的取得、物理的控制，也可以是对财产支配、处分权利的控制。行为人事后是否利用了财物，包括是否返还被害人，不影响盗窃既遂的成立。只要行为人的行为已经使被害人失去了对其财物的控制，即使行为人取得并控制财物的时间非常短暂（如行为人以非法占有为目的，将工厂里的财物隔墙扔到工厂之外，打算离开工厂后再捡回该财物），都应当认定为犯罪既遂。

6. 如何认定多次盗窃？

《最高人民法院 最高人民检察院关于办理盗窃刑事案件适用法律若干问题的解释》第三条第一款根据《刑法修正案（八）》的规定，并结合司法实践情况，将"多次盗窃"的含义由《关于审理盗窃案件具体应用法律若干问题的解释》（《1997年解释》）规定的"一年内入户盗窃或者在公共场所扒窃三次以上"调整为"二年内盗窃三次以上"。同时，成立"多次盗窃"的不再限于入户盗窃或扒窃这两种在特定地点下实施的盗窃行为。那么，认定行为人构成"多次盗窃"时，应不应当包括已经受过行政或刑事处罚盗窃行为呢？一般认为，"多次盗窃"中的每次盗窃行为不应当包括已经受过刑事处罚甚至是行政处罚的盗窃行为，而是指未经处理或处罚的盗窃行为，否则就违背了禁止重复评价原则。

7. 如何认定"携带凶器盗窃"中的"凶器"？

《最高人民法院 最高人民检察院关于办理盗窃刑事案件适用法律若干问

题的解释》第三条第三款将"携带凶器盗窃"界定为"携带枪支、爆炸物、管制刀具等国家禁止个人携带的器械盗窃，或者为了实施违法犯罪携带其他足以危害他人人身安全的器械盗窃"。那么，"携带凶器盗窃"中的"凶器"应如何认定呢？有观点认为，基于立法者对刑法修改的本意，应当将"凶器"认为刑法第二百六十四条中的凶器，除枪支、爆炸物、管制刀具之外，其他任何客观上对人身安全构成危险的物品都可以认定为凶器；也有观点认为，除枪支、爆炸物、管制刀具等国家禁止个人携带的器械之外，行为人携带其他一般工具、器械，除非有证据证明行为人是为了实施其他犯罪做准备，如盗窃不成就抢劫或杀人等，否则不能认定为凶器。实践中，界定是否"携带凶器盗窃"，应根据具体案情和证据进行分析，通过审查行为人携带其他一般工具、器械的目的及其与盗窃行为、盗窃目标之间的关系，来判定其主观上是否具有使用凶器的意图，进而判断该工具、器械是否应当认定为"凶器"。如行为人携带工具，目的是盗窃时开门撬锁，就不能认定为"凶器"；如果目的是在盗窃被发现后就用该工具、器械施以暴力、威胁，可认定该器械为"凶器"。

8. 如何区分盗窃罪与侵占罪？

盗窃罪，是指以非法占有为目的，秘密窃取公私财物，数额较大，或者多次盗窃公私财物的行为。侵占罪，是指以非法占有为目的，将代为保管的他人财物，或者合法持有的他人遗忘物、埋藏物非法据为己有，数额较大，拒不退还的行为。两罪的共同点是都以非法占有为目的，采取的手段均可用秘密的方式，侵害的对象是自己无所有权的公私财物，且均是故意的行为。而两罪的不同点则是盗窃罪中行为人对所窃取的公私财物不具有合法的占有权或使用权，即行为人在盗窃之前并不合法控制或持有该物。侵占罪与盗窃罪最大的区别则是行为人侵占的财物是行为人已合法持有的，亦即在行为人的合法控制之下的财物。"合法持有"是指以合法的方式，取得对他人财物的暂时的占有权，但无处分权，即持有人不享有所有权。持有人将他物"变合法持有为非法所有"是侵占罪最大的特点，也是与盗窃罪的本质区别。

9. 如何正确区分盗窃罪与其他盗窃相关犯罪？

盗窃广播电视设施、公用电信设施价值数额不大，但是构成危害公共安

全犯罪的，依照刑法第一百二十四条的规定以破坏广播电视设施、公用电信设施罪定罪处罚；盗窃广播电视设施、公用电信设施同时构成盗窃罪和破坏广播电视设施、公用电信设施罪的，择一重罪处罚。

盗窃油气或者正在使用的油气设备，构成犯罪，但未危害公共安全的，以盗窃罪定罪处罚；盗窃油气，数额巨大但尚未运离现场的，以盗窃未遂定罪处罚；为他人盗窃油气而偷开油气井、油气管道等油气设备阀门排放油气或提供其他帮助的，以盗窃罪的共犯定罪处罚。盗窃油气或者使用中的电力设备，同时构成盗窃罪和破坏易燃易爆设备罪或破坏电力设备罪的，择一重罪处罚。

明知为枪支、弹药、爆炸物、危险物质而盗窃的，构成盗窃枪支、弹药、爆炸物、危险物质的犯罪。不知情而盗窃上述物品的，只能构成盗窃罪。

为盗窃其他财物，盗窃机动车辆当犯罪工具使用的，被盗机动车辆的价值计入盗窃数额；为实施其他犯罪盗窃机动车辆的，以盗窃罪和所实施的其他犯罪实行数罪并罚；为实施其他犯罪，偷开机动车辆当犯罪工具使用后，将偷开的机动车辆送回原处或者停放到原处附近，车辆未丢失的，按照其所实施的犯罪从重处罚；为练习开车、游乐等目的，偷开机动车辆，并将机动车辆丢失的，以盗窃罪定罪处罚。

实施盗窃犯罪，造成公私财物损毁的，以盗窃罪从重处罚；又构成其他犯罪的，择一重罪从重处罚；盗窃公私财物未构成盗窃罪，但因采用破坏性手段造成公私财物损毁数额较大的，以故意毁坏财物罪定罪处罚。

盗窃技术成果等商业秘密的，按照刑法第二百一十九条的规定定罪处罚。

10. 如何区分盗窃罪与抢夺罪？

盗窃罪与抢夺罪的对象都是他人占有的财物，但抢夺罪中被害人对财物的占有比盗窃罪中被害人的占有更为紧密，换言之，作为犯罪对象的财物被他人支配的强度不同。抢夺罪在客观方面的主要表现是趁人不备突然发力抢去，不使用暴力，但被害人能够当场发现财物失窃；盗窃罪在客观方面表现为行为人秘密窃取他人财物，一般被害人不会立即发现。

典型案例

2008 年年初，何某与何某婷在某市开办的日用品商店内从事交通违章代办业务。同年 5 月，何某和何某婷与该市公安局交警大队交通协管员黎某密谋，以何某、何某婷开办的商店内代办交通违章业务的名义，由何某和何某婷收取违章人委托缴纳的交通违章罚款后，将这些违章记录通过飞信、手机短信和邮箱等方式分别发送给黎某。黎某即利用工作时间或下班后登录公安网（专网），以何某提供或自己通过网上盗取多名民警的账号和密码后登录交通违法管理系统的手段，非法消除公安机关的交通违章记录，并共同将交通违章罚款占为己有。作案后，何某、何某婷以每宗 100 元分赃给黎某。何某又于 2009 年 11 月、2010 年 4 月分别与交通协管员徐某、温某相互纠合，分工合作，以同样的手段将违章罚款数额改小后再由何某到银行缴交罚款的手段，共同非法处理在公安机关的交通违章记录，将违章罚款占为己有。作案后，何某分别以每宗罚款 80 元到 100 元、40 元分赃给徐某、温某。李某于 2009 年 9 月至 2010 年 8 月期间在何某所开的店铺内协助何某将违章罚单进行整理和汇制表格，并通过 QQ 等方式将表格发给何某，再由何某将该表格发送给徐某、温某进行非法处理。2008 年 5 月至 2010 年 8 月期间，何某共参与非法处理交通违章记录 13688 宗，窃取金额 260 万元；徐某参与非法处理交通违章记录 8883 宗，窃取金额 175 万余元；黎某参与非法处理交通违章记录 5422 宗，窃取金额 103 万余元；李某协助参与非法处理交通违章记录 11912 宗，窃取金额 225 万余元；温某参与非法处理交通违章记录 3029 宗，窃取金额 49 万余元。检察机关以何某、李某犯行贿罪，黎某、徐某、温某犯受贿罪，向法院提起公诉。

法院审理认为，何某、徐某、黎某、李某、温某无视国家法律，相互纠合，分工合作，以秘密手段窃取国家交通违章罚款，数额特别巨大，其行为均已构成盗窃罪。李某在盗窃过程中起次要作用，是从犯，依法应当从轻处罚。5 名被告人归案后能如实供述自己的罪行，依法可以从轻

处罚。法院判决：何某犯盗窃罪，判处有期徒刑13年8个月，并处罚金3万元；徐某犯盗窃罪，判处有期徒刑13年4个月，并处罚金2.5万元；黎某犯盗窃罪，判处有期徒刑11年10个月，并处罚金2万元；李某犯盗窃罪，判处有期徒刑10年2个月，并处罚金2.5万元；温某犯盗窃罪，判处有期徒刑10年，并处罚金1万元。

一审宣判后，检察机关认为原审判决事实不清，定性和适用法律错误，量刑不当，提出抗诉。何某、李某、黎某、温某亦提出上诉，认为自己的行为属于滥用职权、职务侵占或行贿罪，一审定性错误。中级人民法院经审理认为，上诉人何某等以非法占有为目的，相互纠合，分工合作，采用秘密手段窃取国家交通违章罚款，数额特别巨大，其行为均已构成盗窃罪。原审判决认定的犯罪事实清楚，证据确实、充分，定罪准确，量刑适当，审判程序合法。依法裁定：驳回检察院的抗诉以及上诉人何某、黎某、李某、温某的上诉，维持原判。

【以案释法】

本案中，检察院和法院对于被告人行为的定性问题存在分歧。检察院认为黎某、徐某、温某利用其作为交通协管员的职务便利，收受何某、李某的财物，非法消除何某、李某提交的交通违章记录，应当认定为受贿罪。法院则认为，黎某等3人均是交警大队聘用的交通协管员，没有行政执法权，他们是在管理者（交警）的组织、领导、监督和管理之下从事一项具有社会服务性质的劳务活动，而非公务活动，不是国家工作人员，不构成受贿罪。3名被告人采取盗用其他民警账号的手段，对违章记录进行非法处理，构成盗窃罪。

那么，如何区分受贿罪和盗窃罪呢？受贿罪是指国家工作人员利用职务上的便利，索取他人财物的，或者非法收受他人财物，为他人谋取利益，依法应当追究刑事责任的行为；盗窃罪是指以非法占有为目的，窃取公私财物数额较大，或者多次盗窃、入户盗窃、携带凶器盗窃、扒窃，依法应当追究刑事责任的行为。区分两罪，首先要查明犯罪，构成受贿罪要求行为人必须

具备国家工作人员身份。

本案中，黎某、徐某、温某均为交通协管员。根据公安部《关于加强交通协管员队伍建设的指导意见》（公交管〔2008〕88号）的规定，交通协管员虽然和政府签订的是劳务合同，但其与政府机关的厨师、门卫、锅炉工、保洁人员等不同，其在签订劳务合同之后，所从事的不是劳务活动而是公务活动。所谓劳务活动，是指直接从事具体的物质生产或社会服务性的勤杂工作，前者如工人生产、农民种田、个体户经营等，后者如科技人员提供的技术咨询、会计人员进行的财务活动等。劳务活动与公务活动的区别主要在于劳务活动与管理国家、社会公共事务没有直接联系；公务活动则是凭借国家所赋予的权力代表国家从事的具有国家管理性质的行为。交通协管员因受托从事公务活动，应当认定为刑法第九十三条规定的"其他依照法律从事公务的人员，以国家工作人员论。"那么，黎某等3人是否构成受贿呢？判断受贿罪，在主体适格的基础上，关键在于查明行为人是否利用了职务上的便利。对于交通协管员而言，黎某等3人可以进入公安机关工作场所，可以使用电脑登录公安网，但这些都属于工作便利而不属于职务便利。就职务而言，黎某等3人不具有"消除交通违章记录"的便利，因此不构成受贿罪。

将本案何某及黎某等人的行为结合起来看，实质上就是何某拉黎某等人入伙，以非法占有为目的，利用黎某等人工作上的便利，采取盗用民警账号和密码非法进入管理系统对违章记录进行非法处理的方法，秘密窃取本应属于国家的交通违章罚款，符合盗窃犯（有分工的共同犯罪）的构成特征，应当以盗窃罪论处。如果黎某等交通协管员在执法过程中，因受贿实施不开罚单或少开罚款金额的行为的，则可以构成滥用职权罪和贪污罪。

六、诈骗罪

【知识要点】

1. 什么是诈骗罪？该罪的构成要件是什么？

诈骗罪，是指以非法占有为目的，使用虚构事实或者隐瞒真相的方法，骗取数额较大的公私财物，依法应当追究刑事责任的行为。诈骗行为的最突出的特点就是行为人设法使被害人在认识上产生错觉，将自己所有或持有的财物交付给行为人或者放弃自己的所有权，或者免除行为人交还财物的义务。

本罪的构成要件是：侵犯的客体是公私财产所有权。用欺骗方法骗取公私财物，刑法另有规定的，依照该规定定罪处罚。用欺骗方法骗取财物以外的其他非法利益的，也不成立诈骗罪，如骗色。根据刑法第二百一十条的规定，使用欺骗手段骗取增值税专用发票或者可以用于骗取出口退税、抵扣税款的其他发票的，依照诈骗罪的规定定罪处罚。本罪的犯罪对象是被害人所有或占有的财物，既可以是动产，也可以是不动产；既可以为有形物，也可以为无形物。但是，在法律有特别规定的情况下，有些财物不能成为本罪的犯罪对象。如属于商业秘密的技术秘密或技术成果，只能成为侵犯商业秘密罪的犯罪对象。客观方面表现为使用欺骗方法骗取数额较大的公私财物。犯罪主体是一般主体，凡已满 16 周岁、具有刑事责任能力的自然人均能成为本罪的主体。犯罪主观方面表现为故意，并且以非法占有为目的。如果不具有非法占有的目的，如以欺骗的方法骗回他人久借不还的欠款的，不构成本罪。无论所骗财物归自己挥霍享用，还是转归他人所有，或者转归集体非法占有的，不影响本罪的成立。

2. 诈骗的具体表现是什么？

（1）行为人实施了欺骗行为。欺骗行为从形式上说包括虚构事实和隐瞒真相；从实质上说是使被害人产生处分财产的认识错误。欺骗行为的内容是，在具体状况下，使对方产生错误认识，并作出行为人所希望的财产处分。因此，不管是虚构、隐瞒过去的事实，还是现在的事实与将来的事实，

只要具有上述内容的就构成欺骗行为。如果欺骗内容不是使他人作出财产处分，则不属于诈骗罪的欺骗行为。欺骗行为必须达到足以使一般人能够产生错误认识的程度，对自己出卖的商品进行夸张，没有超出社会容忍程度的，不能认定为欺骗行为。欺骗行为的手段、方法没有限制，既可以是语言欺骗，也可以是文字欺骗，还可以是动作欺骗；欺骗行为本身既可以是作为，也可以是不作为。

（2）欺骗行为使被害人产生或继续维持错误认识，并基于错误认识处分所有或占有的财产。处分财产不限于民法意义上的处分财产，而意味着将被害人的财产转移为行为人占有，或者说使行为人取得被害人的财产。作出这样的要求是为了区分诈骗与盗窃。处分财产表现为直接交付财产，或者承诺行为人取得财产，或者承诺转移财产性利益，或者承诺免除行为人的债务。行为人实施欺骗行为，使他人放弃财物，行为人拾取该财物的，也宜认定为诈骗。

（3）行为人的欺骗行为使被害人处分财产后，行为人便获得财产，从而使被害人的财产权受到损害。行为人获得财产包括积极财产的增加和消极财产的减少两种情况。

3. 诈骗案的立案追诉标准是什么？

以非法占有为目的，使用虚构事实或者隐瞒真相的方法，骗取数额较大的公私财物的，应予立案。根据《最高人民法院、最高人民检察院关于办理诈骗刑事案件具体应用法律若干问题的解释》第一条的规定，各省、自治区、直辖市高级人民法院、人民检察院可以结合本地区经济社会发展状况，在3000元至1万元以上自行确定诈骗数额较大的起点，因此各地方关于诈骗数额较大的最低标准，即应视为诈骗罪的立案标准。

4. 对犯诈骗罪的如何处罚？

根据刑法第二百六十六条的规定，犯诈骗罪的，处3年以下有期徒刑、拘役或者管制，并处或者单处罚金；数额巨大或者有其他严重情节的，处3年以上10年以下有期徒刑，并处罚金；数额特别巨大或者有其他特别严重情节的，处10年以上有期徒刑或者无期徒刑，并处罚金或者没收财产。行为人为了骗取财物，往往使用法律所禁止的手段，如伪造并使用伪造的公文、证件、印章进行欺骗。在这种情况下，通常按照从一重罪从重处罚的原

则处理，但法律另有规定的除外。实施一个欺骗行为，数次从同一人那里获得财产的，只成立一个诈骗罪。

5. 如何区别民事欺诈行为和诈骗罪？如何理解虚构"事实"？

诈骗罪的基本模式是行为人以非法占有为目的，采取虚构事实或者隐瞒真相的方法实施欺骗行为，使对方产生错误认识，对方基于该错误认识交付财物，进而造成损失。区分诈骗罪与民事欺诈行为，主要应考察行为人是否具有非法占有目的。在有欺瞒行为的情况下，行为人"通过非法占有，取得被占有财物的使用权、收益权和处分权，从而改变财产的所有权，使财产所有人在事实上永久、完全丧失财产的所有权。"可认为其具有非法占有目的，构成诈骗罪。而如果"当事人采取欺诈方法，旨在使对方当事人做出有利于自己的法律行为（即发生、变更和消灭一定的民事法律关系，而非非法占有），然后通过双方履行这个法律行为谋取一定的利益"，则应认定为民事诈欺，不能认定为诈骗罪。另外，实践中一般不认为恋爱中和交易中的欺骗行为构成诈骗罪，因为为了保持正常的生活和经济发展，我们不得不容忍类似的欺骗行为。而事实上，这两类行为中的部分情况并不仅仅是因人们观感上的理由不构成诈骗罪，而且其客观上本就不符合诈骗罪的客观构成要件。

诈骗罪的欺骗行为，主要包括虚构事实和隐瞒事实等。这里的"事实"，应指现在或过去的具体过程或状态，应具有可以验证其为"真"或"伪"的性质，不但包括客观的"外在事实"，也包括兼及主观的"内在事实"。此处"内在事实"的欺瞒，是指行为人欺骗、隐瞒或误导的某种内心既存的心理状态。此种"事实"具有一定的主观性，在欺骗行为中主要表现为行为人非法取得被害人财产的内在意愿。虽然"内在事实"是主观的意愿，但是其仍为客观构成要件中的"事实"要素，也就是欺骗行为中的"隐瞒事实"，不应与主观故意相混淆。因此，编造理由借贷的行为不是诈骗罪的欺骗行为，而行为人隐瞒其将钱款挥霍或不愿还款的内在事实才是诈骗罪的欺骗行为。

6. 如何区别诈骗罪与金融诈骗罪、合同诈骗罪？

我国刑法除了规定普通诈骗罪以外，还规定了一些特殊的诈骗犯罪，即

金融诈骗犯罪与合同诈骗犯罪。这些特殊诈骗罪主要在诈骗对象、手段上与普通诈骗罪存在区别。区分诈骗罪与特殊诈骗罪，关键要把握其客观方面表现的不同。诈骗罪可以表现为虚构任何事实或隐瞒真相，以骗取财物；而特殊诈骗罪的欺骗只是发生在集资、贷款、保险等特定的活动范围，或是信用卡、信用证、有价证券等特定物的使用活动中，或者是合同的签订、履行过程中，因而其诈骗手段都有特殊性。规定这些特殊诈骗罪的法条与规定诈骗罪的刑法第二百六十六条是特别法条与普通法条的关系。根据特别法条优于普通法条的原则，对符合特殊诈骗罪构成要件的行为，不再认定为诈骗罪，而应认定为特殊诈骗罪。

7. 如何区别诈骗罪与盗窃罪？

诈骗罪与盗窃罪的关键区别在于被害人是否基于认识错误而处分财产。如果不存在被害人处分财产的事实，则不可能成立诈骗罪。例如，向自动售货机中投入类似硬币的东西，从而取得售货机内的商品的行为，不构成诈骗罪，只能成立盗窃罪。再如，行为人从没有处分能力的精神病人、幼儿等取得财产的，不能认定为诈骗罪，只能认定为盗窃罪，理由同上。如果行为人盗窃空白发货票或者没有盖章的空白支票，用自添金额和伪造公章的方法骗取财物的，其盗窃行为并不直接获得所有非法占有的财物，而是要为使被害人基于错误认识处分财产创造条件。因此，对这些情形应认定为诈骗罪。

典型案例

　　2012 年 7 月，徐某、鲁某、蔡某、陈某等人先后两次在某县某宾馆 207 号房间内预谋，欲在王某开设的赌场中使用电子诈赌设备诈骗某省赌客的钱财，并进行了分工，决定由蔡某负责落实场地，鲁某负责安装及操控诈赌设备，通过激光扫描、分析得知用于赌博的骰子系单数或双数后，发信号告知在赌场内参与赌博的蔡某、陈某、徐某等人，约定诈赌所得由 4 人平分。某日下午，鲁某提前到该县一处工地，将诈赌设备安装于事先由蔡某选定的赌博场地中，鲁某在赌博场地的隔壁待赌博开始后使用该设备进行分析、传送信号。随后，先后到达赌

场的徐某、蔡某、陈某和某省赌客刘某等人一起采用"赌单双"的形式进行赌博。其间，徐某"摇碗"，某省赌客刘某等五六个人"喊点子"，徐某等人根据接收到由鲁某发送的骰子单数或双数的信息来决定赌注的大小，联合诈骗某省籍赌客刘某等人人民币15余万元（刘某尚欠赌债7万元）。后刘某方因怀疑赌博中有人作假，当即撬开赌桌并在桌内发现了诈赌设备，遂阻拦欲离开现场的徐某等人并要求退还所输的赌资。经协商，蔡某等人将所赢8万元退还刘某等人，其余7万元欠款则清零。法院经审理，判决蔡某、陈某、徐某、鲁某的行为均已构成诈骗罪（犯罪未遂）。

【以案释法】

赌博是违法行为，情节严重的（比如组织聚众赌博），还可能构成犯罪。本案中，蔡某等人出于骗取他人钱财的故意，谋划、实施以赌博方法掩人耳目、借机骗财，数额巨大，已经构成诈骗罪。表面上看，被害人刘某在赌场上输给蔡某等人15万元，是其在"愿赌服输"观念下做出的自愿行为。然而，这种自愿行为却是基于错误认识发生的，是在没有认识到蔡某等人利用遥控设备"出千"的情况下进行的。蔡某等人如果没有利用遥控设备控制赌局而是靠所谓的牌技和运气赢得刘某巨额钱财的话，则不能认定为诈骗罪。

本案中，蔡某等4人构成诈骗罪，为共同犯罪，且4人共同谋划、实施骗局，均为主犯。刘某等赌客因当场识破蔡某等人的骗局，导致蔡某等人不得不将以赌博方法骗取的8万元现金退还给了刘某等人，刘某等人对这8万元的处分权失而复得，因此法院认定蔡某等人为诈骗罪未遂。有观点认为，这种情形应当认定为蔡某等人诈骗罪既遂，其向被害人返还财产的行为只是在犯罪既遂后因外因被迫退还赃物的行为，只能作为法院量刑时酌情减轻处罚的一个情节。判断本案中的诈骗罪既遂还是未遂，关键在于看整个诈骗犯罪过程是否完成。如果整个犯罪已经完成，那么蔡某等人返还8万元钱的行为就是事后退赃行为；如果整个犯罪处于未完成状态，那么这种情况下返还

8万元钱就是犯罪过程中由于犯罪分子意志以外的原因未得逞，构成犯罪未遂。诈骗罪的整个犯罪流程为：行为人行骗——被害人相信——自愿交付财产。本案从表面上看，蔡某等人实施了诈骗行为，被害人刘某也交付了财物，似乎整个犯罪过程已经完成，诈骗已既遂。但如果仔细考察本案的财物交付环节，这个环节是存在瑕疵的。在行为人实施了诈骗行为后，被害人确实交付了财物，但是这个"交付"只是暂时性的交付，并非实质交付（因为赌局尚未结束）。被害人因怀疑蔡某等人"出千"，当场撬开赌桌并发现了"事实真相"。此时，被害人已经改变原先的错误认识为正确认识，自然就不会再"自愿交付财产"，蔡某等人的诈骗骗局已被识破，根据赌场"规则"，自然就无法取得刘某已经临时交付的8万元和所欠7万元的财产控制权。如果蔡某等人在刘某识破骗局前结束了游戏，即已经真正取得了所骗钱财的控制权，则应当认定为诈骗罪既遂。

七、侵占罪

【知识要点】

1. 什么是侵占罪？该罪的构成要件是什么？

侵占罪，是指将代为保管的他人财物非法占为己有，数额较大，拒不退还的，或者将他人的遗忘物或者埋藏物非法占为己有，数额较大，拒不交出，依法应当追究刑事责任的行为。侵占罪分为普通侵占与侵占脱离占有物两种类型。普通侵占，是指将代为保管的他人财物非法占为己有，数额较大，拒不退还的行为。侵占脱离占有物，是指将他人的遗忘物或者埋藏物非法占为己有，数额较大，拒不交出的行为。

本罪的构成要件是：侵犯的客体是他人财物的所有权。犯罪对象有三方面内容：一是代为保管的他人财物，既包括他人主动委托行为人保管的财物，也包括未经他人委托而自行为他人保管的财物，如基于无因管理而对他人财物的占有。同时，代为保管既包括事实上的支配，也包括法律上的支配

（如不动产的名义登记人、有价证券的名义持有人对实际为他人所有的不动产和有价证券的法律支配关系）。二是他人的遗忘物，即所有人非以放弃所有权为目的将其财物放在某处，因疏忽而忘记拿走。三是他人的埋藏物，即埋藏于地下、水中或其他物体中，难以为他人发现的财物。客观方面表现为将本人代为保管的他人财物或者遗忘物、埋藏物非法占为己有，数额较大，拒不退还或交出的行为。侵占，是指将自己暂时占有的他人财物不法转变为自己所有的财物，不按协议与要求退还给他人；或者以财物的所有人自居，享受财物的所有权的内容，实现其不法所有的意图。侵占行为既可以是作为，也可以是不作为，具体表现为将自己代为保管的财物出卖、赠与、消费、抵偿债务，等等。犯罪主体是特殊主体，即必须是代为保管他人财物的人，或者说是他人财物的占有者。主观方面表现为故意，即明知是代为保管的他人财物，而不法据为己有。不具有不法所有目的的行为，不可能成立侵占罪。

2. 侵占的具体表现有哪些？

首先，要有通过正当、善意、合法的手段，持有他人财物的行为。侵占罪中的合法持有，包括以下三种情况：（1）代为保管，既包括受他人委托，代为收藏、管理其财物，如寄存、委托暂时照看，又包括未受委托因无因管理而代为保管他人的财物；既包括依照有关规定而由其托管的财物，如无行为能力的未成年人、精神病人的财物依法应由其监护人代为保管，又包括依照某种契约如借贷、租赁、委托、寄托、运送、合伙、抵押等而持有代为保管，但因职务或工作上的关系代为保管本单位的财物的，不属于本罪的代为保管。行为人如果将财物非法占有的不是构成本罪，而是构成贪污罪或职务侵占罪。（2）拾捡他人的遗忘物。（3）发掘得到他人的埋藏物，但这种发掘得到不能属于非法。其一般应出于善意偶然得到，如果其本身非法，如盗掘他人埋在坟墓中的财物，或明知他人将某物埋下而故意盗掘得到，就不是构成本罪，这时构成犯罪，也应以盗窃罪论处。

其次，必须有将他人的财物非法占为己有，拒不交还的行为。所谓占为己有，是指应当将他人交为自己保管的财物、遗忘物或者埋藏物当成自己的财物，以所有人自居，擅自加以处分、使用和收益。有的是将财物出售、赠

与他人，有的是出租、消费、充抵债务、设定抵押加以使用，但不能包括故意毁坏这种处分。具有后者这种行为，应以故意毁坏财物罪治罪科刑。所谓拒不交还，是指依法、依约而将他人的财物退回而拒不退回，如财物所有人明确提出交还并举有证据证明属及所有，行为人仍视而不见，明确表示不予归还；或者虽然表示归还，但事后又擅自处分致使实际无法归还；或者采用诸如谎称财物被盗、丢失等欺骗手段而拒不归还；或者携带财物逃离他乡而拒不归还；或者已经非法处分而拒不追回或者赔偿的等，当然，行为人如果最终还是交出或者退还了财物，或者是在他人明确提出主张交还前处理了财物事后已答应赔偿的，甚至是在他人提出主张后还擅自处分财物但又作了赔偿的，等等，就不应以本罪论处。

3. 侵占案的立案追诉标准是什么？

以非法占有为目的，将代为保管的他人的财物或者他人的遗忘物或者埋藏物占为己有，数额较大且拒不退还或交出的行为，应予立案追究。所谓"数额较大"，可以比照《最高人民法院、最高人民检察院关于办理盗窃刑事案件适用法律若干问题的解释》第一条的规定，以 1000 元至 3000 元为起点。

4. 对犯侵占罪的如何处罚？

根据刑法第二百七十条的规定，犯侵占罪的，处 2 年以下有期徒刑、拘役或者罚金；数额巨大或者有其他严重情节的，处 2 年以上 5 年以下有期徒刑，并处罚金。至于何谓"数额较大""数额巨大"和"其他严重情节"，现有司法解释未加以具体规定。实践中，有的地区自己确立了标准，有的比照其他定罪数额。

5. 非法占为己有和拒不退还分别是指什么？

侵占罪在客观方面的主要特征是"非法占为己有""拒不退还（交出）"。"非法占为己有"与"拒不退还（交出）"所表达的共同含义是，行为人将自己原本合法临时占有的他人财物变为非法永久性所有的财物。

首先，就现金以外的财物而言，倘若行为人已经非法占为己有，如将自己代他人（或单位）保管的财物所有权进行擅自处分时，如出卖、赠与、消费、抵偿债务等行为，如无法定或协定的处分依据，则可以认定为

"拒不退还"。反之，行为人"拒不退还"原本合法临时占有的他人财物时，也可以认定其已经"非法占为己有"。当然，行为人没有以所有人自居处分财产，仍然保管着财物时，只要所有人或其他权利人未要求归还，即使超过了归还期限，也不能认定"非法占为己有"，不宜认定为侵占罪。如果所有人或其他权利人要求行为人归还而行为人拒不归还的，即使没有进行财产处分，也可以认定其"非法占为己有"。所以，"拒不退还"只是对"非法占为己有"的强调，或者说只是对认定行为人是否"非法占为己有"的一种补充说明。

其次，就现金而言，一般来讲只要转移占有便转移所有，除非是对所有人具有特殊意义、特别价值的特定金钱（如连号、特殊号码或者其他纪念、收藏意义）。所以，张三将现金委托给李四管理时，即使李四使用了该现金，也因为其可以使用相同金额的其他现金归还，不能认定为"非法占为己有"；当张三要求李四归还而李四不归还时，则可以直接认定为"拒不退还"。

6. 如何区分侵占罪、盗窃罪与诈骗罪？

盗窃罪只能是盗窃他人占有的财物，对自己占有的财物不可能成立盗窃罪。普通侵占只能是侵占自己占有的他人财物，侵占脱离占有物只能是侵占遗忘物或者埋藏物。所以，判断财物由谁占有、是否脱离占有，是区分侵占罪与盗窃罪的关键。此外，本来属于他人占有的财物，而行为人误以为是他人的遗忘物而非法占为己有的，或者本来是遗忘物，而行为人以为是他人占有的财物而非法占为己有的，仅成立侵占罪。

行为人出于非法占有目的，以虚构的事实诱骗被害人，使其将财物交付给行为人"代为保管"，进而非法占为己有的，应认定为诈骗罪。行为人合法占有他人财物后，将该财物非法占为己有，在被害人请求返还时，虚构财物被盗等理由，使被害人免除行为人的返还义务的，因为仅侵害了被害人的同一财产，随后的欺骗行为属于为了确保对同一被害人的侵占物而实施的不可罚的事后行为，故不宜认定为诈骗罪，也不应将侵占罪与诈骗罪实行并罚，而应仅认定为侵占罪。

典型案例

2004 年 7 月 25 日，被告人丁某与被害人孙某签订了期限一年的车辆租赁合同。合同约定，丁某租用孙某价值 100 万元的自卸车四辆，租赁期限从 2004 年 8 月 5 日起至 2005 年 8 月 4 日止，租赁费每年每月 2 万元；合同期内，车辆的保养和维修费用由丁某承担，车辆大修超过 2000 元的，超过部分由孙某承担 70%，丁某承担 30%。

合同签订后，在实际履行合同过程中，因一辆车一直不能用，孙某与丁某协商由丁某实际按三辆车每月租金 6 万元交纳。起初，孙某派肖某监督管理四辆车的运行情况，后因肖某不能按时从丁某处收取租赁费等原因，孙某将肖某解雇。同年 11 月初，丁某和肖某（此时尚未被孙某解雇）一起找到孙某，丁某提出车容易坏，修理费太高，承包不划算等，建议孙某将四辆旧车卖掉换购两台新车，孙某同意，但要求每台车必须卖够 10 万元。丁某后又给孙某打电话，问每辆车卖 4.5 万元行不行，孙某不同意。此后不久，被告人丁某在孙某不知情的情况下，伪造了一份孙某于同年 11 月 5 日已以 32 万元价格将其中三辆车卖给自己的假"车辆买卖协议"复印件，对外谎称此四辆车已属于自己所有，先后于同年 11 月 3 日、11 月 12 日、11 月 14 日和 2005 年 1 月 3 日与王某、李某、严某、赵某签订卖车协议，私自将孙某价值 40 万元的四辆车分别以 7.2 万元、6.7 万元、4.5 万元、9.588 万元不等的价格出售，共得赃款 28 万元，未交给孙某分文，据为己有。

案发后，公安机关从严某、赵某处扣押提取了两辆赃车，从丁某妻子处扣押现金 5.4 万元。经评估，被追回的两辆车价值分别为 17.42 万元、16.96 万元；未被追回的两辆车价值均为 17.42 万元，四辆车总价值 69.22 万元。另查明，在履行合同过程中，丁某共分次付给孙某租赁费 7.8 万元，先后支出修理费用 11 万元左右。

法院审理后认为，被告人丁某与他人签订车辆租赁合同后，本应按照合同约定履行权利义务。但其却在履行合同过程中，不经财产所有权

人同意，私自伪造财产所有权人已将车辆卖给自己的假"车辆买卖协议"，隐瞒真相，对外谎称车辆归自己所有，将他人的车辆出售，并将卖车款据为己有。被告人丁某在履行合同过程中，主观上具有非法占有他人财产的故意，客观上实施了以伪造的虚假产权证明隐瞒事实真相的方法、骗取他人财产的行为，价值数额特别巨大，其行为侵犯了经济合同的管理制度和诚实信用的交易规则，也侵犯了他人的财产所有权，其行为已构成合同诈骗罪。依照刑法第二百二十四条、第五十二条、第五十三条、第六十四条之规定，判决：被告人丁某犯合同诈骗罪，判处有期徒刑10年，并处罚金10万元，限判决生效后3个月内一次缴纳；向被告人丁某追缴16.4万元连同公安机关追回的两辆自卸车以及5.4万元现金均退还被害人孙某。

一审判决后，被告人丁某不服，以"自己无论是在签订合同时，还是在履行合同中，主观上均无非法占有他人财物的故意，不构成合同诈骗罪；自己伪造假协议完全是为了好将车卖掉，卖车的款项除了一部分支付修车费，另有6万元用于定购新车；原判认定四台车价值40万元，价值过高等"为由，向中级人民法院提出上诉。

中级人民法院审理后认为，原判部分事实不清，证据不足，将该案发回一审法院重新审理。一审法院收到发回重审件后，依法组成合议庭，公开开庭审理了此案，查理事实与原审查明事实相同。

一审法院经重新审理认为，被告人丁某将代为保管的他人财物非法占为己有，数额巨大，其行为已构成侵占罪。公诉机关指控被告人丁某犯合同诈骗的罪名不妥。一是丁某与孙某签订车辆租赁合同后，将租赁孙某的4台车辆实际进行了运输经营活动，亦付给孙某部分租金，因此其主观上没有利用签订合同及履行合同骗取他人财物的故意；二是丁某因车辆经常出故障等原因向孙某提出卖掉旧车更换新车的建议后，孙某表示同意。二人在卖车价格未能协商一致的情况下，被告人丁某私自将车卖与他人，且对孙某隐瞒卖车真相，未将卖车款交付给孙某，占为己有，其主观上有将他人财物侵占归己的故意，因此，应以侵占罪对其定

罪量刑。依照刑法相关规定，判决：（1）被告人丁某犯侵占罪，判处有期徒刑3年，并处罚金10万元。限判决生效后3个月内缴纳。（2）被告人丁某违法所得22.588万元，予以追退。追回的赃款5.4万元退还被害人孙某。

【以案释法】

本案的争议焦点在于：行为人丁某虚构事实出卖他人所有车辆的行为构成合同诈骗罪还是侵占罪。

所为侵占罪，是以非法占有为目的，将他人交给自己保管的财物、遗忘物或者埋藏物非法占为己有，数额较大，拒不交还的行为。认定侵占罪，关键在于判断行为人是否具有以下两种情形：（1）从合法持有到非法占有的转化；（2）拒不退还（交出）。

所谓合同诈骗罪，是指以非法占有为目的，在签订、履行合同过程中，使用欺诈手段，骗取对方当事人的财物，数额较大的行为。它脱胎于诈骗罪，具备诈骗罪要求的"虚构事实，隐瞒真相"核心实质。认定合同诈骗罪，关键在于判断行为人是否以虚假的合同为作案手段达到非法占有他人财物的目的。虚假合同包括三种情况：一是合同本身虚假，如签订合同当事人的身份虚假，订立合同的证明文件虚假等等；二是合同本身没有问题，但行为人实际上不具备或不完全具备履行合同的能力；三是合同本身真实，行为人也具备履行合同的能力，但逃避履约。

本案中，被告人丁某与被害人孙某签订的车辆租赁合同合法有效，且丁某在与孙某签订合同时并没有实施欺诈行为，其在签订合同后，以租赁的自卸车实际进行了运输经营活动，并付给孙某部分租金，承担了11万元左右的维修费用，据此可以认定，厂某主观上没有利用签订合同及履行合同诈骗被害人孙某财物的故意，即不能认定为"以虚假的合同为作案手段"。之后，被告人丁某伪造车辆交易合同，虚构自己"合法"拥有车辆所有权的信息，并将车辆卖给不知情的王某等4人的行为同样不能构成合同诈骗罪，最主要的原因是丁某将4辆鉴定价值均在17万左右的车分别以7.2万元、6.7万

元、4.5 万元、9.588 万元不等的价格出售。客观上，丁某的确对王某等 4 人存在合同欺骗的行为，但在主观上，丁某显然没有非法占有王某等 4 人财物的目的，不仅如此，这样的买卖还使王某等 4 人因低价买入高市值车辆而受益。所以，无论是丁某与孙某的租赁合同，还是丁某与王某等 4 人的车辆买卖合同，均不符合合同诈骗罪的构成要件。

根据刑法第二百七十条的规定，被告人丁某构成侵占罪。首先，丁某基于合法理由对孙某的车辆进行占有。丁某基于其与孙某签订的车辆租赁协议而对孙某所有的 4 辆自卸车享有占有、使用的权利，属于第二百七十条所指的"代为保管的他人财物"。其次，丁某伪造合同擅自处分他人车辆的行为可以认定为"非法占有、拒不退还"。车辆属于现金以外的财物，如果行为人将自己代他人保管的非现金财物进行出卖、赠与、消费、抵偿债务等行为，如无法定或协定的处分依据，应当认定为"非法占有"。本案中，丁某违背协定对孙某所有的车辆进行非法处分时，其对车辆的占有性质已由合法转化为非法；而后其继续对孙某进行隐瞒该笔交易的行为，应当认定为"拒不退还"。由此，丁某主观上具有非法占有的目的，客观上实施了"非法占有、拒不退还"的行为，应当以侵占罪论处。

八、职务侵占罪

【知识要点】

1. 什么是职务侵占罪？该罪的构成要件是什么？

职务侵占罪，是指公司、企业或者其他单位的人员，利用职务上的便利，将本单位财物非法占为己有，数额较大，依法应当追究刑事责任的行为。

本罪的构成要件是：侵犯的客体是公司、企业或者其他单位的财产权。客观方面表现为利用职务上的便利，将数额较大的单位财物非法占为己有的行为。首先，行为人必须利用了职务上的便利，即利用自己主管、管理、经

营、经手单位财物的便利条件。其次，必须将单位财物非法占为己有。这种行为除了将基于职务管理的单位财物非法占为己有的侵占外，还包括利用职务之便的窃取、骗取等行为。最后，必须非法占有了数额较大的单位财物。犯罪主体是特殊主体，即必须是公司、企业或者其他单位的人员。犯罪主观方面表现为故意，并具有不法所有（对行为人已经占有的财物而言）或非法占有（就行为人没有占有的财物而言）的目的。

2. 职务侵占的具体表现有哪些？

（1）侵吞行为。"侵吞"是指行为人利用职务上的便利，将自己管理、经手、使用的本单位财物直接据为己有。侵吞型非法占有行为以行为人事先合法占有本单位财物为前提，是指行为人基于一定的合法事由在一定的时间内对本单位的财物具有事实上的控制权、支配权。变合法持有为非法占有，是侵吞型非法占有的最本质特征。例如，非法截留自己管理、使用的财产，将自己管理罚没款或罚没物占为己有，将自己保管、使用的车辆等擅自出售、转让或赠与等。

（2）窃取型非法占有。窃取型非法占有，是指行为人利用职务上的便利，采用秘密窃取的方式，非法占有本单位财物的行为。一般来说，窃取型非法占有也以行为人合法管理本单位财物为前提。监守自盗是窃取型非法占有中最典型的一种。如公司的库房保管员将库房内的产品偷盗外卖，银行运钞车押运员在押运中偷窃押运的人民币。有的学者认为，所有的侵占行为都不是公开的，也是秘密实施的，监守自盗只是侵吞的一种方式而已。从广义上说，侵吞型非法占有是可以包括窃取型非法占有的。但是从严格意义上讲，两者还是有一定的区别，窃取型非法占有中的合法管理本单位财物与侵吞型非法占有中的合法持有本单位财物还是有所区别的，合法持有人直接持有财物本身，甚至在一定时间内还可以有权支配该财物。而合法管理行为人一般不直接持有保管物，也无支配权。

（3）骗取型非法占有。骗取型非法占有是指行为人利用职务上的便利，采用虚构事实，隐瞒真相的方法，非法占有本单位财物的行为。骗取型非法占有行为的本质特征在于行为人所骗取的对象是他人合法管理之下的本单位财物，行为人本人对该财物事先并未合法持有。例如，购销人员

伪造涂改单据冒领财物，出差人员虚报差旅费等。如果被骗财物是行为人合法持有，行为人为了掩盖其非法占有的事实而采用欺骗手段的，则其行为仍属于侵吞型非法占有行为，因为行为人在虚构事实之前已经非法占有了该财物。

（4）其他类型的非法占有。其他类型的非法占有，是指行为人利用职务上的便利，采用除侵吞、盗窃、骗取以外的其他方法非法占有本单位财物的行为。如公司、企业下属部门巧立名目，私分公司、企业财物。对于其他类型，法律并未具体规定，也没有相关的司法解释。在实践中，绝大部分的职务侵占行为也已为侵吞、盗窃、诈骗所包容。应当说这属于立法的原则性规定，其目的是避免出现立法空白。就目前情况看，非国有公司企业或其他单位的领导集体私分单位财产应属此列。

3. 职务侵占案的立案追诉标准是什么？

根据《最高人民检察院、公安部关于公安机关管辖的刑事案件立案追诉标准的规定（二）》第八十四条的规定，涉嫌职务侵占的，数额在 5000 元至 1 万元以上的，应予立案追诉。

4. 对犯职务侵占罪的如何处罚？

根据刑法第二百七十一条的规定，犯职务侵占罪的，处 5 年以下有期徒刑或者拘役；数额巨大的，处 5 年以上有期徒刑，可以并处没收财产。

5. 如何区分职务侵占罪与贪污罪？

区分职务侵占罪与贪污罪的关键在于查明犯罪主体。贪污罪的犯罪主体只能是国家工作人员或者受国家机关、国有公司、企业、事业单位、人民团体委托管理、经营国有财产的人员；而职务侵占罪的主体则只能是公司、企业或者其他单位的人员。如果公司、企业或者其他单位中国家工作人员与非国家工作人员共同侵占本单位财物，根据《最高人民法院关于审理贪污、职务侵占案件如何认定共同犯罪几个问题的解释》的规定，应当按照主犯的犯罪性质定罪，如果犯罪的实施主要是利用国家工作人员的职务便利，则应认定为贪污罪；反之，如果犯罪的实施主要是利用非国家工作人员的职务便利，则应认定为职务侵占罪。如果共同犯罪的实施既利用了国家工作人员的职务便利，又利用了非国家工作人员的职务便利，而且二者发挥了同等作

用，无法分清主次，则应以贪污罪论处，同时对非国家工作人员以相对较轻的刑罚。保险公司的工作人员（但国有保险公司的工作人员和国有保险公司委派到非国有保险公司从事公务的人员除外），利用职务上的便利，故意编造未曾发生的保险事故进行虚假理赔骗取保险金归自己所有的，应当以职务侵占罪论处。国有保险公司和国有保险公司委派到非国有保险公司从事公务的人员，利用职务上的便利骗取保险金归个人所有的，应当以贪污罪论处。村民委员会等村基层组织人员，利用职务便利侵吞集体财产的，以职务侵占罪论处；但是如果在协助人民政府从事行政管理工作时，利用职务上的便利侵占公共财物的，则成立贪污罪。对村民小组组长利用职务上的便利，将村民小组集体财产非法占为己有，数额较大的行为，以职务侵占罪定罪处罚。

6. 如何区别职务侵占罪与侵占罪？

（1）犯罪主体不同。职务侵占罪的犯罪主体是特殊主体，即只能是公司、企业或者其他单位中主管、管理、经手本单位财物的人员；而侵占罪的主体为一般主体，即任何年满16周岁并具有刑事责任能力的自然人。

（2）犯罪对象不同。职务侵占罪的犯罪对象仅限于本单位所有或代为管理的财物；而侵占罪的犯罪对象则是行为人代为保管的他人财物或他人的遗忘物、埋藏物。

（3）犯罪客观方面表现不同。职务侵占罪在客观方面表现为利用主管、管理、经手本单位财物的职务便利，将本单位数额较大的财物非法占为己有的行为。职务侵占罪只要行为人实施了非法占为己有的行为即可构成犯罪，不以拒不退还或交出为必要。侵占罪在客观方面表现为将数额较大的他人财物非法占为己有，且以拒不退还或交出为必要。

典型案例

　　某房地产集团与某物业公司之间存在业务合作关系，物业公司受房地产集团委托经营管理20余万平方米的公房资产，其中包括一些长期无使用权人的空置公有住房。在2006年年初，为切实掌握公有住房的实际

使用情况，房地产集团要求物业公司对托管的公房资产进行普查，并将公房资产分类统计后上报普查结果。担任物业公司总经理的汪某在知悉上述情况后，于2006年7月至2007年1月间，借物业公司预计今后5年将亏损300万元为由，以公司董事会决定的名义，与物业公司管理层干部孙某、李某、张某等人分别商议：由汪某利用主持公司日常工作的职务之便选定购房者与空置公房，并统筹整个事件的进程；由李某利用小区物业经理的职务之便虚构空置公房的承租人；由孙某利用审核购房申请表以及出具公有住房出售合同等职务之便为购房者将公房产权转为个人产权扫清障碍；由张某利用主管财务的职务之便将部分购房款做入物业公司账内。随后，物业公司将13套空置公房以明显低于市场的价格分别出售给自己的亲友及他人，共计得款315万余元（其中物业公司得款293.3万元，房地产集团得款217657元）。经评估，上述13套公房市场价值共计579万余元，差额为264万余元。

　　法院经审理后认为，被告人汪某、孙某、李某、张某作为公司、企业工作人员，以非法占有为目的，利用职务便利，共同将本单位财物的差价非法占为己有，数额巨大，其行为均已构成刑法第二百七十一条第一款规定的职务侵占罪，应予刑事处罚。4名被告人共同故意实施职务侵占犯罪行为，根据刑法第二十五条第一款的规定，系共同犯罪，应共同承担相应的刑事责任。被告人汪某在共同犯罪中起主要作用，是主犯；被告人孙某、李某、张某在共同犯罪中起次要作用，是从犯，应从轻处罚。鉴于4名被告人在犯罪后自动投案，如实供述自己的罪行，认定为自首，均可减轻处罚；且4名被告人在案发后退缴了违法所得，确有悔罪表现，均可依照刑法第七十二条第一款的规定宣告缓刑。

【以案释法】

　　本案在行为对象、获利方式等方面有别于一般的职务侵占案。在行为对象上，一般职务侵占的对象是动产，是以占有的改变作为侵占完成的标志，而本案的对象是不动产，以产权登记的变更作为侵占完成的标志；在获利方

式上，典型职务侵占是通过占有单位财物的方式获取非法利益，一般而言，行为人能获取财物所代表的全额价值，但本案中，4名被告人是以较低的房产买入价为后续的获利行为创造条件，其不是通过直接占有单位房产，而是通过占有公房使用权变为个人产权出售后的差价的方式获取非法利益。

首先，4名被告人具有非法侵占公司财物的犯罪故意。作为物业公司的管理层干部，4名被告人均明知公司所出售的是房地产集团委托物业公司经营管理的空置公房，物业公司无权对其所有权进行处分，并且4人亦明知空置公房不可出售的禁止性法律规定。因而，即使出售空置公房是物业公司董事会的决议，该决议内容的违法性十分明显。4名被告人在明知违法的情形下，还决意实施并积极参与低价买房、谋取差价的行为，主观上谋取非法利益的目的非常明显。

其次，4名被告人实施了职务侵占的行为，侵占对象房地产集团委托物业公司经营管理的13套公房。根据房地产集团与物业公司之间的委托管理及经营承包合同，物业公司有权代表房地产集团依法出售公房资产，即物业公司有权审核公房购房者的购房资格，并根据申请制作公有住房出售合同等文件，以使承租人将公房产权转为个人产权。在本案中，4被告人正是利用了物业公司管理层干部在出售公房中的职务便利，由汪某利用主持公司日常工作的职务之便选定购房者与空置公房，并统筹整个事件的进程；由李某利用小区物业经理的职务之便虚构空置公房的承租人；由孙某利用审核购房申请表以及出具公有住房出售合同等职务之便为购房者将公房产权转为个人产权扫清障碍；由张某利用主管财务的职务之便将部分购房款做入物业公司账内，为以后侵占出让价与市场价的巨额差额创造了条件。

综上，被告人通过相互配合，利用审核公房承租人资格的职务便利，将本不具有流通性的公房承租人资格，即公房的使用权，非法转让与自己的亲友及他人。同时利用对相关文件的制作权，出具办理公房产权转为个人产权时所必需的公有住房出售合同等材料，从而使自己的亲友或他人能顺利地将公房产权转为个人产权，实现非法占有公房的目的，并通过自住或转让的方式，获取非法利益，严重侵犯了公房资产，行为的犯罪性明显，应当认定为职务侵占罪。

九、拒不支付劳动报酬罪

【知识要点】

1. 什么是拒不支付劳动报酬罪？该罪的构成要件是什么？

拒不支付劳动报酬罪，是指以转移财产、逃匿等方法逃避支付劳动者的劳动报酬或者有能力支付而不支付劳动者的劳动报酬，数额较大，经政府有关部门责令支付仍不支付的行为。当前，个别企业和个人有的有能力支付而不支付劳动者劳动报酬，有的通过转移财产、逃匿等方法逃避支付劳动者的劳动报酬，致使一些劳动者生活陷入困境，甚至引发群体性事件，严重侵害了劳动者的合法权益，影响社会和谐稳定。依法惩治拒不支付劳动报酬违法犯罪行为，保护劳动者合法权益，对于化解社会矛盾，保障社会和谐稳定，促进公平正义具有重要作用。

本罪的构成要件是：侵犯的客体是劳动用工市场的正常秩序及劳动者获取正当、合理报酬的权利。客观方面表现为以转移财产、逃匿等方法逃避支付劳动者的劳动报酬，或者有能力支付而不支付劳动者的劳动报酬，数额较大，经政府有关部门责令仍不支付的行为。犯罪主体为特殊主体，即负有向劳动者支付劳动报酬义务的债务人，包括自然人和单位。不具备用工主体资格的单位或者个人、单位的实际控制人可以构成本罪。单位拒不支付劳动报酬构成犯罪的，对直接负责的主管人员和其他直接责任人员定罪处罚，并对单位判处罚金。犯罪主观方面表现为出于故意。如果行为人因为其他原因，如因资金周转等原因需推迟支付劳动者报酬，或因用工单位与劳动者在劳动报酬方面存在争议尚未解决的而暂未支付或未全部支付劳动者劳动报酬的，不能认定为本罪。

2. 拒不支付劳动报酬的具体表现是什么？

（1）行为人负有支付劳动者报酬的义务，如无此义务则不能以本罪论处。

（2）须有逃避履行义务行为，包括以转移财产、逃匿等方法逃避支付和有能力支付而不支付两种情形。前者是"暗赖"，主要表现有隐匿财产、恶意清偿、虚构债务、虚假破产、虚假倒闭或者以其他方法转移、处分财产；逃跑、藏匿；隐匿、销毁或者篡改账目、职工名册、工资支付记录、考勤记

录等与劳动报酬相关的材料，以及以其他方法逃避支付劳动报酬。后者是"明赖"，没有转移财产、也不逃逸，明确表示拒不支付。

（3）拒不支付劳动报酬须达到一定数额。根据《最高人民法院关于审理拒不支付劳动报酬刑事案件适用法律若干问题的解释》，拒不支付 1 名劳动者 3 个月以上的劳动报酬且数额在 5000 元至 2 万元以上的；拒不支付 10 名以上劳动者的劳动报酬且数额累计在 3 万元至 10 万元以上的，应当认定为数额较大。数额较小的应当通过民事途径解决。

（4）经政府有关部门责令支付，在法定期限内仍没有支付。超出法定支付期限后支付了劳动报酬并依法承担了赔偿责任的，不影响本罪的成立，但可以对行为人减轻或者免除处罚。

3. 拒不支付劳动报酬案的立案追诉标准是什么？

以转移财产、逃匿等方法逃避支付劳动者的劳动报酬或者有能力支付而不支付劳动者的劳动报酬，数额较大，经政府有关部门责令支付仍不支付的，应予立案追究。根据《最高人民法院关于审理拒不支付劳动报酬刑事案件适用法律若干问题的解释》，拒不支付 1 名劳动者 3 个月以上的劳动报酬且数额在 5000 元至 2 万元以上的；拒不支付 10 名以上劳动者的劳动报酬且数额累计在 3 万元至 10 万元以上的，应当认定为数额较大。数额较小的应当通过民事途径解决。

4. 对犯拒不支付劳动报酬罪的如何处罚？

根据刑法第二百七十六条之一第一款的规定，犯拒不支付劳动报酬罪的，处 3 年以下有期徒刑或者拘役，并处或者单处罚金；造成严重后果的，处 3 年以上 7 年以下有期徒刑，并处罚金。

所谓"造成严重后果"，包括造成劳动者或者其被赡养人、被扶养人、被抚养人的基本生活受到严重影响、重大疾病无法及时医治或者失学的；对要求支付劳动报酬的劳动者使用暴力或者进行暴力威胁的；造成其他严重后果的等情形。

为了鼓励负有支付劳动者劳动报酬的人尽快履行支付义务，《关于审理拒不支付劳动报酬刑事案件适用法律若干问题的解释》同时规定了不同阶段履行支付义务的不罚、减轻或者免除处罚情形：拒不支付劳动者劳动报酬行为没有造成严重后果，在刑事立案前进行支付并依法承担相应赔偿责任的，

可以认定为情节显著轻微危害不大，不认为是犯罪；在提起公诉前支付劳动者的劳动报酬，并依法承担相应赔偿责任的，可以减轻或者免除刑事处罚；在一审宣判前支付劳动者的劳动报酬，并依法承担相应赔偿责任的，可以从轻处罚。但是对于免除刑事处罚的，要根据案件的不同情况，予以训诫、责令具结悔过或者赔礼道歉。拒不支付劳动者的劳动报酬，造成严重后果，但在宣判前支付劳动者的劳动报酬，并依法承担相应赔偿责任的，可以酌情从宽处罚。

5. 行政、司法等部门对办理拒不支付劳动报酬案是如何分工的？

人力资源社会保障部门、公安机关、人民检察院、人民法院等有关部门对办理涉嫌拒不支付劳动报酬案在其职权范围内既分工负责，又相互配合：

人力资源社会保障部门依法对用人单位遵守劳动保障法律、法规和规章的情况进行监督检查，通过各种检查方式监督用人单位劳动报酬支付情况，依法受理拖欠劳动报酬的举报、投诉。经调查，对违法事实清楚、证据确凿的，应当依法及时责令用人单位向劳动者支付劳动报酬。行为人逃匿的，人力资源社会保障部门可以在行为人住所地、办公地点、生产经营场所或者建筑施工项目所在地张贴责令支付的文书，或者采取将责令支付的文书送交其单位管理人员及近亲属等适当方式。对涉嫌犯罪的案件，应按照《行政执法机关移送涉嫌犯罪案件的规定》的要求，核实案情向本部门负责人报告并经同意后制作《涉嫌犯罪案件移送书》，在规定期限内将案件向同级公安机关移送，并抄送同级人民检察院备案。

公安机关对人力资源社会保障部门移送涉嫌犯罪的拒不支付劳动报酬案件，应依法及时审查决定是否立案。认为有犯罪事实，需要追究刑事责任的，依法立案，并及时查明犯罪事实，正确运用法律惩罚犯罪，保障劳动者的合法权益不受侵害。

人民检察院要依法及时做好此类案件的立案监督、审查批捕、审查起诉等检察工作，对工作中发现的职务犯罪线索应当认真审查，依法处理。

人民法院要依法及时受理、审理各类拖欠劳动报酬纠纷，对其中构成犯罪的，要坚决依法追究刑事责任。

公安机关、人民检察院、人民法院在案件审查过程中，可以告知劳动者有提起刑事附带民事诉讼的权利。

对不依法移送或者不依法办理涉嫌拒不支付劳动报酬犯罪案件的国家工作人员，要依法追究行政纪律责任；构成犯罪的，要依法追究刑事责任。

6. 劳动者的劳动报酬包括什么？

根据《中华人民共和国劳动法》和《中华人民共和国劳动合同法》等法律的规定，劳动者应得的劳动报酬，包括工资、奖金、津贴、补贴、延长工作时间的工资报酬及特殊情况下支付的工资等，应当认定为刑法第二百七十六条之一第一款规定的"劳动者的劳动报酬"。同时，根据劳动法与社会保险法有关规定，国家建立基本养老保险、基本医疗保险、工伤保险、失业保险、生育保险等社会保险制度，基本养老保险、基本医疗保险、失业保险由用人单位与职工即劳动者按照国家规定共同缴纳，工伤保险、生育保险由用人单位缴纳、职工即劳动者不缴纳。缴纳社会保险是用人单位的法定义务，以保障公民在年老、疾病、工伤、失业、生育等情况下依法从国家和社会获得物质帮助的权利，依法由用人单位缴纳的社会保险理应属于"拒不支付劳动报酬罪"所规定的"劳动报酬"的范畴。

7. 欺骗劳动者签订并履行劳动合同，但合同履行完毕拒不支付劳动报酬的行为如何定性？

实践中，存在一些不良雇主采取欺骗手段与劳动者签订劳动合同，但在合同履行完毕后不履行或者不完全履行支付劳动报酬义务的行为。对此，定诈骗罪、合同诈骗罪还是拒不支付劳动报酬罪，不能一概而论，要具体情况具体分析。如果行为人明知自己没有支付能力而采用欺骗手段与劳动者签订劳动合同，合同履行完毕后拒不支付或者不完全支付劳动报酬的，则不存在刑法第二百七十六条之一第一款规定的转移、隐匿财产等逃避行为，更不符合有能力支付而不支付的情形，此时，应当对行为人以合同诈骗罪或诈骗罪（包括利用个人名义签订合同骗取他人劳务）定罪处罚。如果行为人在签订、履行劳动合同（或劳务合同）过程中，有支付劳动报酬能力或者支付劳动报酬的意思，但是在应该支付劳动报酬时，行为人产生不支付劳动报酬的意思而不支付，经政府有关部门责令支付但仍不支付的，构成拒不支付劳动报酬罪。如果行为人使用诈骗方法使劳动者免除其支付劳动报酬义务的，即使经政府有关部门责令支付后又支付了的，也成立诈骗罪。

典型案例

2012年3月至2012年7月，刘某利用某建筑工程公司的资质，承包某公司电厂二期、砖厂及其他附属工程等土建工程，雇用徐某等人施工。截至2012年7月18日，刘某拖欠徐某等113名工人工资合计1256915元。2012年7月29日，人事劳动和社会保障局对刘某下达劳动保障行政执法限期整改指令书，责令刘某于2012年8月1日前改正。刘某在指定的期限内不支付工人工资。公安机关于2012年8月2日立案侦查。2012年9月，刘某为躲避工人索要工资，逃匿到外地，并更换了手机号码。经公安机关网上追逃，刘某于2012年10月30日在外地被抓获归案。法院认为，刘某以逃匿的方式逃避支付工人工资，数额较大，其行为已构成拒不支付劳动报酬罪。刘某在提起公诉前支付部分工人劳动报酬、认罪态度较好，酌情从轻处罚。判决刘某犯拒不支付劳动报酬罪，判处有期徒刑2年6个月，并处罚金5万元。宣判后，刘某不服，提出上诉，其理由是工程造价鉴定书取费不合理，还有的完工项目未予核算，不能采信。在案中没有转移财产，已补交部分工资款，原审量刑重。二审法院认为，上诉人刘某以逃匿的方式逃避支付工人工资，数额较大，其行为构成拒不支付劳动报酬罪，判决驳回上诉，维持原判。

【以案释法】

本案中，刘某为某公司施工，某公司已按合同约定给付相应的工程款，由此可以认定刘某具有支付工人工资的能力。但是刘某主观上具有拒不履行支付劳动者报酬的故意，客观上采取逃匿的方式，隐藏到外地，并更换了手机号码，以此手段逃避支付工人工资的义务达125万余元，可以认定刘某主观上具有不支付劳动报酬的故意，并实施了积极的拒不支付劳动者劳动报酬的行为，且数额较大。人事劳动和社会保障局下达劳动保障行政执法限期整改指令书，责令刘某限期改正，但刘某在指定的期限内不仅没有改正，构成拒不支付劳动报酬罪。但其在检察机关提起公诉前支付部分工人劳动报酬、认罪态度较好，法院依法予以酌情从轻处罚。